中国社会科学院"一带一路"研究系列

国外智库论"一带一路"

（2021 年第 1 辑）

STUDY ON THE BELT AND ROAD CONSTUCTION BY
INTERNATIONAL STRATEGIC THINK TANKS

王灵桂／总主编

赵江林　景　峰／主编

郭金峰　范娟荣／执行主编

社会科学文献出版社
SOCIAL SCIENCES ACADEMIC PRESS (CHINA)

编委会

前　言

绘就疫情背景下"一带一路"高质量发展工笔画

王灵桂[*]

　　新冠肺炎疫情发生以来，全球的人员和物资流动等均受到了极大影响。因此，从"大写意"进入"工笔画"阶段的"一带一路"倡议，自然也成为疫情背景下国际舆论关注的焦点话题之一。一个时期以来，美国等西方国家的部分媒体连篇累牍地鼓噪"一带一路"倡议进展受挫、项目停止、资金链断裂、落地国陷入债务困局等谣言。一时之间，"一带一路"倡议似乎已是风雨飘摇、难以为继，让一些人产生困惑，发出"一带一路"倡议能否继续行稳致远的疑问。

　　最近，笔者在浏览国外媒体和智库发表的报道和报告过程中却发现，在唱衰"一带一路"倡议的声音之外，还有更多声音正在热烈点赞"一带一路"。同时，笔者也发现，借助疫情唱衰"一带一路"的国外媒体和智库，实际上就是疫情之前抹黑"一带一路"的那些媒体和智库。从这个意义上看，疫情只不过是那些别有用心者的新借口而已，并不值得一驳。相反，从一些国外媒体和智库发表的报道和报告看，以共商共建共享为原则，以构建人类命运共同体为目标的"一带一路"倡议，在疫情的考验中，却焕发出独特的人类之光和全球道德价值。美国《芝加哥论坛报》在2020年3月26日的文章中评论说：习近平主席提出的"健康丝绸之路"，搭建了中国同世界其他国家共同抗疫、联合应对全球公共卫生安全危机的卓越平台，形成了向世界其他国家提供医

---

*　王灵桂，中国社会科学院国家高端智库副理事长、研究员，全国工商联"一带一路"国际委员会委员，商务部"一带一路"专家委员会委员。

疗物资和医疗援助的绿色通道。意大利 AGI 通讯社报道说："一带一路"倡议秉持的和平合作、开放包容、互学互鉴、互利共赢的"丝路精神"，在中国对意大利的抗疫援助中得到了真实体现。尼日利亚《太阳报》在 2020 年 3 月 3 日发表的文章中评价说：非洲抓住了"一带一路"倡议提供的机遇，快速提升了基础设施建设的水平，发挥了非洲各国经济的比较优势，"在人类命运共同体的愿景下，中国正在履行自己对全球公共卫生的责任"。

这些赞美和点赞并非空穴来风，而是源于"一带一路"倡议"工笔画"折射出的光芒。中老铁路老挝段于 2020 年 3 月 27 日开始进入铺轨阶段，老挝《万象时报》、马来西亚《星报》等东南亚国家主流媒体对此均进行了密集报道。2020 年 3 月 18 日，"一带一路"倡议旗舰项目"中巴经济走廊"框架下的 86 个项目已经完成，既定的默蒂亚里—拉合尔直流输电线路按时全面开工。3 月 16 日，马来西亚总理穆希丁·亚辛宣布，作为中马"一带一路"合作重点项目的马来西亚东海岸铁路等将重新启动。5 月 7 日，中国海关总署公布了 2020 年 1 ~ 4 月的数据，前四个月的进出口额下滑 6.6%，但 4 月的出口额同比增长 3.5%，以人民币计价增长 8.2%。泰国《民族报》、马来西亚《星报》等也报道称，2020 年 1 月和 2 月，中国与东盟国家以及"一带一路"倡议相关经济体的双边贸易额分别增长 2%、1.8%。

受疫情冲击，在全球经济持续低迷、预期悲观的背景下，这些消息和数字，像温暖的阳光一样，正在纾解饱受疫情折磨的人们的心情，也预示即使面临疫情冲击，"一带一路"倡议继续走深走实的脚步不会停止。2020 年 4 月 17 日，中共中央政治局召开会议，分析国内外新冠肺炎疫情防控形势，发出坚定扩大对外开放、推动共建"一带一路"高质量发展的部署和要求。这是疫情暴发后，中共中央政治局会议首次研究并提及"一带一路"倡议，向国际社会发出明确的积极信号：疫情防控国际合作是发挥中国负责任大国作用、推动构建人类命运共同体的重要体现，推动共建"一带一路"高质量发展，将依然是对外开放的重要抓手，构建人类命运共同体的必经之路、必由之途。

对此，国外媒体和智库也不得不承认这个现实。2020 年 4 月 29 日，国际著名智库美国布鲁金斯学会发表报告称"尽管受到地缘政治的推动，但我们必须认识到，从经济角度来看，加强国际政策努力，以将更多资本引入东南亚基础设施建设领域是合情合理的；基础设施投资持续严重不足对该地区发展前景构成重大挑战；新冠肺炎疫情引发的经济衰退，只会提高可持续基础设施议程的重要性，因为这是支持危机后经济复苏的一种手段"。报告指出，东南亚是部分"一带一路"倡议旗舰项目所在地，这些项目包括中国—中南半岛经济走廊、孟中印缅经济走廊、马来西亚东海岸铁路项目、印度尼西亚雅加达—万隆高速铁路项目等。报告指出，"中国已超过日本，成为东南亚最大的双边基础设施融资国"，"现有数据表明，'一带一路'倡议总体推进趋势仍保持不变"，"新冠肺炎疫情造成的不确定经济影响给发展前景蒙上沉重阴影。但是，'一带一路'倡议面临的任何挫折都可能是暂时的，中国继续被认为提供了更快、风险程度更低和更及时的基础设施支持，它可能会继续在东南亚找到大量愿意接受其投资的国家"。

无独有偶的是，美国智库和平研究所也在 4 月 29 日发表的《中国的"一带一路"倡议：在"开放、绿色、廉洁"方面取得进展》中认为：在当前这场大流行病危机面前，中国注重提高"一带一路"项目透明度，"表明中国是一个值得信赖的合作伙伴"。报告认为，中国政府为推动"一带一路"倡议并应对大流行病，继续出台综合性政策，如在 3 月，中国国家开发银行和中国商务部联合发布通知，对受疫情影响的高质量共建"一带一路"项目和企业给予开发性金融支持；启动了"健康丝绸之路"，推动中国政府和商业实体向共建"一带一路"有关国家提供医疗援助。报告认为，"在世界各国努力从新冠肺炎疫情带来的经济影响中复苏之际，'一带一路'倡议有潜力为世界带来急需的基础设施项目资金，实现经济增长预期目标"。

在看到共建"一带一路"倡议高质量发展光明前景的同时，我们也必须清醒地看到疫情带来的冲击：由于部分共建"一带一路"国家采取旅行限制等抗疫措施，中方人员无法及时返回项目落地国，相关项目按期完成的难度或将提高；物资流动受到疫情影响，"一带一路"相关项目所需物资与设备难以及时到位；一些"一带一路"项目因疫情可能会出现延期、投资回报率低的情况；疫情给共建"一带一路"国家带来经济和政治压力，尤其是债务压力等，确实不能漠然视之。疫情是中国和共建"一带一路"国家在合作中遇到的"黑天鹅"挑战，也是对"一带一路"参与各方的现实考验。尤其值得注意和警惕的是，美国等正在鼓噪并公开提出对重债发展中国家进行债务减免和让其延期偿还相关债务，一些国家在应对疫情危机的无力感面前，很容易受到别有用心者的挑拨，对中国产生负面情绪，对共建"一带一路"倡议提出非分乃至过分要求。这是在疫情背景下中国政府在维护"一带一路"合作大局中需要认真应对、积极引导、科学化解的现实矛盾。

办法总比困难多，日久自会见人心。在疫情来临和抗击疫情的过程中，中国政府和中国人民的沉着应对和对世界其他国家抗疫的援助支持，进一步彰显了中国负责任大国的形象，也再次彰显了"一带一路"倡议提供的协调平台及开放合作精神的巨大价值和向心力。无论是应对这场全球疫情危机，还是缓解疫情冲击、恢复经济，相互依存、人类命运与共的现实都让各国看到了高质量共建"一带一路"的必要性及其具有的广阔发展空间。在化挑战为机遇、化危机为契机的过程中，相向而行、协作前行、合作共建"一带一路"的前景必定是光明灿烂的。

美好的目标、光明的前景、幸福的未来，并不是必然或自然到来的，需要共建各方不懈努力。从长远看，我们需要在"一带一路"框架下，加强同共建国家进行公共卫生安全方面的合作，以实际行动体现大国责任担当，增强政治互信和实现民心相通；立足未来，在疫后重建过程中，"一带一路"项目要更多聚焦纾解贫困、增加就业、改善民生、注重环保等软领域，在确保项目可持续发展的前提下，尽最大可能为共建国家经济社会发展做出应有的贡献。

面对目前国外正在蔓延的疫情，在"一带一路"项目高质量发展过程中，当务之急是确保全球供应链和国际物流的基本稳定和总体畅通，中国应与共建国家加大政策沟通力度和进行政策协调；鉴于疫情会持续较长时间，中国应通过加大"数字丝绸之路"建设力度，积极培育国际贸易新业态新模式，努力消除目前广大发展中国家和多数共建国家普遍存在的数字鸿沟；应注重共建国家的关切，切实加强融资等保障，与国际金融机构合作，构建国际金融安全网，以防止相关国家陷入重大金融和债务危机；充分利用中国现有的远程医疗等技术，与共建国家构建公共卫生信息分享和应急管理网络机制，不断增强"一带一路"带给共建国家人民的获得感、存在感和幸福感，建设民心相通之路。

目　录

中国不断加强在中东和北非地区的"绿色"参与度

Ossman Elnaggar*

原文标题：China's Growing "Green" Engagement in MENA

文章框架：研究表明，在中东和北非地区推广绿色金融的过程中，中国正发挥日益重要的作用；通过在一些领域开展项目投资，中国已经在中东、北非地区的许多重大可再生能源项目中占有一席之地；中国在海湾地区的清洁能源项目资产组合不断增加；目前，在中东和北非地区的可再生能源市场上，中国的影响不断加强；中国或将对促进中东、北非地区经济增长和减少环境污染产生显著影响。

观点摘要：

1. 保尔森基金会最近的研究表明，在中东和北非地区推广绿色金融的过程中，中国正发挥日益重要的作用。通过从政策沟通、资金融通、设施联通等方面多管齐下，中国正在成为中东和北非地区绿色转型发展的推动力量，特别是在清洁能源领域。因此，许多中东和北非地区国家通过借助中国企业的专业技术及融资支持来促进当地绿色经济增长，把可持续发展战略与中国的"一带一路"倡议相结合也就不足为奇了。中国改变了部分国家的做法，从长远来看，相关项目的成效仍有待观察。

---

* Ossman Elnaggar，保尔森基金会绿色金融中心研究实习生。来源：保尔森基金会（美国智库），2019 年 9 月 26 日。

2. 通过在一些领域开展项目投资，中国已经在中东、北非地区的许多重大可再生能源项目中占有一席之地。更重要的是，作为给相关项目提供融资支持的前提条件，中国企业（主要是国有企业）正在成为这些项目的供应商或开发商，并从中受益。丝路基金是中国政府为促进共建"一带一路"国家和地区的发展而设立的投资基金。该基金的一项早期投资是收购沙特国际电力和水务公司旗下的可再生能源投资平台公司（ACWA Renewable Energy Holding）的 49% 的股权。通过这项交易，丝路基金成为发电总量达 1668 兆瓦的清洁能源项目资产组合的主要股东，并以此为契机，开拓整个中东和北非地区的市场。此次合作并不是沙特国际电力和水务公司与丝路基金的第一次合作。值得注意的是，沙特国际电力和水务公司与丝路基金、哈尔滨电气集团（简称哈电集团）合作开发了迪拜哈斯彦（Hassyan）2400 兆瓦清洁燃煤电站。该项目于 2016 年开工建设，是海湾地区首个清洁燃煤电站。除了以联合体方式共同赢得项目开发权外，哈电集团还与美国通用电气公司一起担任了该项目的设计、采购和施工总承包商。中国工商银行、中国银行、中国农业银行、中国建设银行以及丝路基金为上述项目提供融资。这一开创性的项目是中国"一带一路"倡议下的第二大电站项目，中国企业参与项目的整个环节，而非仅仅提供融资。无论如何，哈斯彦燃煤电站都是该地区的一个重大项目。

3. 中国在海湾地区的清洁能源项目资产组合不断增加。沙特国际电力和水务公司参与了一些重要项目，如摩洛哥的努尔（Noor）太阳能发电站（世界上最大的聚光太阳能光热电站）以及阿联酋的穆罕默德·本·拉希德·阿勒马克图姆（Mohammed bin Rashid Al Maktoum）太阳能电力综合体（世界上最大的基于独立电力生产商模式的可再生能源项目之一）。目前，通过与沙特国际电力和水务公司的合作，中国已经参与到该地区重大项目的投资合作之中。2019 年 4 月，上海电气集团与迪拜水电局签署了 700 兆瓦聚光太阳能光热发电项目的设计、采购和施工总承包协议。迪拜水电局与沙特国际电力和水务公司、上海电气集团合作，建设迪拜 950 兆瓦太阳能项目中的 700 兆瓦聚光太阳能光热发电部分。中国工商银行作为委托贷款融资牵头行，计划批准 15 亿美元的贷款，为上海电气集团、东方电气集团以及哈电集团三大中国电力设备供应商在全球的发展提供资金支持。除中国工商银行外，中国银行和中国农业银行也将在项目融资方面发挥重要作用。三家银行将提供近80%的债权融资，总投资为38.7亿美元。①

4. 目前，在中东和北非地区的可再生能源市场上，中国的影响不断加强。在中国国内正通过进行可再生能源市场调整从而实现经济持续增长之际，上述举措有助于中国企业发展。随着沙特阿拉伯、埃及、阿联酋以及卡塔尔等国政府将能源结构多元化作为经济增长战略的核心内容，这些国家对中国在项目融资、设计、采购、建设、调试、移交和开发等方面的服务需求越发旺盛。事实上，这些项目正在成为"一带一路"倡议在北非电力投资项目的一部分，可以促进中国在埃及、阿尔及利亚、突尼斯、摩洛哥和苏丹的能源基础设施建设。

5. 此外，沙特阿拉伯和阿联酋一直积极与中国开展合作，希望中国参与它们的可持续发展项目。通过这种联系，中国企业能够在中东、北非地区建立稳固的立足点，并进一步为促进这些国家的清洁能源发展发挥关键作用。中东和北非地区的碳排放量日益增加，该地区是传统上不愿意摆脱化石燃料的地区。因此，中国或将对促进中东、北非地区经济增长和减少环境污染产生显著影响。

---

① 本报告中相关统计数据均为作者写作时提供的数据，可能与中国相关机构的统计数据有出入，为尊重作者原文，不做改动。本书余同。

中国的前进道路充满荆棘

Reid Standish*

原文标题： China's Path forward Is Getting Bumpy

文章框架： 霍尔果斯口岸是中国"一带一路"倡议项目之一；自2013年"一带一路"倡议提出以来，中国在亚洲、非洲和欧洲的港口、铁路和能源项目上投入了数千亿美元；围绕"一带一路"倡议的期望与挑战在霍尔果斯这里得到了充分体现；中国已经成为中亚地区最大的投资国，中国的项目得到了当地政府的支持，特别是哈萨克斯坦。

观点摘要：

1. 跨越中哈边境，起重机、铁路和建筑出现在一片贫瘠的沙漠上，周围是高耸的山脉，这些设施组成了霍尔果斯口岸的主干，霍尔果斯口岸是中国"一带一路"倡议项目之一。在这个口岸，中国货物将被重新装载到哈萨克斯坦的火车上，经过5000多英里（相当于8046.72多千米）的路途运往欧洲，中国希望这个"陆港"可以增加欧亚大陆的贸易量。除了物流枢纽外，哈萨克斯坦的项目还包括一个吸引投资者建设工厂和仓库的经济特区，以及一个旨在增加对华贸易的自由贸易区。在中哈边境的哈萨克斯坦一侧，一个专门建设的村庄努尔肯特（Nurkent）为该地区的工人提供居住场所，并且相关部门制订了计划，以在未来几十年里将该村庄发展壮大。哈萨克斯坦政府正努力最大化其地理位置优势，以从中国的外交政策中获益。在这个过程中，霍尔果斯

---

* Reid Standish，美国自由欧洲电台（Radio Free Europe/Radio Liberty，RFE/RL）驻哈萨克斯坦努尔苏丹记者，曾任《外交政策》杂志编辑。来源：大西洋理事会（美国智库），2019年10月1日。

口岸已经成为"一带一路"倡议旗舰项目。

2. 自 2013 年"一带一路"倡议提出以来，中国在亚洲、非洲和欧洲的港口、铁路和能源项目上投入了数千亿美元。其目标不仅是建设基础设施，其中包括许多发展中国家的基础设施，而且通过吸引投资、增加就业岗位和促进经济增长，赢得当地居民和政府的支持。

3. 围绕"一带一路"倡议的期望与挑战在霍尔果斯这里得到了充分体现。该项目取得了令人印象深刻的成绩，哈萨克斯坦官员热衷于谈论开发该地区的计划。根据当地政府提供的数据，以 20 英尺（相当于6.096 米）当量单位衡量，2018 年，霍尔果斯口岸处理的货物比上一年增加了 44%。哈萨克斯坦官员认为该地区具有发展潜力。国际铁路联盟于 2017 年被委托进行的一项研究估计，未来 10 年，中欧之间通过铁路进行的贸易将大幅增加，哈萨克斯坦将成为关键的"十字路口"。哈萨克斯坦官员提到中国企业在哈萨克斯坦一侧的经济特区建设基础设施和工厂的新投资，表明该地区经济在不断增长。

4. 该项目也面临一定问题。就运输量而言，铁路运输只是全球贸易运输方式的一种，地位不高。海运和空运是中国和欧洲之间运输货物的主要方式，它们的运输成本更低，速度更快。哈萨克斯坦官员认为，由于贸易不平衡，从欧洲经哈萨克斯坦返回中国的铁路货运集装箱可以被更加有效地利用。

5. 英国皇家国际事务研究所表示，中国政府仍在对"一带一路"倡议进行调整，并不断从治理不善和法治薄弱的国家的一系列大型项目中吸取教训。

6. 2013 年，中国提出了"一带一路"倡议。中国已经成为中亚地区最大的投资国，中国的项目得到了当地政府的支持，特别是哈萨克斯坦。霍尔果斯口岸这样的开发项目对中国和哈萨克斯坦都具有重要意义。中国政府以补贴和投资推动全球基础设施建设，随着中国进入预算和监管收紧的新阶段，霍尔果斯口岸和其他"一带一路"项目可能需要做出相应调整。很多当地人希望霍尔果斯口岸这一项目能够成功，目前来看，该项目面临机遇和挑战。

沙特阿美石油公司遭到袭击后，中国在中东的利益是否受到影响

Jonathan Fulton*

原文标题：After Aramco Attacks, China's Middle East Interests Are at Stake

文章框架：针对沙特阿拉伯石油基础设施的袭击所带来的经济和政治后果愈加明显，其产生的影响将远远超出中东地区；中东地区是中国能源安全的重要支柱，也是"一带一路"倡议的重要枢纽；除了能源问题外，波斯湾发生冲突的可能性也给中国带来诸多担忧；如果伊朗受到的袭击威胁到中国在中东的利益，那么这一定会考验中伊两国伙伴关系的持久性。

观点摘要：

1. 2019 年 9 月 14 日，针对沙特阿拉伯石油基础设施的袭击所带来的经济和政治后果愈加明显，其产生的影响将远远超出中东地区。作为全球最大的石油消费国和进口国，中国尤其容易受到能源市场供应中断的影响，同时中国对这一事件的反应也将对中东产生重要影响。截至目前，中国政府一如既往地保持低调。中国外交部发言人华春莹对此次袭击事件进行谴责，并呼吁有关方面避免采取导致地区紧张局势升级的行动。"有关方面"一词的使用非常能说明问题。迄今为止，中国拒绝将此次袭击归咎于任何一方，称中国政府将等待确凿的事实。

2. 中东地区是中国能源安全的重要支柱，也是"一带一路"倡议的重要枢纽。该地区（特别是波斯湾地区）的稳定局势具有经济和战略意义。中国对中东地区的态度是，不管地区局势如何，都要与所有国

---

* Jonathan Fulton，扎耶德大学阿布扎比校区政治学助理教授。来源：大西洋理事会（美国智库），2019 年 9 月 20 日。

家建立基于共同利益的伙伴关系。尽管这种态度给人的印象是，在令人担忧的地区安全形势下，中国仍然秉持中立政治立场，更愿意与拥有同样稳定愿景的国家合作。能源领域依然十分重要。在美国对伊朗实施制裁之后，中国从沙特阿拉伯进口石油以满足需求。从 2018 年 8 月到 2019 年 7 月，中国从沙特进口的石油总量几乎增长了一倍，从每天 92.1811 万桶增加到 180 万桶，进口量占中国石油进口总量的 16%。此外，石油价格大幅上涨是另一个令人担忧的问题。袭击发生后，布伦特原油期货价格飙升了近 20%。

3. 除了能源问题外，波斯湾发生冲突的可能性也给中国带来诸多担忧。自"一带一路"倡议在 2013 年提出以来，中国在海湾地区的资产价值数十亿美元，中国对中东的外国直接投资超过 1230 亿美元。也就是说，如果确实有证据表明伊朗政府应对此次袭击负责，那么预计中伊两国的关系将明显降温。两国于 2016 年建立了全面战略伙伴关系。

4. 中国是伊朗最大的进口来源国和最大的出口市场。相比之下，伊朗是中国第 33 大出口市场，位于智利和尼日利亚之间，在中国的所有进口市场中排第 24 位。"一带一路"倡议本质上是一个促进国际互联互通的项目。尽管伊朗处于重要的地缘位置，但其在本地区和国际上都面临孤立局面。同时，值得指出的是，中国与沙特也建立了全面战略伙伴关系，并且沙特阿拉伯及海湾阿拉伯国家合作委员会（GCC）成员在"一带一路"倡议框架下与中国进行了深入的合作。因此，如果伊朗受到的袭击威胁到中国在中东的利益，那么这一定会考验中伊两国伙伴关系的持久性。

"一带一路"倡议在拉丁美洲延伸

Pepe Zhang*

原文标题: Belt and Road① in Latin America: A Regional Game Changer?

文章框架: "一带一路"倡议标志着全球基础设施发展的范式转变;"一带一路"倡议最初旨在通过建设实体基础设施连接欧亚大陆,"一带一路"倡议现在已经扩展到其他领域和地区;许多拉美国家政府和企业将"一带一路"倡议视为深化国际合作的机遇;"一带一路"倡议尚未明显促进中国在拉丁美洲和加勒比地区的商业活动;对拉丁美洲和加勒比地区的许多国家来说,"一带一路"倡议的目的是促进经济增长和加强国际合作;"一带一路"倡议正在应对可持续性问题;民营经济在"一带一路"倡议中发挥日益重要的作用;发达经济体是"一带一路"倡议生态系统的重要组成部分;"一带一路"倡议涉及的范围超出基础设施领域。

---

* Pepe Zhang, 大西洋理事会阿德里安娜·阿尔斯特拉美中心副主任。来源:大西洋理事会(美国智库),2019 年 10 月 8 日。

① 国家发改委会同外交部、商务部等部门对"一带一路"英文译法进行了规范。在对外公文中,统一将"丝绸之路经济带和 21 世纪海上丝绸之路"的英文全称译为"the Silk Road Economic Belt and the 21st‐Century Maritime Silk Road","一带一路"简称译为"the Belt and Road",英文缩写用"B&R"。考虑到"一带一路"倡议一词出现频率较高,在非正式场合,除首次出现时使用英文全称译文外,其简称译法可视情况灵活处理,除可使用"the Belt and Road Initiative"外,也可视情况使用"the land and maritime Silk Road initiative"。其他译法不建议使用。本书出现的"Belt and Road""China's Belt and Road"等均为相关智库报告原有内容,为此,本书予以保留。

观点摘要：

1. 目前，共有131个国家签署文件参与"一带一路"倡议，"动员"了超过5750亿美元的投资，"一带一路"倡议标志着全球基础设施发展的范式转变。这在很大程度上取决于"一带一路"倡议项目如何实施和执行，以及驱动这些项目的利益所在。在地缘政治紧张局势加剧之际，各方就"一带一路"倡议的意图和影响展开激烈讨论。根据最近预估，在全面实施"一带一路"倡议运输项目的支持下，全球贸易可能增长6.2%，同时带来2.9%的实际收入增长。"一带一路"倡议的四个特点和新趋势将决定其在未来几年对拉美的影响，每个特点和新趋势都可能决定拉美地区的基础设施和整体经济发展情况。

2. 受古代丝绸之路的启发，中国在2013年提出"一带一路"倡议，最初旨在通过建设实体基础设施连接欧亚大陆，"一带一路"倡议现在已经扩展到其他领域和地区。到2017年底，中国将拉丁美洲和加勒比地区正式确定为"21世纪海上丝绸之路的自然延伸"。2017年11月，巴拿马成为首个正式支持"一带一路"倡议的拉美国家。此前5个月，巴拿马与中国台湾"断交"。未来两年，拉美地区33个国家中的18个将加入"一带一路"倡议。阿根廷、巴西、哥伦比亚和墨西哥是拉美地区四个较大的经济体，它们的国内生产总值占该地区国内生产总值的近70%，它们密切关注"一带一路"倡议，但尚未加入。

3. 许多拉美国家政府和企业将"一带一路"倡议视为深化国际合作的机遇。与世界其他地区一样，"一带一路"倡议的主要吸引力在于参与国家可进入中国市场，因为中国是一个日益增长的出口目的地和外部融资来源。在过去20年里，中国在拉美地区已经从一个平凡的商业伙伴转变为最重要的商业伙伴之一。中国与拉丁美洲的双边贸易额增长了24.5倍，从1999年的120亿美元增长到2018年的3060亿美元，中国成为仅次于美国的拉丁美洲第二大贸易伙伴。自2005年以来，中国政策性银行向拉美提供了超过1410亿美元的贷款，超过了同期世界银行（WB）、泛美开发银行和拉美开发银行提供的贷款总和。中国正成为该地区日益重要的外国直接投资者，尤其是通过并购方式进行投资。

4. 尽管如此，"一带一路"倡议尚未明显促进中国在拉丁美洲和加勒比地区的商业活动。"一带一路"倡议尚未改变近期双边贸易和投资流动情况。其他宏观经济因素即全球贸易紧张局势、地区经济发展缓慢等所产生的影响更加明显。中国在西半球推进"一带一路"倡议的积极性低于在其他地区的积极性。横跨欧亚大陆的六条"一带一路"经济走廊仍然是全球布局的重中之重。尽管"一带一路"倡议似乎没有产生立竿见影的效果，但大多数拉丁美洲和加勒比地区国家对"一带一路"倡议所持态度是中立或积极的。这主要是因为各国对"一带一路"倡议的风险与回报的分析不同。在风险方面，许多人认为，与亚洲和非洲的一些地区不同，仅中国的贷款不足以引发大多数拉美经济体的系统性债务问题。出于保护意识，许多国家往往更关注"一带一路"倡议以及更广泛的中国经济的潜在收益。

5. 对拉丁美洲和加勒比地区的许多国家来说，"一带一路"倡议的目的是促进经济增长和加强国际合作。"一带一路"倡议至少是一个有益的高层对话和交流机制，对培育与中国及其他国际参与者的长期商业关系至关重要。"一带一路"国际合作高峰论坛体现了"一带一路"倡议的吸引力，表明了拉丁美洲和加勒比地区对"一带一路"倡议的态度。第一届"一带一路"国际合作高峰论坛举办两年之后，第二届"一带一路"国际合作高峰论坛于 2019 年 4 月 25 ~ 27 日在北京举行。约 30 名拉丁美洲和加勒比地区国家政府高级官员参加了此次论坛，其中包括 12 名部长和智利总统塞巴斯蒂安·皮涅拉（Sebastián Piñera）。在第二届"一带一路"国际合作高峰论坛上，与会者达成了一系列多边协议。在此次论坛上，中国还与拉美和加勒比地区国家签署了 20 多项协议，涵盖能源、科技、金融、监管等不同领域。一些协议涉及阿根廷、墨西哥和巴西，虽然这些国家尚未成为共建"一带一路"国家，但支持"一带一路"倡议，并派代表出席。

6. 在参与程度不同、差异较大的地区，各国应制定各自的政策，拉美和加勒比地区至少应研究"一带一路"倡议的四大方面："一带一路"倡议正在应对可持续性问题；民营经济在"一带一路"倡议中发挥日益重要的作用；发达经济体是"一带一路"倡议生态系统的重要组成部分；"一带一路"倡议涉及的范围超出基础设施领域。

7. "一带一路"倡议正在应对可持续性问题。从一开始,"一带一路"倡议就因具有灵活性和涉及领域颇广而备受关注。一名官方消息人士估计,截至 2018 年底,共有 3116 个"一带一路"倡议项目。政府、企业、银行和开发商大力举办有关"一带一路"倡议的活动。在亚洲和非洲部分地区,一些"一带一路"倡议项目引发当地和国际社会对该倡议的关注。这种"声誉风险"促使中国为"一带一路"倡议提供更加明确的指导方针,尤其是在环境可持续性等一些热点问题方面,例如,在人们对可持续性问题的担忧日益加剧之际,中国相关政府机构发布了一系列文件,指导做出投资决策。中国财政部发布《"一带一路"债务可持续性分析框架》,该分析框架是在借鉴国际货币基金组织和世界银行低收入国家债务可持续性分析框架基础上,结合共建"一带一路"国家实际情况制作的债务可持续性分析工具。国家外汇管理局根据国际货币基金组织的《汇率安排和外汇管制年度报告》,发布了《"一带一路"国家外汇管理政策概览》。中国商务部更新了针对所有共建"一带一路"国家的国别投资指导方针。发布这些文件的主要目的是引导中国投资者和开发商,同时帮助共建"一带一路"国家的领导人更好地了解他们的国家的相对竞争力并有助于感知风险。

8. 然而,尽管采取了相关措施,但一些共建"一带一路"国家仍然面临相关挑战。世界银行的一份分析报告估计,从中期来看,在参与"一带一路"倡议的 43 个中低收入国家(亚洲、非洲和欧洲国家)中,有 12 个国家面临与"一带一路"倡议相关的债务增加的问题。拉丁美洲和加勒比地区应谨慎行事,因为该地区一些国家的债务占国内生产总值的比重高于"一带一路"倡议其他参与国。尽管在大多数拉丁美洲和加勒比地区国家中,中国贷款的规模相对较小,但仍有可能产生影响,尤其是在整体债务负担已经很严重的地区。重要的是,随着时间的推移,这些项目和国家对中国银行和开发商的吸引力也会下降。中国对不完善的海外投资和相关项目的实施情况表示担忧,中国企业面临风险。

9. 为提升"一带一路"倡议的环境可持续性,中国生态环境部与国际合作伙伴,即全球 26 个环境部(2 个属于拉丁美洲地区:古巴和

危地马拉）、8 个国际组织（包括 4 个联合国机构）、69 个研究机构
（包括 10 个总部设在美国的机构）和 30 家公司，共同成立了"一带一
路"绿色发展国际联盟。该联盟在提升"一带一路"倡议的环境可持
续性方面发挥了独特的积极作用。仅 2019 年，中国就举办了两次高级
别合作伙伴协调会议，并参与（或组织）2019 年夏季达沃斯论坛、
2019 年联合国气候变化大会、第二届"一带一路"国际合作高峰论坛
等高级别活动。此外，该联盟还计划在 2021 年之前完成 6 份报告，涵
盖"一带一路"倡议的不同环保方面：从供应链、气候变化到生物多
样性。在运营方面，中国进出口银行等承诺支持"一带一路"倡议绿
色金融发展。支持措施包括为绿色能源项目提供大量的财政资源，在项
目评估过程中采取更加严格的环境保护措施。

10. 这些措施对拉丁美洲和加勒比地区尤其重要。如果充分利用
"一带一路"倡议的环境工具，就将有助于在本地区创建更多且更好的
绿色项目。这些措施对"一带一路"倡议的未来发展至关重要。除了
"一带一路"绿色发展国际联盟外，"绿色丝路使者计划"、"一带一
路"绿色照明行动倡议、"一带一路"绿色高效制冷行动倡议、"一带
一路"环境技术交流与转移中心等也相继启动。从短期和中期来看，
考虑到这些项目的权限和目标可能重叠，相关项目的激增可能会加快内
部整合的步伐。从长期来看，"一带一路"倡议和共建"一带一路"国
家应该会从这些重要的"绿色"努力和动员中受益，但前提是参与国
政府和中国真正重视绿色"一带一路"倡议。

11. 民营经济在"一带一路"倡议中发挥日益重要的作用。"一带
一路"倡议项目是由各国政府在最高层面发起和协调的。第二届"一
带一路"国际合作高峰论坛首次将为期一天的商务论坛纳入官方议程。
此外，私营部门对该论坛的参与程度显著提高，很多企业参加这次论坛
并签署了协议。"一带一路"国别商务论坛吸引了来自 80 个国家的 850
多名企业高管。20 多名拉丁美洲商界领袖参加了这次商务论坛，他们
来自工程、银行、农业、矿产和咨询等不同领域。鉴于对私营部门专业
知识、融资和动力的需求，私营企业和公私合作伙伴关系将在"一带
一路"倡议的未来发展中发挥关键作用。来自不同国家的私营企业之

间的合作也至关重要。拉丁美洲的公司、欧洲和北美洲的公司可以提供丰富的互补知识和产品来发展基础设施项目。一些拉美企业已经在探索相关合作方式，如智利商业集团 Sigdo Koppers 与中国中铁股份有限公司（CREC）的合作协议就是一个很好的证明。

12. 改善基础设施也会加强经济部门之间的联系，并产生更多的溢出效应。拉美出口商有机会从互联互通中获益。如果全面实施改善基础设施的计划，那么"一带一路"倡议有望将全球贸易成本和运输时间分别降低 2.2% 和 2.5%。从这个角度看，先前的研究已经表明，基于从价税计算的运输成本每降低 1%，就可以使五个拉丁美洲主要经济体的农业、矿业和制造业出口规模增长 1.5%~7.9%。然而，想成功地将这些机会转化为真正的出口收益，在拉丁美洲和加勒比地区还有许多工作要做。

13. 发达经济体是"一带一路"倡议生态系统的重要组成部分。中国国有企业获得的合同价值占"一带一路"倡议项目合同价值的 70%，人们对"一带一路"倡议的采购和投标流程以及透明度提出了要求。在此背景下，2019 年"一带一路"倡议发展的一个主要方面就是"第三方市场合作协议"。相关协议有助于发达经济体和多边机构与中国共同参与"一带一路"建设。瑞士、法国、奥地利、新加坡等国政府已签署"一带一路"倡议谅解备忘录，探讨与中国在第三方市场合作的方式。更多的国家参与"一带一路"建设，对拉美的基础设施建设至少有四个好处。

第一，融资方面。尽管中国、西方和多边机构继续做出承诺，但拉美每年仍需要 1200 亿~1500 亿美元的基础设施投资，以满足经济增长的需要。协同行动和综合融资有助于缩小新兴市场基础设施资金缺口。第二，资金价值方面。相关举措有助于鼓励更多拉丁美洲和加勒比地区国家政府参与"一带一路"建设。协同良好的第三国参与可以为项目提供更多的技能和知识补充，以及更好的产品和服务，例如，美国和欧洲的公司和其他机构可以帮助第三国引进和采纳世界级环境、劳动力和质量标准。第三，项目准备方面。缺乏包装良好、有吸引力的项目是拉丁美洲和加勒比地区基础设施领域面临的一个瓶颈。有了足够的第三方参与和帮助，"一带一路"倡议项目对潜在投资者和合作伙伴都会更具吸引力。更重要的是，向地方政府官员和项目管理人员传授专业知识有助于增强该地区在未来项目准备、评估和实施方面的能力。第四，去政治化。尽管将基础设施项目进行外包有时是必要的，但这一举动本身可能存在争议，尤其是在全球地缘政治紧张局势升级之际。因此，按照透明、严格和竞争性的甄选程序，邀请所有"合格"的国家和公司，对此，拉丁美洲可以将公众对选择中国还是西方的关注，转移到关注所有参与投标者的技术优势上来。

14. "一带一路"倡议涉及的范围超出基础设施领域。随着"一带一路"倡议不再停留在理论阶段，拉美和加勒比地区应重点探讨"一带一路"对具体领域和项目的影响，包括但不限于基础设施建设方面。该地区的一些国家已经采取具体行动。2019 年，智利与中国签署了涉及海关信息共享、税收、信息与通信技术、科技合作等新协议。硬性基础设施建设仍然是"一带一路"建设的重点，而软性基础设施建设即监管、技术等领域的合作机制正迅速成为"一带一路"建设的优先领域。

15. 拉美和加勒比地区也可以不局限于以"一带一路"成员身份参与合作。正式成员资格不是参与"一带一路"的先决条件。许多非共建"一带一路"国家，包括巴西、阿根廷等少数拉美国家，已经在"一带一路"背景或"一带一路"框架下，与中国探讨非基础设施领域的部长级合作协议。在没有"一带一路"标签的情况下，与中国和其他国际伙伴开展建设性的、基于项目的合作是很有必要的。此外，需要对合作项目进行谨慎的尽职调查，并予以执行。

16. 美国可以以多种重要方式参与"一带一路"建设。美国政府、相关机构和美国公司可以引入更高的环境、劳动力和质量标准。对"一带一路"项目施加影响，有助于增加和提升美国的利益和领导力。美国需要对"一带一路"倡议的某些部分进行重新评估。一方面，美国针对"一带一路"在拉美和加勒比地区的"债务式陷阱"发出的警告引发中国强烈反对，这进一步加剧了两国紧张的关系。另一方面，美国的一些言辞似乎把"一带一路"变成了一个是非问题，有时给人的印象是，决定是否参与"一带一路"就是决定支持美国还是中国。但这种情况并没有在拉丁美洲和加勒比地区出现。基于上述原因，拉丁美洲和加勒比地区的大多数国家对"一带一路"的风险与回报的认知不同，不认为这是一场零和游戏。要想实现美国的政策目标，一种注重进行有意义的接触、细致入微的方法可能更为有效。

17. 美国参与"一带一路"建设可能会带动更多更好的相关项目发展，为全球经济繁荣做出贡献。在许多情况下，这可能直接关系到美国的利益，例如，在拉丁美洲，社会经济福祉对移民流动有直接影响，而移民流动又影响美国的政策。美国通过"一带一路"或其他渠道促进拉丁美洲和加勒比地区的经济发展，向该地区及其他地区的盟友和伙伴发出令人安心的信息。新成立的美国国际开发金融公司具有高投资上限和强大的产品供应能力，这是美国在这方面迈出的重要一步。通过《更好利用投资引导发展法案》，美国国际开发金融公司现在能够将部分股权投资和高达 600 亿美元的资金用于资助世界各地的经济发展项目，这比其前身海外私人投资公司的 290 亿美元的投资上限增加了一倍多。美国国际开发金融公司是一种新的政策工具，通过这个工具美国可以改变在该地区的金融定位。

18. "一带一路"建设已走过 6 个年头，在国家、项目、理念等方面得到了不断的拓展和深化。为了回应日益增长的质疑，尤其是在亚洲和非洲的部分地区，中国正越来越多地将重点从常规措施转向进行高质量发展。在为"一带一路"建设提供更清晰的思路和架构方面，特别是在可持续性问题上，关键参与者取得了重要进展，但仍面临一些挑战。正确地实施有关"一带一路"协议和指导方针有助于做出更好的项目。更高的透明度——从规划到采购——对于"调动"私营部门以及非政府组织的资本是必不可少的。"一带一路"倡议要有意义、可持续发展，就应坚持多边主义，构建"开放、包容、联动、可持续、以人为本的世界经济秩序"，为各国的共同繁荣做出贡献。

19. 尽管拉丁美洲和加勒比地区国家可能是参与"一带一路"倡议的后来者，但它们不应被视为边缘国家。从"一带一路"项目的规模和发展潜力来看，该地区有很多机遇，也有很多风险。"一带一路"可以带来更大范围的互联互通、贸易和投资，它们对这些经济体的发展具有重要的推动作用。该地区的国家必须准确评估并减少潜在的负面影响，包括项目层面的风险、财政影响以及当地企业面临的竞争压力。如果做不到这一点，"一带一路"就可能阻碍区域经济发展，特别是如果世界其他地区能够更好地应对机遇和风险。

为此，拉丁美洲和加勒比地区国家政府和企业继续参与并重新塑造这一倡议，在规划阶段发出独特的声音和需求。各国必须根据具体情况调整参与"一带一路"倡议的方式，反映各国的特点，特别是在拉丁美洲和加勒比这样一个充满多样性的地区。有时，与其他共建"一带一路"国家联合起来，提出类似的要求和关切，有助于增强说服力。随着"一带一路"项目从规划阶段走向实施阶段，拉丁美洲和加勒比地区国家必须与相关的中国和国际机构保持直接和持续的沟通，这是在可能缺乏独立、专注和集中的"一带一路"治理机构的情况下，加强合作的有效策略。务实创新是推进"一带一路"建设、造福地区的关键。这份报告提出了一系列建议，通过有效参与和进行探索，帮助中国更好地驾驭"一带一路"。然而，"一带一路"最终能否给这一地区带来好处，不仅取决于"一带一路"本身，还取决于各国政府是否有能力使项目朝着符合本国长期发展需要的方向推进。

彻底改变印度洋—太平洋地区的
液化天然气和天然气格局

Jeanne Choi；Mikkal E. Herberg；Leslie Palti – Guzman；
Riley Smith；Nikos Tsafos*

原文标题：Revolutionizing LNG and Natural Gas in the Indo – Pacific

文章框架：特朗普政府的"自由与开放的印度洋—太平洋"战略是对奥巴马政府"亚太再平衡"战略的演变和扩展；能源是这一战略的重点；日本是美国的重要合作伙伴，而且比美国更清楚地认识到，需要扩大贸易、基础设施投资和融资规模，以匹敌中国在印度洋—太平洋地区日益增强的实力和影响力；美国"自由与开放的印度洋—太平洋"战略在能源层面的实际实施情况仍面临重要问题；美国对中国的看法已经发生变化；仅从经济角度评估美国的竞争力是狭隘的；美国及其盟友终于意识到，世界各国政府一直在利用国家资金或国有企业在建设基础设施和引导贸易流动方面获得优势。

观点摘要：

1. 特朗普政府的"自由与开放的印度洋—太平洋"战略是对奥巴马政府"亚太再平衡"战略的演变和扩展。"自由与开放的印度洋—太平洋"战略的核心是应对中国在印度洋—太平洋地区不断增强的实力和影响力。"一带一路"倡议专注于重点建设横跨东南亚、南亚和欧亚

---

* Jeanne Choi，国家亚洲研究局非常驻研究员。Mikkal E. Herberg，国家亚洲研究局能源安全项目研究主管。Leslie Palti – Guzman，欧亚集团分析师。Riley Smith，美国—东盟商务理事会负责东南亚大陆、东盟和能源事务的主管。Nikos Tsafos，美国战略与国际问题研究中心高级研究员。来源：国家亚洲研究局（美国智库），2019 年 10 月 17 日。

大陆的能源基础设施和交通枢纽。特朗普政府在 2017 年《国家安全战略》中提出的"印太"概念指美国在印度洋—太平洋地区的战略，表明美国的经济利益向更广阔区域扩张，从霍尔木兹海峡一直延伸到东北亚和俄罗斯远东地区。从某个角度看，"自由与开放的印度洋—太平洋"战略是一种重塑经济治国方略的努力，以促进私营部门在发展中地区进行投资和融资，有力替代由中国政府主导的方式。其实，美国的"自由与开放的印度洋—太平洋"战略是一种重商主义战略，旨在更好地整合经济、贸易、能源和投资目标，以增强西方的影响力，从而"对抗"中国在该地区的做法。除了重要的战略和外交层面外，美国的"自由与开放的印度洋—太平洋"战略的另外一个要点是加强贸易、经济联系，特别是进行能源基础设施投资，以应对"一带一路"倡议进行的投资和融资活动。

2. 能源是这一战略的重点。亚洲对能源的需求，尤其是对天然气的需求，将继续大幅增长，这符合各国的目标，即使燃料在加强能源安全和满足环境优先事项要求方面发挥重要作用，特别是在改善空气质量方面。特朗普政府认为，美国向亚洲大规模出口液化天然气和石油，有助于该地区实现能源结构多样化，减少该地区对中东的依赖，加强能源安全，并有助于平衡中国日益增强的经济和外交影响力。因此，特朗普政府希望利用能源作为捍卫美国在该地区经济和外交影响力的核心手段。

3. 日本是美国的重要合作伙伴，而且比美国更清楚地认识到，需要扩大贸易、基础设施投资和融资规模，以匹敌中国在印度洋—太平洋地区日益增强的实力和影响力。"自由与开放的印度洋—太平洋"战略与日本一贯强调支持把经济发展作为外交和软实力的中心工具一致。迄今为止，日本是东北亚地区最大的基础设施和能源投资与融资提供国，也是最大的发展援助来源，尤其是对于东南亚国家而言。

4. 鉴于美国"自由与开放的印度洋—太平洋"战略在能源层面的实际实施情况仍面临重要问题，2019 年国家亚洲研究局能源安全计划的主题是"彻底改变印度洋—太平洋地区的液化天然气和天然气格局"。15 年来，国家亚洲研究局对亚洲能源市场和地缘政治的重大发展进行评估，以帮助决策者更好地理解和应对该地区能源和环境安全受到的影响。2019 年的计划聚焦一系列关键问题，其中包括液化天然气和天然气如何融入"自由与开放的印度洋—太平洋"战略，该地区的新兴能源市场是否有可能"消化"大量新的天然气和液化天然气供应，以及在面临煤炭和可再生能源等其他能源的竞争时，美国液化天然气是否具备价格低廉且可持续供应的前景。

5. 美国战略与国际问题研究中心高级研究员尼科斯·萨法斯（Nikos Tsafos）在文章开篇研究了液化天然气在美国外交政策中的作用，讨论了该作用在"自由与开放的印度洋—太平洋"战略背景下是如何演变的，并就化解液化天然气作为该地区外交工具的局限性提出一些明智的建议。他认为，在特朗普政府的领导下，液化天然气已开始在美国地缘经济战略中扮演关键角色。这符合美国政府在外交政策上对交易性做法的偏好，也与美国政府希望促进出口和私人产业发展，并专注于与中国"一带一路"倡议进行直接竞争相契合。更为明显的政治含义是，美国政府使用促进液化天然气出口的"语言"来"惩罚不良行为者"，毫无疑问，这针对俄罗斯出于地缘政治目的使用天然气。《更好利用投资引导发展法案》和"亚洲通过能源增进发展和增长"倡议等新的政策工具可能有助于支持液化天然气出口，促进对天然气和液化天然气基础设施建设项目的投资。然而，也必须认识到，私营部门和市场将在很大程度上决定美国生产的液化天然气流向何处。最后，尼科斯警告称，不要将液化天然气过度政治化，因为这有可能降低市场信心，并可能导致一些国家限制而非增加对美国液化天然气的依赖。

6. 美国对中国的看法已经发生变化。奥巴马总统在 2011 年表示，"美国将继续努力与中国建立合作关系"。相比之下，特朗普政府的国防战略始于这样一个前提："中国是一个战略竞争对手。"对中国的不满，特别是在贸易方面，占据了双边关系的中心地位。一般来说，随着中国"一带一路"倡议和"中国制造 2025"战略规划的实施，地缘经济和产业竞争上升到国际事务的中心地位。对液化天然气的关注契合在更广泛的地缘政治环境以及美国政策中发生的一些变化。液化天然气交易更有利于实现双边而非多边安排，这符合特朗普政府的偏好。这影响双方的交易方式，而不是制度，并更容易在贸易和其他谈判中被用作筹码。它反映了一个重商主义愿望，即促进出口，夸大美国的创造力和私营工业的作用，并通过制衡"一带一路"倡议与中国进行正面竞争。

7. 仅从经济角度评估美国的竞争力是狭隘的。竞争力是一个模糊的概念。一些政府和国有能源公司认为美国的液化天然气具有竞争力，因为它们包括安全、多样化和选择性等概念。在特朗普执政期间，政治和贸易也是需要考虑的关键因素。因此，尽管美国输往亚洲的大部分液化天然气受到市场力量的推动，但笔者通过分析发现，输往亚洲的液化天然气的一个重要部分将受到地缘政治因素的影响（如关税，双边交易关系，在贸易谈判中把液化天然气作为软硬兼施的手段使用，政府支持进口基础设施，制衡中国或俄罗斯）。此外，一些观点认为，美国液化天然气的经济竞争力将是亚洲贸易发展的主要驱动力，美国政府能够利用政策工具，与有政府背景的竞争对手建立公平的竞争环境。

8. 美国及其盟友终于意识到，世界各国政府一直在利用国家资金或国有企业在建设基础设施和引导贸易流动方面获得优势。西方政府将在新兴市场的能源基础设施建设项目融资中发挥更大的作用，这既是进行软外交的工具，也是对中国"一带一路"倡议和俄罗斯利用国家资金推进能源项目（非商业性能源项目）的制衡。中国仍是南亚和非洲液化天然气基础设施建设项目融资的关键参与者。尽管中国的资金为许多发展中国家的基础设施建设项目提供了急需的财政支持，包括再汽化、液化设备，甚至港口运输，但也引发人们对中国在这些项目中所产生的经济和环境影响的担忧。国际上对中国的投资出现一些质疑，为西方提供了一个"机会之窗"，其重新成为发展中国家基础设施建设项目的支持者。因此，经合组织的融资方式变得更加灵活，金额更大，以重新获得市场份额。此外，参与"亚洲通过能源增进发展和增长"倡议的伙伴越来越担心中国对南亚港口基础设施建设项目的影响，决心在印度洋—太平洋地区维持一个自由与开放的秩序。

中国面临的海上战略挑战

Douglas J. Feith *

原文标题： China's Maritime Strategic Challenge

文章框架： 美国认为，中国正在致力于终结美国在亚洲的军事主导地位，并有可能终结美国在其他地区的领导地位；中国国家主席习近平带领中国进入新时代；中国"一带一路"倡议涉及世界其他地区的庞大基础设施建设项目；美国现在不能简单地将中国视为传统意义上的"敌人"；俄罗斯和中国在一些方面进行合作。

观点摘要：

1. 美国认为，中国正在致力于终结美国在亚洲的军事主导地位，并有可能终结美国在其他地区的领导地位。这迫使美国官员重新思考军事安全与贸易和投资之间的关系。美国官员敦促盟友参与重新审查相关政策。如何规范美国与中国的商业关系以及其他关系是美国面临的最大战略挑战。答案不是停止所有与中国的贸易，因为这既没有必要，也不切合实际，但也不能忽视。美国不应忽视商业交易在中国国家安全战略中的作用。最近，这一挑战变得非常明显。美国官员开始制定必要的法律和政策，并与盟友讨论如何应对中国的各项措施，这涉及 5G 互联网基础设施、人工智能、量子计算、先进制造技术、网络操作，以及关键设施（如港口）的影响和其他军事敏感问题。

2. 中国国家主席习近平带领中国进入新时代。中国正在提升"公海保护"能力。2017 年 7 月 11 日，中国人民解放军驻吉布提保障基地

---

* Douglas J. Feith，哈德逊研究所高级研究员。来源：哈德逊研究所（美国智库），2019 年 10 月 18 日。

成立，该基地位于印度洋和红海、苏伊士运河和地中海之间的交叉地带。中国拥有世界上最大的商业船队和远洋渔业船队。中国是世界商业造船的领先者。

3. 中国"一带一路"倡议涉及世界其他地区的庞大基础设施建设项目。中国借助"一带一路"倡议推广中国的信息技术标准和电子商务平台，这不仅可以使中国获得商业影响力，还让中国获得大量相关信息，所有这些信息都可以在促进经济发展方面发挥作用。"一带一路"的一个重要组成部分是全球港口网络。中国在缅甸、孟加拉国、巴基斯坦、斯里兰卡、吉布提、埃及、以色列、土耳其、希腊、意大利、西班牙、摩洛哥、法国、比利时和荷兰等几十个国家已经或计划拥有并经营港口。

4. 美国现在不能简单地将中国视为传统意义上的"敌人"。尽管美国过去成功使苏联在经济上陷入孤立无援的境地，但它不能以此来遏制中国。这是因为，在当时，军事技术和民用技术之间的界限非常明确，出口控制在很大程度上对苏联起到了一定的作用。如今，这种区别已经不那么明显了。中国在世界上的地位可以说是前所未有的。中国是美国的战略竞争对手，同时也是美国主要的贸易和投资伙伴。中国的贸易和投资大多与技术有关，这有助于中国提高"对抗"美国军事力量的能力。

5. 俄罗斯和中国在一些方面进行合作。在武器销售、联合军事演习和防务磋商领域，两国关系日益密切。美国的盟友帮助美国在不发动战争的情况下应对中国的挑战。为了达到这一目的，美国的盟友主要需要做三件事情：第一，建立一个共同的威胁评估机制；第二，增强军事能力，改良作战计划，并加强协同作战；第三，通过整合商业活动和实施积极的国家安全战略应对危机。美国左翼和右翼都认识到了来自中国的挑战（在一个普遍两极分化的社会中，这是罕见的共同点）。因此，迎接挑战需要国内外共同努力。

弥合"一带一路"倡议的鸿沟

Carla P. Freeman；Mie Ōba*

原文标题：Bridging the Belt and Road Divide

文章框架：中国提出的"一带一路"倡议主要通过输出基础设施发展能力来促进实现全球互联互通和市场一体化；"一带一路"倡议是中国经济治国方略的有力工具；"一带一路"倡议使中国能够加深与东南亚地区业已广泛的联系；"一带一路"倡议还扩大了东盟成员国使用人民币的范围；"一带一路"倡议在交通和物流领域的投资，有很大一部分被用于建设或扩建港口设施；中国已寻求利用"一带一路"倡议扩大中国生产的信息技术设备的使用范围，以作为设想中的"数字丝绸之路"的一部分；自 2013 年中国提出"一带一路"倡议以来，大多数东南亚国家表示欢迎；中国与东盟不断加强的贸易和投资联系，使其成为该地区的主要利益相关者；美国对东南亚的经济政策加剧了"一带一路"倡议对美国经济的影响；中国将"一带一路"倡议作为加快实现人民币国际化的一部分；"一带一路"倡议可能成为日本与中国

---

* Carla P. Freeman，约翰·霍普金斯大学高级国际关系研究院中国中心副主任。Mie Ōba，毕业于国际基督教大学，在东京大学研究生院综合文化研究科取得硕士和博士学位；东京理科大学教授，专业研究领域是以亚洲地域主义和地域整合为中心的国际关系理论；先后担任东京大学研究生院讲师、东京理科大学助教、南洋理工大学（新加坡）客座研究员、哈佛大学日美关系项目研究员等；著作有《多重地域构造的亚洲》《亚太地区形成的路径——边境国家日澳的主体性探索和地域主义》等。来源：卡内基国际和平研究院（美国智库），2019 年 10 月 10 日。

合作的载体；美国有机会利用"自由与开放的印度洋—太平洋"战略，与日本、澳大利亚等其他盟友和印度等关键伙伴协调其在东南亚地区的经济和安全战略；日本仍是东南亚的主要投资来源国；日本完全有能力通过"自由与开放的印度洋—太平洋"战略来实现进行区域合作的共同愿景，从而与美国在该地区进行协调。

观点摘要：

1. 中国提出的"一带一路"倡议主要通过输出基础设施发展能力来促进实现全球互联互通和市场一体化，这一倡议正在重新定义东南亚的经济和安全环境。尽管"一带一路"倡议面临大规模基础设施建设的常见问题，但它承诺为该地区的不同经济体带来一系列的经济利益，尤其是降低该地区巨大的基础设施赤字和潜在地推动欠发达国家的工业化进程。在"一带一路"倡议实施的头五年里，仅在柬埔寨、印度尼西亚、马来西亚、新加坡和越南，就有与"一带一路"倡议有关的资金（5000 多亿美元）流入。这些资金大部分来自中国，用于发展交通运输设施。同泛亚铁路网一样，相关路线将连接东南亚相关城市与中国城市——这是"一带一路"倡议将中国与东南亚地区经济和社会紧密结合的多种方式之一。

2. "一带一路"倡议是中国经济治国方略的有力工具。"一带一路"倡议将对区域治理产生影响。东南亚国家与中国有着复杂的历史关系，通过实现外国投资和贸易多元化，并与盟友和安全伙伴建立紧密的关系，正在竭力寻求平衡中国潜在影响的方法。在东南亚，"一带一路"倡议给美国和日本带来了风险和机遇。美国是该地区大多数国家的重要安全伙伴，日本是东盟最大的外国投资者。随着中国影响力增强，美日两国必须在战略上就东南亚市场、政治影响力和军事范围展开更为激烈的竞争。为了保持传统的经济和政治影响力，东南亚国家的盟友和安全伙伴必须通过增加在经济发展和地区安全方面的投资来加强与该地区的关系。

3. 美国应该支持东盟在制定政策（以规则为基础）方面发挥关键作用，相关政策体现了东南亚国家与美国及其盟友长期倡导的、一致的准则。日本应努力保持作为东南亚主要投资来源国的地位，并通过承诺参与"区域全面经济伙伴关系协定"（RCEP）发挥东盟作为主要区域治理者的作用。经济活力、庞大的基础设施赤字、与中国西南省份接壤的战略位置，以及横跨亚太地区关键航道的地理位置，都使东南亚地区成为"一带一路"倡议的重要区域。"一带一路"倡议使中国能够加深与东南亚地区业已广泛的联系。十年前，中国成为该地区最大的外部经济合作伙伴——自 2009 年以来，中国既是该地区最大的出口市场，也是该地区最大的进口伙伴。从中国进口的产品包括用于地区生产网络的中间产品和消费品。柬埔寨、马来西亚、缅甸、新加坡、泰国和越南是与中国贸易联系较为紧密的六个东南亚国家。2014 年，中国升级与东盟的自由贸易协定，进一步融入东南亚地区经济。"区域全面经济伙伴关系协定"是由 10 个东盟成员国以及其他东盟伙伴国家制定的贸易协定，能够进一步扩大中国与该地区的贸易规模。中国与该地区强大的华人商界之间的非正式网络，也加强了中国与该地区的经济联系。

4. "一带一路"倡议还扩大了东盟成员国使用人民币的范围。中国与几个东南亚国家签署货币互换协议已有近 10 年的历史，中国人民银行与该地区国家银行之间的货币合作正在加强。例如，2018 年 11月，中国人民银行与印度尼西亚银行签署了双边本币互换协议（价值2000 亿元），这有助于避免印尼货币崩溃。2019 年 1 月 29 日，《中国人民银行　银保监会　证监会　财政部　农业农村部关于金融服务乡村振兴的指导意见》公布，通过加大多层次资本市场的支持力度，创新债券市场融资工具和产品，可以更好满足多层次的金融需求。除此之外，"一带一路"倡议有助于消除中国长期以来的安全担忧，这些担忧涉及美国的包围和海上封锁。

5. "一带一路"倡议在交通与物流领域的投资，有很大一部分被用于建设或扩建港口设施。中国增加了在东南亚地区港口管理和建设方面的投资，包括位于泰国湾的柬埔寨西哈努克港、位于马六甲海峡的马来西亚皇京港和位于孟加拉湾的缅甸皎漂港。这些港口为中国庞大的商业和渔业船队提供服务。"一带一路"倡议为中国经济增长提供支持，为关键产业加快国际化进程提供机遇。实际上，通过合理利用过剩工业产能以及在庞大的建筑业增加就业机会，"一带一路"倡议就可以在一定程度上提振中国经济。此外，中国一些经济落后、地处内陆的西南省份长期以来希望通过公路和铁路连接东南亚相关城市及港口。"一带一路"倡议为中国国有企业（进行基础设施建设）提供了更多机遇。21世纪以来，这些国有企业主要在东南亚地区运营，主要参与柬埔寨、老挝和缅甸的自然资源开发。中国的政策性银行在项目融资中发挥关键作用，主要涉及中国国家开发银行、中国进出口银行以及为"一带一路"项目提供贷款而设立的专项基金（如丝路基金）。这些机构的放贷规模令其他机构相形见绌，其中包括由中国发起成立的亚洲基础设施投资银行（AIIB）、其他多边开发银行和商业银行。

6. 中国已寻求利用"一带一路"倡议扩大中国生产的信息技术设备的使用范围，以作为设想中的"数字丝绸之路"的一部分。除了开发用于进行全面网络空间交流的"中国—东盟信息港"之外，中国政府还寻求在该地区完善光缆、移动网络和其他数字连接网络，使网络多样化，进而摆脱对美国供应商的依赖。中国计划推广使用自主研发的全球卫星导航系统——北斗卫星导航系统。华为等中国企业正在投资开发面向东南亚地区市场的5G网络和云计算系统，阿里巴巴等中国电子商务巨头已经开始在整个东南亚地区提供电子支付服务。

7. 自2013年中国提出"一带一路"倡议以来，大多数东南亚国家表示欢迎。世界银行认为，"一带一路"倡议对区域贸易、跨境投资、经济利益分配和包容性增长（包括脱贫）产生积极影响。东南亚地区进行的相关改革和合作将深化这些积极影响。作为刺激经济发展的来源，"一带一路"倡议力促东南亚地区在21世纪中叶成为"世界第四大经济体"。"一带一路"倡议使东南亚地区在实现基础设施发展目标方面取得进展。正如2010年《东盟互联互通总体规划》所反映的那样，这些目标的提出时间早于已启动的"一带一路"倡议。该地区的"一带一路"参与国也制定了自己的基础设施发展计划，如泰国的东部经济走廊（EEC）、马来西亚的《2015—2020年物流和贸易便利化总体规划》、印度尼西亚建设"全球海洋支点"战略以及缅甸制定的国家运输总体规划。

8. 相关迹象表明，地区参与者正在防范以中国为中心的经济秩序。日本和几个东盟国家已经加入"全面与进步跨太平洋伙伴关系协定"（CPTPP），而中国并没有加入。这项多边贸易协定的达成表明，部分东盟国家将发展以中国为中心的供应链的替代方案。该协定降低了 11 个国家（澳大利亚、文莱、加拿大、智利、日本、马来西亚、墨西哥、新西兰、秘鲁、新加坡和越南）之间的关税水平。该地区对"一带一路"倡议的态度有些谨慎，而"全面与进步跨太平洋伙伴关系协定"对中国在该地区供应链中发挥的作用存在潜在影响。这表明，"一带一路"倡议只是影响地区经济格局和外交与安全政策选择的诸多因素之一。毫无疑问，"一带一路"倡议正在增强中国在该地区的影响力，改变国际格局。几十年来，该地区一直对美国及其盟友有利。2018 年，中国与东盟贸易额创历史新高，并持续增长。此外，"一带一路"倡议还提高了中国对该地区外国直接投资（FDI）的相对份额。尽管迄今为止日本仍是东南亚最大的外国直接投资来源国，但中国的外国直接投资正迅速流入东盟欠发达经济体（涉及基础设施领域）。在中国国家主席习近平和外交部部长王毅于 2018 年访问菲律宾之后，菲律宾开始准备接受中国的援助，开发达沃港，以作为"21 世纪海上丝绸之路"的延伸。2017 年 11 月，在习近平主席访问越南期间，双方签署了《中国商务部与越南工贸部关于加快推进中越跨境经济合作区建设框架协议谈判进程的谅解备忘录》，尽管两国仍存在持续的海上争端。随着经济的发展，该地区的一些国家正在购买更多中国军事装备，如马来西亚和泰国等（它们是美国军事装备的传统客户）。中国"一带一路"倡议旨在打造一个互联互通的中心辐射型经济体系。此外，"一带一路"倡议有助于中国大型跨国公司进一步发展壮大，特别是在基础设施建设等领域。

9. 中国与东盟不断加强的贸易和投资联系，使其成为该地区的主要利益相关者。中国以出口大数据计算和人工智能技术创建"数字丝绸之路"，通过向老挝等参与国提供强大的数字工具来推动这些趋势（老挝是中国发起这一数字倡议的合作伙伴之一）。中国还将"一带一路"倡议定位为中国对全球和地区公共产品的贡献，包括促进自由贸易发展、促进发展中国家进行更具包容性的治理。该地区的许多人认为，美国不愿或无力提供全球和地区公共产品，这增强了中国在这方面的吸引力。长期来看，这种状况可能会影响美国在该地区的领导地位。因此，对美国而言，"一带一路"倡议带来了一系列经济、政治和安全风险。这提高了一些国家选择与中国站在一起的可能性。

10. 美国对东南亚的经济政策加剧了"一带一路"倡议对美国经济的影响。虽然亚洲其他国家普遍愿意与美国建立密切的关系，以平衡中国日益增强的影响力，但是中国在该地区发展良好且一贯明确的重大长期投资计划，与美国漫不经心或缺乏连贯性的计划形成鲜明对比。东南亚地区国家担心，美国通过与每个国家达成双边协议来消除贸易逆差，还可能要求东南亚地区国家做出更多的军事贡献，以支持实现美国主导的目标。此外，"一带一路"倡议也对美国在该地区的商业利益构成潜在挑战。至关重要的是，"一带一路"倡议为中国提供了制定和出口一系列技术标准的机会，不仅体现在基础设施和交通系统方面，而且体现在美国寻求巩固全球领导地位方面，如人工智能领域。

11. 与此同时，中国将"一带一路"倡议作为加快实现人民币国际化的一部分。美国希望保持美元的主导地位，但"一带一路"正在推动国际货币体系朝着相反的方向发展。中国发起的机构和举措，如亚洲基础设施投资银行、"区域全面经济伙伴关系协定"和"一带一路"倡议，增强了中国对东南亚治理机制的影响力，中国的这种做法有可能削弱亚洲开发银行（ADB）等更成熟的机构的影响力。美国及其盟友是亚洲开发银行的长期利益相关者。这些事态会削弱美国的相对影响力，也会削弱该地区其他相关机构的影响力。随着中国通过"一带一路"加强和深化区域关系，中国与一些共建"一带一路"国家的军事合作也可能加强，这将使美国的安全利益和美国在该地区投射军力的能力复杂化。

12. "一带一路"倡议可能成为日本与中国合作的载体，但它也是中日两国在该地区竞争加剧的一个源头。日本前首相安倍晋三（Abe Shinzo）在 2016 年推出的发展与安全计划提供了另一种愿景。该计划强调发展高质量的基础设施，同时进行公开的安全合作。在为中国投资提供替代选择的同时，日本也表示愿意在开放、透明等特定条件下与中国在"一带一路"框架下开展项目合作。但是，日本和中国在基础设施开发方面的合作面临日本国内的问题，比如日本公司缺乏兴趣。媒体强调通过高铁连接泰国东部经济走廊的三个机场的计划，以促成中日在第三国合作，然而，日本公司选择退出该计划。中日合作面临的这一挑战并非来自政治或安全事务，而是因为日本企业出于对盈利能力的担忧不愿投资。

13. 美国有机会利用"自由与开放的印度洋—太平洋"战略，与日本、澳大利亚等其他盟友和印度等关键伙伴协调其在东南亚地区的经济和安全战略，例如，美国可以通过《更好利用投资引导发展法案》来兑现财政承诺。这项法案可以推动对技术、能源和基础设施等方面的投资，从而进一步发挥私人资本的作用，确保采用高质量的发展标准，并通过"自由与开放的印度洋—太平洋"战略与合作伙伴协调发展。"自由与开放的印度洋—太平洋"战略还提供了一个框架，通过该框架，可以协调《更好利用投资引导发展法案》与日本高质量基础设施合作伙伴关系涉及的投资，以及印度和澳大利亚的东南亚基础设施项目计划和欧盟的欧亚互联互通战略。美国可以更好地利用独特的智力资本和专业知识，提高在该地区的地位，并倡导采用更高水平的技术、社会和环境标准。随着东南亚作为区域参与者加入"一带一路"倡议，其也欢迎各方支持东南亚实现战略独立。从这个意义上说，该地区与中国更紧密的经济联系可能会使其寻求与美国建立更紧密的安全联系。民意调查结果显示，在整个亚洲地区，对中国日益增强的影响力的看法各不相同。

14. 不法分子可能会利用区域互联互通的便利实施犯罪，带来不稳定的影响。美国可以通过发挥应对该地区众多非传统安全威胁的突出作用，来强化其作为地区公共产品首选提供者的角色。通过派遣高级别官员参加地区峰会，美国可以兑现对该地区国家和东盟的承诺，这对促进地区团结至关重要。虽然特朗普没有参加于 2018 年 11 月召开的第十三届东亚峰会和亚太经合组织第二十六次领导人非正式会议，但他出席了于 2019 年在日本大阪举行的二十国集团领导人第十四次峰会，美国国务卿迈克·蓬佩奥（Mike Pompeo）出席了于 2019 年 8 月召开的东盟—美国外长会议。

15. 与此同时，日本仍是东南亚的主要投资来源国，东南亚是"全面与进步跨太平洋伙伴关系协定"中最大的经济体，也是"区域全面经济伙伴关系协定"的主要参与者。日本处于有利地位，可以继续发挥在该地区的经济作用。日本仍是亚洲基础设施投资的主要来源国，享有提供可靠融资和进行高质量发展的声誉。对该地区的"全面与进步跨太平洋伙伴关系协定"成员来说，日本在谈判时的领导地位树立了作为可靠的经济和外交伙伴的形象。日本与印度在"亚非增长走廊"中的角色为其他国家提供了另一种选择，或至少提供了额外的融资来源，即公共融资和私人融资，并在亚洲各国间建立了额外的纽带。另外，日本承诺与东盟所有成员国一道参与"区域全面经济伙伴关系协定"，因此日本可以被视为支持东盟的中心地位，愿意帮助东盟继续作为区域治理的中心力量。

16. 日本完全有能力通过"自由与开放的印度洋—太平洋"战略来实现进行区域合作的共同愿景，从而与美国在该地区进行协调。日本与印度的关系不断加强，与澳大利亚的关系也日益紧密，因此，日本可以在"和平宪法"范围内，在加强地区安全合作方面发挥重要作用。然而，值得注意的是，目前尚不清楚日本、美国和其他主要国家（澳大利亚和印度）愿意在多大程度上就"自由与开放的印度洋—太平洋"战略框架的方向达成一致意见。一些人认为，这一战略主要是为了在更广泛的战略伙伴中构思新的海上议程，以"对抗"中国在海上的发展。

评估中国在北非日益增加的足迹

Adel Abdel Ghafar; Anna L. Jacobs *

原文标题： Beijing Calling: Assessing China's Growing Footprint in North Africa

文章框架： 随着美国逐渐脱离中东，欧洲面临内部挑战，一个新的角色正在北非地区悄然出现；中国正在加强与北非国家的合作，不仅体现在经济和文化领域，而且体现在外交领域；中国与北非国家，特别是与阿尔及利亚和埃及的关系始于反殖民斗争以及对民族解放运动的思想支持；中国在中东和北非地区开展了两种主要的"伙伴关系外交"，分别为战略伙伴关系外交和全面战略伙伴关系外交；近年来，特别是自"一带一路"倡议提出以来，中国和北非国家加强了外交、经济以及文化领域的联系；中国与埃及和阿尔及利亚建立全面战略伙伴关系表明这些国家在中东和北非地区发挥的重要作用，以及中国在该地区贸易、武器销售和基础设施项目方面发展了两个关键双边关系；中国与埃及和阿尔及利亚的关系具有坚韧的维护外交和安全利益特征，中国在摩洛哥和突尼斯等国日益增强的影响力仍局限于经济和文化领域；中国在北非地区的政策既包括软实力元素又包括硬实力元素，软实力元素在中国话语中尤为突出；目前，"一带一路"倡议在北非地区的足迹大多与经济和商业领域紧密联系，为相关国

* Adel Abdel Ghafar，美国布鲁金斯学会多哈中心研究员。Anna L. Jacobs，美国布鲁金斯学会多哈中心高级助理研究员。来源：美国布鲁金斯学会（美国智库），2019 年 9 月 23 日。

家提供了增加贸易额、外商投资、旅游收入、制造业基地的机会；从摩洛哥到埃及，中国与北非国家的贸易和投资日益增长；在阿尔及利亚，中国企业主要对建筑以及能源领域予以关注；在埃及，中国对新的行政首都、苏伊士运河经济区以及埃及其他工业区的建设项目和融资项目越来越感兴趣，尽管许多项目仍处于规划阶段；"一带一路"倡议在促进人员交流方面取得显著成效；"民心相通"的另一个体现是中国文化机构在北非的不断发展；近年来，与传统西方伙伴之间的紧张关系，促使北非国家开始探索与中国和俄罗斯等其他大国建立经济、外交以及安全伙伴关系的可行性；与通常标志着同西方国家合作的规范性接触相比，中国的不干涉政策是一个极具吸引力的选择；重要的是中国坚持奉行不干涉他国内政和中立政策需要进一步观察；中国在北非地区仍然面临诸多困难；随着对北非的经济影响力不断增强，中国在北非的安全和防务合作也在不断加强；"一带一路"倡议旨在实现构建以中国为中心的欧亚秩序这一更广泛的目标；在埃及和阿尔及利亚，外国投资仍然面临重大障碍；北非国家需要认真规划与中国的经济和政治接触，否则未来可能会出现复杂局面；中国、北非、欧洲和美国的政策制定者都应共同努力，寻求双赢的接触模式，为地中海地区带来繁荣和稳定。

观点摘要：

1. 随着美国逐渐脱离中东，欧洲面临内部挑战，一个新的角色正在北非地区悄然出现。中国一直在加强与埃及、阿尔及利亚以及摩洛哥等国的接触，这些国家位于中东、非洲与地中海三个关键地区的交汇处。中国政府在上述国家日益增加的足迹包括但不限于贸易、基础设施建设、港口、航运、金融合作、旅游业以及制造业。通过此类合作，中国正在增强在北非地区的影响力，从而在连接亚洲、非洲和欧洲方面发挥不可或缺的作用，这也是"一带一路"倡议的主要目标。先前对"一带一路"倡议在中东和北非（MENA）地区作用的分析强调，该倡议很难定义，其确切范围尚有诸多争议。虽然当前正式的"一带一路"倡议路线图仅包括埃及，但中国已经与北非每个国家签署了"一带一路"倡议谅解备忘录，中国正在增加在该地区的足迹。

2. 中国正在加强与北非国家的合作，不仅体现在经济和文化领域，而且体现在外交领域。中国在北非日益增强的影响力，很可能对该地区和世界其他国家产生深远的经济与地缘政治影响。本报告试图分析中国在北非日益增强的影响力。首先，本报告将介绍中国与阿尔及利亚、埃及、摩洛哥、突尼斯以及利比亚关系的背景，其次，本报告将概述中国在北非影响力包含的软实力和硬实力因素，着重强调软实力。最后，本报告将提出一套针对北非、欧洲以及美国决策者的政策建议。西方国家政府应警惕中国在地中海日益增加的存在所带来的安全后果。展望未来，中国、北非、欧洲以及美国都应寻求多赢的接触模式，为地中海地区国家带来繁荣与稳定。

3. 背景。中国与北非国家，特别是与阿尔及利亚和埃及的关系始于反殖民斗争以及对民族解放运动的思想支持。值得注意的是，中国是第一个承认阿尔及利亚的非阿拉伯国家，为其革命斗争提供了支持。在20世纪末，中国对北非的兴趣转向经济领域。在2008年经济危机和欧元区危机之后，历来依赖欧美贸易和投资的北非国家致力于实现市场和经济伙伴的多元化。同期，中国经济保持强劲增长势头，2011年，中国国内生产总值增长9.5%。近年来，尽管经济增速放缓，但中国仍然通过"一带一路"倡议增强了经济实力与软实力。"一带一路"倡议于2013年提出，预计耗资约1万亿美元，覆盖超过80个国家，这些国家的生产总值占全球国内生产总值的36%左右，贸易额占全球贸易额的41%。到目前为止，"一带一路"倡议的大部分项目位于"南方"国家和地区，该倡议在欧洲地区以及中东和北非地区的项目正在顺利进行。中国在非洲和亚洲的经济存在一直是许多研究和审查的主题，中国和北非之间的关系更加值得关注。这种不断发展的关系揭示了关键趋势，阐明了中国的战略重点，表明摩洛哥、阿尔及利亚、突尼斯、利比亚以及埃及等国将加强与新伙伴的合作。

4. 中国在中东和北非地区开展了两种主要的"伙伴关系外交"，分别为战略伙伴关系外交和全面战略伙伴关系外交。根据斯图沃尔（Strüver，音译）对中国"伙伴关系外交"的研究，伙伴关系具有以下四个特点：（1）它们超越典型的外交关系，包括政府官员和机构之间的持续会议，以建立沟通和信任机制；（2）它们不属于以条约为基础的联盟；（3）它们更多的是由"目标驱动"而不是由"威胁驱动"，通常侧重于经济、文化、安全和技术领域的合作；（4）它们的特点是强调采取行动和建立制度的过程。与战略伙伴关系相比，全面战略伙伴关系涉及更高级别人员和机构交流，包括两个伙伴国家高层领导成员之间的定期会议。斯图沃尔指出，"要达成一项全面战略伙伴关系协议，必须满足三个条件，即政治互信、紧密的经济联系、文化交流以及其他领域的良好关系"。中国与阿尔及利亚、埃及建立了全面战略伙伴关系，与摩洛哥建立了战略伙伴关系。这些伙伴关系中包括几十项谅解备忘录以及对重大基础设施和发展项目的承诺。值得注意的是，尽管中国已经与利比亚和突尼斯签署了"一带一路"倡议谅解备忘录，但尚未建立正式伙伴关系。

5. 这些伙伴关系的发展表明，近年来，特别是自"一带一路"倡议提出以来，中国和北非国家加强了外交、经济以及文化领域的联系。在整个北非地区，中国的文化中心以及孔子学院已经开放，签证限制和对中国游客的旅游警告已被取消，使北非地区的旅游业迅速扩张。驻摩洛哥和埃及的中国外交人员表示，上述领域合作的加强反映了"一带一路"倡议促进互联互通与经济发展的五个关键目标：政策沟通、设施联通、贸易畅通、资金融通、民心相通。

6. 中国与埃及和阿尔及利亚建立全面战略伙伴关系表明这些国家在中东和北非地区发挥的重要作用以及中国在该地区贸易、武器销售和基础设施项目方面发展了两个关键双边关系。中国已经成为埃及和阿尔及利亚的最大贸易伙伴。阿尔及利亚是欧洲石油和天然气的主要供应国，也是地中海、北非和萨赫勒地区重要的经济和安全参与者，拥有非洲最大的军事预算，2018 年的军事开支为 96 亿美元，是"地区安全提供的领导者"。阿尔及利亚一直致力于调解各种地区冲突，例如马里和利比亚之间的冲突。从历史层面来看，阿尔及利亚一直是通往非洲以及非洲联盟等关键区域集团的门户。与此同时，埃及控制着世界上最具战略意义的水路之一——苏伊士运河，并正在成为地中海东部的主要天然气枢纽之一。此外，埃及也是一个主要的地区安全提供者，管理着非洲最大的军事力量之一。另外，埃及还与沙特、阿联酋结成联盟，它们一直试图对利比亚、苏丹等中东、北非地区施加影响。

7. 中国与埃及和阿尔及利亚的关系具有坚韧的维护外交和安全利益特征，中国在摩洛哥和突尼斯等国日益增强的影响力仍局限于经济和文化领域。在利比亚，尽管国际公认的民族团结政府总理法耶兹·萨拉杰（Fayez Serraj）表示欢迎中国公司重返利比亚，但由于该国局势持续动荡，中国公司已经停止运营。总的来说，上述五个国家位于地中海南部沿岸的战略位置意味着中国的影响力只会继续增强，尤其是在经济领域。值得注意的是，中国与这些国家的关系是由中国不干涉政治事务的官方政策所框定的，这与西方国家的政策形成了鲜明的对比。同样，上述五个国家在不同程度上越来越视中国为欧洲和美国的可行替代伙伴之一，它们不仅在经济和文化领域，而且在外交和国防领域加强了与中国的合作。

8. 软实力：经济和文化支柱。中国在北非地区的政策既包括软实力元素又包括硬实力元素，软实力元素在中国话语中尤为突出。虽然诸多类型的经济实力被解读为硬实力的表现形式，但中国采取了一种更为柔和的经济影响力方式，即"刚柔并济"的外交政策。中国在北非的商业影响力直接关系到中国发展模式的合法性，这种模式强调促进经济发展以及不干涉他国政治事务，传统上，西方国家主张倡导自由和民主规范。根据这些观察，本报告基于对中国利用贸易、投资和金融作为加强与北非国家合作的非强制性工具等的理解，将软实力定义为经济和商业关系。

9. 目前，"一带一路"倡议在北非地区的足迹大多与经济和商业领域紧密联系，为相关国家提供了增加贸易额、外商投资、旅游收入、制造业基地的机会。相关举措也产生了鼓励当地国家与传统西方伙伴之间竞争的效果。中国外交人员强调，北非国家毗邻欧洲、非洲以及亚洲市场，工业园区众多，基础设施建设投资水平较高，经济合作前景十分广阔。

10. 贸易畅通。从摩洛哥到埃及，中国与北非国家的贸易和投资日益增长。经济战略因国家而异，埃及、摩洛哥以及阿尔及利亚是中国优先考虑的国家。埃及贸易与工业部表示，埃及是中国在非洲的第三大贸易伙伴国。2017 年，两国贸易额达到 108.7 亿美元，埃及从中国进口的商品和服务总额超过 80 亿美元，居北非首位。2018 年前 8 个月，埃及和中国的双边贸易额占比跃升至 26% 左右。中国与摩洛哥的贸易发展较为平和，正处于稳步扩张的过程中；2017 年，摩洛哥从中国进口的商品和服务总额为 31.4 亿美元，仅次于法国和西班牙。与此同时，阿尔及利亚是中国在北非地区历史最悠久、贸易规模最大的经济伙伴之一。2013 年，中国超过法国，成为阿尔及利亚最大的贸易伙伴国。然而，阿尔及利亚与中国存在巨大的贸易逆差。虽然中国已经成为阿尔及利亚的主要进口来源国，2018 年，中国对阿尔及利亚的进口总额为 78.5 亿美元，但与阿尔及利亚对欧洲国家的出口额相比，阿尔及利亚对中国的出口额仍然相对微不足道，而且几乎完全来自能源领域。与此同时，阿尔及利亚对中国的出口额正在增长，2000～2017 年增长了 60 倍。

11. 中国和突尼斯之间的贸易额也有所增长，2017 年，突尼斯从中国的进口额为 18.5 亿美元，仅次于法国和意大利，位居第三。一位中国外交人员认为，中国仍将突尼斯视为一个具有投资风险的目的地，对其进行民主转型和面临的经济挑战持怀疑态度。2011 年利比亚内战爆发后，中国和其他许多国家被迫撤离本国公民，撤出对重大项目的投资。然而，自 2017 年以来，利比亚对中国的石油出口量增加了一倍之多，中国正着眼于把握该国在重建后的机遇。2018 年 7 月，利比亚民族团结政府外交部部长穆罕默德·萨亚拉（Mohamed Sayala）与中国外交部部长签署谅解备忘录，为利比亚加入"一带一路"倡议铺平了道路。与其他地区大国不同，中国在利比亚的冲突中没有偏袒任何一方，因为中方坚持政治不干涉原则。这一原则使中国未来在与任何领导利比亚的政府达成协议时都处于有利地位。

12. 设施联通。在阿尔及利亚，中国企业主要对建筑以及能源领域予以关注。中国投资兴建的大型建筑项目，如阿尔及尔歌剧院、喜来登酒店、阿尔及尔大清真寺、东西高速公路，以及在阿尔及尔郊区建立"唐人街"的数千名中国工人，都成为这一"景观"的标志。与此同时，中国在摩洛哥和埃及的建筑业务主要集中在工业区、自由贸易区以及金融中心。在摩洛哥，中国的项目包括位于盖尼特拉的大西洋自贸区、卡萨布兰卡金融城（CFC）和丹吉尔地中海港（Tanger Med）临港园区。包括电信巨头华为在内的中国企业正计划在上述港口建设区域物流中心。2017年3月，摩洛哥国王穆罕默德六世宣布了兴建"丹吉尔穆罕默德六世科技城"的计划，预计该项目将成为中国在北非地区最大的投资项目，并且多个工业区具有特色。中国企业海特集团退出该项目后，中国交通建设集团有限公司（CCCC）及其子公司中国路桥工程有限责任公司（CRBC）与摩洛哥外贸银行签署了谅解备忘录。"丹吉尔穆罕默德六世科技城"的建设从2019年7月开始。在该项目宣布后，比亚迪股份有限公司、中信戴卡股份有限公司、奥特佳新能源科技有限公司等中国企业与摩洛哥政府签署协议，预计将建设多个工厂。

13. 在埃及，中国对新的行政首都、苏伊士运河经济区以及埃及的其他工业区的建设项目和融资项目越来越感兴趣，尽管许多项目仍处于规划阶段。埃及在吸引外国投资方面面临诸多挑战，但中国的建设项目仍在日益增多。事实上，在某些情况下，埃及政府与中国企业之间的谈判无果。主要案例之一就是，2018年12月，埃及政府与中国华夏幸福基业股份有限公司产业发展集团关于在新首都建设一个200亿美元项目的谈判中止。中国外交人员也提到了由中国玻璃纤维公司巨石集团的埃及分公司在苏伊士运河经济区经营的玻璃纤维生产车间的成功案例，使埃及成为世界上领先的玻璃纤维生产国之一。

14. 民心相通。中方人员表示，"民心相通"是"一带一路"倡议的重要内容，基础设施建设、港口、航运路线等项目的推进不仅有利于促进贸易和投资，而且有利于人员往来。上述人士强调应该将"一带一路"倡议理解为促使古老的"丝绸之路"概念在现代社会中占有一席之地的途径之一。中方人员表示："我们所想到的画面是不同文明之间的交流……当我们说到'丝绸之路'，意味着一条和平之路。""一带一路"倡议在促进人员交流方面取得显著成效。阿尔及利亚有 5 万多名中国工人，这些工人构成了非洲最大的华人社区之一。同样，随着非洲地区华人群体规模的扩大，在摩洛哥的商业中心卡萨布兰卡及其行政首府拉巴特，中国餐馆和市场也在不断涌现；仅在卡萨布兰卡的 Derb O-mar 区就有 4000 名中国居民。除了这些新居民之外，随着签证限制和旅行警告的解除，中国赴摩洛哥和埃及等国的旅游人数也在大幅增长。一位中方人员表示，2017 年有 40 万人次中国游客前往埃及，多于 2015 年的 12.5 万人次。2017 年，摩洛哥接待中国游客 12 万人次，2018 年前 5 个月，摩洛哥接待中国游客 10 万人次。

15. 民心相通的另一个体现是中国文化机构在北非的不断发展。突尼斯第一所孔子学院于 2018 年 11 月举行开班仪式，拉巴特中国文化中心于 2018 年 12 月落成。此外，埃及在开罗大学和苏伊士运河大学开设了两所孔子学院，以及一个中国文化中心。这些文化机构开设有关汉语和中国文化的课程，并举办节日活动。总体而言，中国在北非的居民、游客以及文化机构数量的不断增加表明，中国在该地区的软实力增强，并将扩大覆盖范围。

16. 近年来，与传统西方伙伴之间的紧张关系，促使北非国家开始探索与中国和俄罗斯等其他大国建立经济、外交以及安全伙伴关系的可行性，例如，2016 年，摩洛哥与欧盟的关系因新渔业合作协定（涉及有争议的西撒哈拉地区）的实施而日趋紧张，摩洛哥中断了与欧盟代表团的联系，极大地影响了双方关系。与此同时，过去 5～10 年，北非和中国政府官员之间的高层国事访问有所增加。在 2018 年 9 月举行的中非合作论坛（FOCAC）北京峰会上，习近平主席会见摩洛哥首相萨杜丁·欧斯曼尼（Saadeddine El Othmani）、阿尔及利亚前总理艾哈迈德·乌叶海亚（Ahmed Ouyahia）、突尼斯总理优素福·沙赫德（Youssef Chahed）和埃及总统阿卜杜勒·法塔赫·塞西（Abdel‐Fattah al‐Sisi）。其中，塞西与习近平主席之间的会晤尤其频繁，两人最近的一次会晤是在 2019 年 4 月举办的第二届"一带一路"国际合作高峰论坛上。

17. 与通常标志着同西方国家合作的规范性接触相比，中国的不干涉政策是一个极具吸引力的选择。正如佐比尔（Zoubir，音译）所言：许多中东和北非国家发现，无论与西方势力结盟与否，它们都是西方霸权主义下的"输家"……中国从未在该地区建立殖民地，也没有干涉过该地区国家的内部事务。鉴于经济实力，中国的区域和国际"扩张"是自然而然的，也是不可避免的。中国不干涉内政政策当然对中东和北非国家具有吸引力。这些因素在一定程度上解释了中东、北非地区接受"一带一路"倡议以及中国在全球舞台上发挥更大作用的原因。

18. 重要的是中国坚持奉行不干涉他国内政和中立政策需要进一步观察；中国在该地区发挥的作用越大，面临的压力也就越大，这要求中国更加积极地参与解决地区争端。已经有迹象表明，中国的不干涉内政政策或将在摩洛哥的西撒哈拉争端等问题上为其带来挑战。摩洛哥认为西撒哈拉属于该国，而支持其自决被认为是突破了摩洛哥的"红线"。中方参与对这一问题进行的讨论时表示尊重联合国在这一问题上的决定。目前，中方的立场是站得住脚的，但地区冲突直接或间接涉及中国的主要合作伙伴，如阿尔及利亚、南非、安哥拉、尼日利亚以及海湾阿拉伯国家合作委员会（GCC），或将导致未来中国与其部分关键合作伙伴之间出现紧张关系。尽管目前主要通过双边框架与北非国家进行接触，但中国正试图通过中非合作论坛、中阿合作论坛等多边机制开展更多的地区外交活动。埃克曼（Ekman，音译）认为，这种外交努力与"新兴大国关系"原则有关，即一旦一些小国被纳入主要地区论坛，中国就会寻求与之接触。只有到那时，相关国家才被认为具有足够的能力进行高级别合作。换句话说，力量平衡是中国建立务实、高效的全球秩序愿景的核心组成部分。

19. 中国在北非地区仍然面临诸多困难。一些官员主要从文化角度看待该地区的发展，并将其与中东联系起来。其他人士认为，北非地区更类似于"南欧"或地中海，因此应该将其与撒哈拉以南的非洲地区区别看待。北非国家在非洲和阿拉伯地区的存在感就很能说明问题，因为这反映了该地区在"一带一路"倡议、经济互联互通、区域外交等方面的独特性与战略地位。

20. 随着在北非的经济影响力不断增强，中国在北非的安全和防务合作也在不断加强。海上项目，特别是海底光缆项目是中国电信行业实现互联互通目标的特别关键因素之一，中方十分重视该领域的发展。2009年，中国华为海洋网络有限公司交付了连接突尼斯和意大利的"汉尼拔"光缆项目，2010年又交付了连接利比亚和希腊的另一个主要光缆项目。上述举措引发了人们对中国商业投资被用于非商业活动的担忧。中国在该地区的第一次重大行动发生在2011年的利比亚，中国在北约开始进行空袭之前安全撤离了近4万名中国工人。2015年，中俄两国在地中海举行联合军事演习。2017年，中国人民解放军驻吉布提保障基地成立。2018年1月，中国人民解放军海军第27批护航编队在阿尔及尔进行了为期4天的友好访问。

21. 在"一带一路"倡议的背景下，正如罗兰（Rolland，音译）所强调的：促进区域发展没有被视作鼓励实现政治自由化的一种方式，相反，其是加强和稳定中国现有发展成果的一种手段……跨大陆的基础设施建设有助于防止在冲突发生时，海上供应可能出现的中断情况。确保中国的战略空间，有助于遏制所谓美国主导的遏制中国的计划。除了这些具体目标外，"一带一路"倡议旨在实现构建以中国为中心的欧亚秩序这一更广泛的地区目标。正如前文所述，中国与北非的安全和外交合作反映中国的经济重点。如果摩洛哥、埃及和阿尔及利亚等国保持稳定，并增加与中国的经济和外交接触，那么"一带一路"倡议将继续在北非增强影响力。中方在密切关注突尼斯、阿尔及利亚政治局势以及利比亚冲突的同时，也致力于推动这些国家最终参与"一带一路"倡议项目建设。考虑到摩洛哥的工业化战略、不断增长的基础设施需求以及对吸引外资的实质性重视，摩洛哥似乎是对"一带一路"倡议持最为开放、最愿意参与态度的国家。在《2019年营商环境报告：为改革而培训》中，摩洛哥在北非地区排名最靠前（在190个国家中排第60位），接着是突尼斯（排第80位）、埃及（排第120位）、阿尔及利亚（排第157位）和利比亚（排第186位）。

22. 在埃及和阿尔及利亚，外国投资仍然面临重大障碍。尽管埃及总统塞西已经公开表示希望吸引更多外国投资，但埃及的许多项目仍由军方拥有的公司主导。与此同时，中国官员对埃及日益增加的条款及其对投资项目的破坏表示担忧。2017 年，埃及议会通过了新的《投资法》，埃及仍有很多工作要做，如改善国内的营商环境。在阿尔及利亚，建筑交易普遍需要进一步提高透明度。

23. 北非国家需要认真规划与中国的经济和政治接触，否则未来可能会面临复杂的局面。同样，美国和欧洲的决策者也需要考虑从北非撤退所带来的影响，以及中国在该地区增加存在的影响。首先，鉴于中国在南亚和拉美几个项目中的表现，对有关中国资金的谈判应该以更加透明的方式进行。正如前文所述，"一带一路"倡议引发的"债务担忧"或将对该倡议的发展产生不利影响，有关各方应对其予以谨慎处理。随着中国在北非地区的融资不断增加，以及大型基础设施建设项目启动，避免其他国家陷入"债务陷阱"变得越来越重要。邀请中国企业参与相关项目的北非国家应采取必要的预防措施。其次，如果北非各国政府能够以统一的声音与中国对话，那么这些国家与中国的接触更有可能取得积极成果。近年来，北非国家通过双边或多边区域论坛（如中非合作论坛、中阿合作论坛）与中国进行外交往来。然而，更大程度的区域一体化，比如恢复停滞不前的阿拉伯马格里布联盟，有助于确保上述国家与中国、俄罗斯、美国以及欧盟等在贸易、投资、外交和防务领域进行更好的协调。最后，美国和欧盟的决策者应该明白，它们从北非撤退所留下的缺口将由中国等新兴大国填补。中国正在寻求进一步发展与该地区国家的关系。中国向这些国家提供了一个充满吸引力的一揽子计划：低成本的融资、廉价的劳动力、规范的监管机制、最低限度的官僚作风，以及不干涉政治事务的承诺。尤其需要注意的是，欧盟应关注中国在该地区增强影响力所引发的安全风险，并加快实施相关协定，如欧盟与非洲经济伙伴关系协定以及欧盟与北非国家签署的各种自由贸易协定。

24. 尽管中国已经通过"一带一路"倡议进入北非，但其与该地区的政治和经济联系仍然相对薄弱。考虑到该地区的战略意义，未来几年，中国有望加强并深化这些联系。中国与北非国家关系的发展为相关国家带来了诸多利益，但也需要避免相关风险。如上所述，北非各国政府应谨慎对待债务和监控问题，西方国家应采取措施，尽量避免因中国增强影响力而产生安全问题。展望未来，中国、北非、欧洲和美国的政策制定者应共同努力，寻求多赢的接触模式，为地中海地区带来繁荣和稳定。这可以为今后几年进行富有成效的互利合作奠定基础，为北非及其伙伴国家带来光明的发展前景。

了解中国在非洲的"一带一路"倡议基础设施项目建设现状

David Dollar*

原文标题：Understanding China's Belt and Road Infrastructure Projects in Africa

文章框架："一带一路"倡议看似以建设区域经济走廊为目标，实则着眼全球，受到经济利益等的联合驱动；"一带一路"倡议受到发展中国家的普遍欢迎；中国发起"一带一路"倡议部分基于对经济层面的考虑；世界银行已经审查了"一带一路"倡议的运输项目；针对"一带一路"倡议下的基础设施项目在非洲的实施情况进行分析。

观点摘要：

1. 2013 年，中国提出建设"丝绸之路经济带"和"21 世纪海上丝绸之路"。此后，中国迅速将这两个愿景融合在一起，并将其称为"一带一路"倡议。"一带一路"倡议看似以建设区域经济走廊为目标，实则着眼全球，受到经济利益等的联合驱动。"一带一路"倡议一旦取得成功，就能够使中国更有效地利用大量储蓄，扩大贸易规模，巩固与参与国的经济和外交关系，并通过绕开美国及其盟友控制的经济要道，实现中国的能源和其他资源进口多样化。

2. "一带一路"倡议受到发展中国家的普遍欢迎，因为几乎所有发展中国家都面临基础设施建设不足以及缺乏资源的问题。"一带一路"倡议通过向参与国提供大量贷款，并且参与各领域的基础设施建

---

* David Dollar，美国布鲁金斯学会高级研究员。来源：美国布鲁金斯学会（美国智库），2019 年 9 月 30 日。

设，填补基础设施建设缺口，促进当地经济增长，为参与国带来巨大利益。本报告根据现有信息，对"一带一路"倡议下的基础设施项目在非洲的实施情况进行分析。本报告认为非洲国家在利用"一带一路"倡议贷款方面的经验各不相同。一部分国家存在债务可持续性问题，另一部分国家则将来自中国的贷款纳入稳健的整体宏观经济计划。很难对"一带一路"倡议在非洲的实施情况进行简单概括。出于这个原因，西方国家在"一带一路"问题上最好不要那么高调，因为许多项目可能会取得不是非常良好的效果。如果西方国家能够向国际货币基金组织提供更多支持，帮助各国管理债务，并向世界银行提供更多基础设施融资，为非洲发展中国家提供更多选择，那么就会对改进目前的状况有所帮助。

3. 2013 年，中国国家主席习近平通过两次演讲提出"一带一路"倡议。在哈萨克斯坦，习近平主席畅想了恢复从中国到中亚和欧洲的陆路贸易路线的愿景，即贯穿中亚的多条道路，这是"丝绸之路经济带"。在印度尼西亚，习近平主席提出了"21 世纪海上丝绸之路"。"21 世纪海上丝绸之路"本质上是一条从中国向南穿过南海和印度洋，到达中东和欧洲的海上走廊。虽然中国在推动"一带一路"倡议的部分工作上针对某些特定的走廊，但事实上，该项目是全球性的，不局限于特定的地理位置。拉丁美洲和非洲也参与其中。中国的主要目标是向发展中国家提供贷款，并将其用于交通、电力、供水等领域的基础设施建设。

4. 2017 年 5 月，习近平主席在第一届"一带一路"国际合作高峰论坛开幕式上致辞时指出："设施联通是合作发展的基础。我们要着力推动陆上、海上、天上、网上四位一体的联通，聚焦关键通道、关键城市、关键项目，联结陆上公路、铁路道路网络和海上港口网络。我们已经确立'一带一路'建设六大经济走廊框架，要扎扎实实向前推进。要抓住新一轮能源结构调整和能源技术变革趋势，建设全球能源互联网，实现绿色低碳发展。要完善跨区域物流网建设。我们也要促进政策、规则、标准三位一体的联通，为互联互通提供机制保障。"

5. 中国政府表示，截至 2019 年 4 月，已有 125 个国家和 29 个国际组织与中国签署了"一带一路"倡议合作文件,其中包括37个非洲国家和非洲联盟。中国的贷款主要来自中国国家开发银行和中国进出口银行两家政策性银行。这两家银行在国内和国际资本市场上借贷,并以一定的利差进行放贷,两家银行希望在财务方面实现自给自足。中国进出口银行可以从中国财政部获得部分补贴,因此它的部分贷款较为优惠。

6. 中国发起"一带一路"倡议部分基于对经济层面的考虑:中国存在大量储蓄以及就业不充分的建筑公司和重工业企业。"一带一路"建设项目是利用这些资源的一种方式。此外,如果发展中国家的基础设施得到改善,那么中国以及其他国家能够间接受益。中国可以通过"一带一路"建设项目获得伙伴和增强影响力。中国希望发掘不受美国及其盟友控制的替代路线来运输自然资源。

7. 世界银行已经审查了"一带一路"倡议的运输项目。世界银行的结论是,如果能够通过改善基础设施来降低运输成本,那么对受援国和全世界都有潜在的巨大好处。相关研究表明,在许多情况下,政策障碍多于基础设施障碍,即进口关税、投资限制、海关延误和"繁文缛节"往往会大幅增加贸易成本。这项研究的明确观点是,改善投资环境是进行基础设施投资的必要补充。

8. 本报告从现有信息出发,针对"一带一路"倡议下的基础设施项目在非洲的实施情况进行分析,以消除普遍存在的误解和不实言论。约翰·霍普金斯大学保罗·尼采高级国际研究学院中非研究所描绘了中国对非洲贷款的规模、主要借款国、涉及的基础设施部门以及一些关键项目,下文引用的数据多来源于此。

9. 约翰·霍普金斯大学保罗·尼采高级国际研究学院中非研究所从超过50个向中国借款的非洲国家收集数据,遵循"严格的三角剖分和交叉核对贷款报告的步骤,以中国人民银行和财政部官方网站、中国承包商以及在中国和非洲国家的个人调查为重点"。该组织的研究人员解释说,"中国和非洲官员接受的采访和相关会晤内容对这项工作进行了补充"。自2012年以来,中国提供的贷款平均每年超过150亿美元,这是相关国家获得基础设施融资的一个重要来源。此类贷款在2008~2009年全球金融危机后迅速增加,自2012年以来,每年都有一些变化，但规模在150亿美元左右浮动。在2016年的研究中，笔者发现中国对非洲的融资约占支持非洲基础设施项目的外部融资的1/3。涉及的国家包括位于非洲西部的尼日利亚、刚果共和国和喀麦隆；位于非洲南部的安哥拉、南非和赞比亚；位于非洲东部的肯尼亚、乌干达和埃塞俄比亚以及位于非洲北部的埃及。

10. 约翰·霍普金斯大学保罗·尼采高级国际研究学院中非研究所数据库提供了部分（非全部）项目的详细信息。近年来一些较大的项目情况如下。埃塞俄比亚为亚的斯亚贝巴—吉布提铁路借款13亿美元，贷款期限为15年，有6年宽限期，利率为伦敦银行同业拆息+3%。乌干达为卡鲁马水电站借款14亿美元，贷款期限为20年，有5年宽限期，固定利率为2%。乌干达为恩德培—坎帕拉高速公路借款3.5亿美元，贷款期限为20年，有7年宽限期，固定利率为2%。肯尼亚为修建铁路借款20亿美元，贷款期限为15年，有5年宽限期，利率为伦敦银行同业拆息+3.6%。喀麦隆为曼维莱水电站项目借款5亿美元，贷款期限为16年，有6年宽限期，利率为欧元银行间拆放款利率+3.1%。尼日利亚为阿布贾—马萨卡轻轨项目借款5亿美元，贷款期限为20年，有7年宽限期，固定利率为2.5%。

11. 中国提供的大部分贷款投向交通和电力项目。尽管中国提供的贷款不如世界银行提供的贷款那么优惠，但世界银行的此类贷款受到严格限制。与其他选择相比，中国提供的贷款的条款颇具吸引力。2%利率的固定贷款是相当优惠的。严格来说，欧元银行间拆放款利率（Euribor）或伦敦银行同业拆放款利率（Libor）加上约3%的利差属于商业行为，这是因为中国的银行可以从这些贷款中获利，前提是这些贷款得到偿还。总体而言，其他商业贷款机构不会以这样的利率向发展中国家放贷。

12. 有人可能会说，中国的银行更愿意承担风险，或称中国的银行低估了风险。目前，全球利率处于低位，伦敦银行间拆放款利率在2%左右。因此，伦敦银行同业拆息+3.6%将使整体利率达到5.6%，这对肯尼亚这样的国家是非常具有吸引力的。然而，如果全球利率回到历史平均水平5%～6%，那么这些灵活利率贷款的成本将高得多，总利率为9%～10%。届时，偿债成本显然会更高，面临债务困境的风险也会更多。

13. 除了西方提供的优惠援助有限之外，还有一个问题是，由于环境和社会法规的原因，与世界银行这样的机构合作建设大型基础设施项目既耗时又不得不应付政策障碍。许多发展中国家倾向于在预算支持、医疗和教育等方面使用西方的资金，而在交通和电力等大型项目上转而使用中国的资金。发展中国家无须在这些可供选择的资金来源之间做出选择。在早期的研究工作中，笔者认为中国用于基础设施建设项目的海外贷款是无特定限制的，因为中国的这些海外贷款没有明显的地理分布特点，而且贷款与治理措施也不相关。中国最近对非洲的贷款也显示出同样的模式。东非本应是"一带一路"倡议的参与者，来自中国的贷款覆盖了非洲大陆所有地区，其中大部分位于西部和南部。

14. 借款国在治理方面也存在相当大的差异。世界银行发表的《世界治理指标》的"话语权和问责指数"是衡量"民主政治权利"和"公民自由"的指标。从结构上看，该指数的全球均值为0，标准差为1。非洲国家的平均值是－0.6。接受中国贷款的国家包括非洲大陆话语权评分高于平均水平的国家，如南非、肯尼亚、赞比亚和尼日利亚。中国的主要借款国还包括一些话语权评分较低的国家：安哥拉、喀麦隆、埃及、刚果共和国和埃塞俄比亚。此外，乌干达处于平均水平。复杂的现实情况是，中国为采取不同治理方式的国家提供资金。因此，中国的放贷行为与治理方式之间的关系并不简单。

15. 借款国的外债情况也相当不同。10个国家的平均外债占国民总收入（GNI）的36.5%，几乎与非洲其他国家的水平（37.2%）相同。但平均值掩盖了巨大的差异。安哥拉、肯尼亚和尼日利亚的外债水平非常低。安哥拉和尼日利亚是资源丰富的国家，国内生产总值（GDP）庞大，有能力承担巨额外债。在这些国家中，赞比亚的情况最令人担忧，外债占国民总收入的65.8%。赞比亚有一个涉及国际货币基金组织的项目，国际货币基金组织进行的债务可持续性分析项目指出：赞比亚公共债务一直在不可持续地增加，公共债务占国内生产总值的比例从2014年底的36%上升到2016年底的61%……公共债务的主要部分已转

向外部非减让性债务，中央政府的多边债务份额已从 2011 年的约 60%
大幅降至 20.5%，而私人银行/投资者的份额已升至近 50%。

16. 近年来，赞比亚政府债务增加的速度显著加快。贷款总额从
2011 年的 5 亿美元猛增至 2016 年的 30 亿美元。为了使资源与该国的吸
收能力相一致，并确保债务具有可持续性，必须大大减缓这种借款速
度。公共投资周期，如基础设施项目的选择、采购和监测，需要大大延
长，以确保公共投资项目"物有所值"。换句话说，赞比亚过去主要从
世界银行和非洲开发银行等多边机构借款，现在它主要根据商业条款借
款。其中一些是来自中国进出口银行和中国国家开发银行的贷款。赞比
亚也在全球市场发行欧元债券。不管资金来源如何，它一直在借款，并
试图以不可持续的速度实施相关项目，不惜冒出现债务危机的风险。

17. 乌干达与赞比亚形成了有趣的对比。乌干达在水电和交通等关
键项目上从中国贷款，但更加自律，外债占国民总收入的 40%。国际
货币基金组织最新的债务可持续性分析项目发现：乌干达的外债风险仍
然很低……大多数现有外部公共债务以优惠条款的形式存在，由于自
2015～2016 财年以来从中国借入大量资金，这些具有半优惠性质的公
共债务的比例一直在上升。三项由中国进出口银行资助的投资项目的融
资占乌干达获得的所有半优惠融资的 3/4。商业贷款通常是中国进出口
银行和日本国际协力银行（JBIC）为电力设备提供的买方信贷。总而
言之，中国进出口银行提供的贷款占乌干达对外贷款组合的 23.4%，
其被认为仍是乌干达未来重要的融资来源。

18. 非洲国家向中国借款存在的问题如下。赞比亚面临过多债务风
险，特别是非减让性债务风险。然而，如果它实施国际货币基金组织的
计划，那么债务应该会下降到可持续的水平。国际货币基金组织应发挥
关键作用，帮助发展中国家管理外部借款风险。从中国借款的非洲前十
大国家多数没有出现"债务危机"风险。研究发现，大多数非洲借款
国的财务状况合理，这与审查对"一带一路"倡议不同部分的研究得
出的结果一致，例如，约翰·赫尔利（John Hurley）、史考特·莫里斯
（Scott Morris）和盖琳·波特兰（Gailyn Portelance，音译）评估了参与
"一带一路"倡议的 68 个国家出现债务问题的可能性。他们发现，在

这些国家中，有 8 个国家因为从中国借款而面临"债务危机"风险。较脆弱的是像马尔代夫、蒙古国和老挝这样的小经济体。

19. 另一个重要问题是物流绩效。世界银行关于"一带一路"交通运输项目的研究强调，实体基础设施只是连接市场的一个方面，还有通关、促进贸易便利化、提升物流服务效率等软性基础设施。世界银行设计了一个物流绩效指数（LPI），该指数将涉及硬基础设施和软基础设施的因素结合成一个单一的衡量指标。良好的物流绩效是各国积极参与国际贸易的必要条件。在全球价值链时代，这一点变得更加重要。物流绩效指数显示了来自中国的十大借款国最近的物流绩效情况。在这一指标上，这十个借贷国的表现（平均分为 2.75 分）明显好于非洲其他国家（平均分为 2.42 分）。肯尼亚、南非、埃及和乌干达等国家的得分远高于非洲平均水平。这些国家拥有良好的贸易环境，基础设施投资项目有较高的回报。这种相关性可以用多种方式来解释。中国投资的基础设施项目有助于改善物流效率，但这似乎不太可能成为主要因素，因为许多项目仍在实施中，改善的服务只会在未来提供。更有可能的解释是，那些成功改进了贸易软基础设施的政府，也是那些把基础设施投资放在首位的政府。无论如何，一些大型借贷国在这一投资环境指标上的表现良好是一个好消息。这使项目更有可能获得经济回报，当地政府也更有能力偿还由此产生的债务。

20. 最后一个值得关注的方面是在非洲工作的中国工人。借款国的立法和当地的劳动力市场状况影响中国工人的数量。安哥拉的中国工人数量从 4.8 万名降至 3.3 万名左右。到目前为止，这一数字是十个非洲借款国中最大的。像埃及和南非这样的大型借款国有非常少的中国工人。肯尼亚、赞比亚和埃塞俄比亚有近 1 万名中国工人。在这十个借款国中，中国工人的总数下降了 10%，尽管贷款额基本保持不变，而且在建项目数量有所增加。随着工资的上涨，中国向非洲派遣工人的成本越来越高。因此，中国承包商在可能的地方培训当地工人是有经济意义的。

21. 本报告的主要目标之一是了解中国"一带一路"倡议下的基础设施项目建设在非洲的现状：建设的基础设施是什么？哪些国家是主要

借款国？获得贷款的条款是什么？这些条款如何适用于借贷政府进行整体债务管理？我们可能会看到一系列"债务危机"吗？借款国是否有必要的配套"软件"来连接全球市场？这些项目是否为当地居民提供就业机会？

22. 这些都是很难明确回答的问题，但经验和数据正在增加。"一带一路"项目大多集中于交通和电力领域，但也具有多样化特点，涉及国际铁路、城际铁路、高速公路、海港、水电、输电线路、供水、卫生设施等。10个主要借款国分布在非洲大陆各个地区，并不局限于中国认为的"一带一路"倡议的地理范围。一些国家比较保守，另一些国家非常民主。

23. 主要借款国的外债平均水平与整个非洲持平。国际货币基金组织的报告指出，一些国家在全部外债和偿还债务方面表现良好。来自中国的借款被纳入整体债务和预算管理范围。赞比亚的外债增长速度过快——部分贷款来自中国。赞比亚与国际货币基金组织将实施一项合作项目，该项目能使赞比亚减缓借贷的速度，走上可持续发展道路。最令人担忧的是与伦敦银行同业拆放款利率或欧元银行间拆放款利率挂钩的灵活利率贷款：如果全球利率上升，那么这些贷款的服务成本将增加。关注债务可持续性问题符合中国的利益。同样令人鼓舞的是，主要借款国的平均物流效率表现良好。为了能够从基础设施项目中真正得到回报，这些国家需要更多地与地区经济和全球经济联系起来。这不仅需要具备实体基础设施，还需要具备高效率的海关和获得良好的运输服务。

24. 最后，笔者认为，有一些初步证据表明，中国正在从积累的经验中不断学习，并改进做法。在中国向非洲提供贷款初期，中国的金融机构对债务可持续性并不关心。现在，中国的贷款被纳入国际货币基金组织的项目之中，这些项目有全面的借款上限，以确保项目可持续发展。借款国的中国工人数量减少表明，建筑公司已经认识到，培训当地工人会使项目的效率更高。丹尼尔·罗素（Daniel Russell）和布莱克·伯杰（Blake Berger）在东南亚项目中也发现了中国人的实用主义适应性。

25. 这些研究结果也对美国及其盟友应对"一带一路"倡议产生影响：减少反华言论，因为许多项目能够带来净收益，对中国贷款的持续敌意让美国显得无知；为国际货币基金组织提供更多的人力和财力支持，因为该机构最适合帮助发展中国家管理外部借款，并可以将中国项目纳入预算管理和发展战略之中；鼓励世界银行更多地关注基础设施建设项目，减少贷款处理时间，为发展中国家提供有竞争力的替代选择；鼓励中国在贷款方面更加透明，并将更多资金用作优惠贷款——既通过世界银行的国际开发协会提供更多资金，也通过自己参与的项目提供资金；继续把美国援助的重点放在促进民主和完善社会机制方面，提高相关国家管理从中国和其他来源处借款的能力。

中国：战略竞争领域和国内驱动力

Tarun Chhabra；Rush Doshi；Ryan Hass [*]

原文标题： Global China：Domains of Strategic Competition and Domestic Drivers

文章框架： 中国在全球扮演越来越重要的角色，中国在广泛的关键计划和地理领域的影响力越来越大；学者对中国在特定竞争领域的行为进行研究。

观点摘要：

1. 中国在全球扮演越来越重要的角色，中国在广泛的关键计划和地理领域的影响力越来越大。随着中国在全球的足迹不断增加，中国的国际行为所牵涉的美国利益远远超出了中美关系的范围，而这种行为目前才为人们所理解。美国布鲁金斯学会外交政策系列文章《全球中国：评估中国在世界上日益增长的作用》有助于阐明中国在相关竞争领域的全球影响力，以及中国国内法律和政治领导情况，这可能会揭示中国行动的轨迹。关于对中国所实施的战略正在进行的争论，专家认为，中国增强全球影响力的行为不仅推动了中国军事战略的发展，而且推动中国在其他政策领域进行竞争。中国正在利用经济实力，通过"一带一路"倡议增强影响力。

2. 本报告的每一位撰写者都研究了中国在特定竞争领域的行为，并为美国的政策制定者提供建议。在各自关注的领域，他们提出了一系

---

[*] Tarun Chhabra，美国布鲁金斯学会国际秩序和战略项目成员。Rush Doshi，美国布鲁金斯学会中国战略政策项目主任，耶鲁大学法学院蔡中曾中国中心研究员。Ryan Hass，美国布鲁金斯学会外交政策项目助理研究员，同时任职于约翰·桑顿中国中心和东亚政策研究中心。来源：美国布鲁金斯学会（美国智库），2019年9月30日。

列问题，包括中国在做什么，中国的竞争力有多强，竞争是否可能加剧，中国的行为对美国的利益和价值观可能有何影响等。迈克尔·奥汉隆（Michael O'Hanlon）关注的是中国南海和中国东海等热点地区的军事事件，这些事件虽然看起来微不足道，但可能产生重大的战略后果。奥汉隆认为，美国及其盟友需要一个更全面、更一体化的机制来应对这些突发事件，特别是考虑到中国日益增强的军事能力对美国的实力投射构成越来越大的挑战。奥汉隆也认为，在这种情况下，"经济战争"至少应该与使用武力同等重要，而且在危机发生前，不对称的防御战略通常会发挥更大的作用。除了经济—军事一体化的战争计划外，美国应该聚焦消除自己和盟友的经济弱点。这并不会削弱美国的军事优势，相反，美国及其盟友应该寻求保持在经济和军事领域的主导地位。

3. 随着中国扩大在海外的存在，在世界上一些较混乱的地区，中国所建设的项目可能会成为恐怖组织的袭击目标。丹尼尔·拜曼（Daniel Byman）和伊丝拉·萨伯（Israa Saber）的研究表明，通过经济合作和对反恐方式的隐性支持，中国加强了与许多反恐前线国家的联系。拜曼和萨伯认为，中国的反恐策略尚未从根本上改变中国的外交政策，中国通过"一带一路"倡议等在海外不断扩大利益，承建的项目有可能成为恐袭的目标。无论是有意还是无意，中国都可能成为一个新的、更加全球化的反恐角色。

4. 中国似乎在实施经济策略方面更有经验，正如张可天（Ketian Vivian Zhang）在这个系列的早期文章中所记录的那样。内费尔还讨论了美国易受中美经济关系破裂的影响，如对中国融资的依赖。内费尔建议美国和中国应该考虑就贸易摩擦进行双边磋商。此外，他还呼吁提高美国的情报和分析能力。

5. 凯特琳·塔尔梅奇（Caitlin Talmadge）认为，美国或许无法避免与中国进行核竞争，原因有二：第一，随着中国军力的壮大，中国不愿放弃对核优势的追求；第二，中国并不是美国关注的唯一拥有核武器的国家，美国对另一个国家的防御可能会对中国构成威胁，从而进一步（如果不是有意为之）加剧竞争态势。虽然中国发展核能的一些因素可以被理解为是合理的，但许多美国人仍然担心长期以来美国的利益会受到中国核优势的影响。为了应对这种竞争并减少核升级的风险，塔尔梅奇强调应通过直接的沟通渠道解决相关问题，并建议将中国纳入一个包括网络、空间和其他影响核稳定的前沿技术的军备控制框架之中。

6. 在纯粹以安全为核心的竞争领域之外，中国正通过"一带一路"倡议将日益增强的经济实力转化为全球影响力。杜大伟（David Dollar）探讨了"一带一路"倡议基础设施建设项目在非洲的实施情况，以更好地理解"一带一路"倡议的整体发展轨迹。他特别关注中国对非洲的贷款规模、主要借款国、涉及的基础设施领域以及正在进行的关键项目。杜大伟认为，借款国的治理水平参差不齐，"债务陷阱式外交"的说法言过其实。杜大伟认为，迄今为止，中国在所参与的非洲项目中似乎并未偏袒某些国家。他写道，美国及其盟友应更多地关注项目效益，同时向国际货币基金组织（IMF）提供更多资源，以帮助发展中国家管理借款并改善预算管理方法。他还建议，世界银行和其他贷款机构应该减少贷款处理时间，为中国贷款提供更具竞争力的替代选择。

7. 杜大伟对"一带一路"倡议的经济分析，由对中国军力部署战略进行研究的利亚·德莱弗斯（Leah Dreyfuss）和玛拉·卡林（Mara Karlin）予以补充。他们认为，这些投资以及中国人民解放军驻吉布提保障基地的建设，加剧了人们对中国动机的质疑，中国的动机似乎是出于对建立蓝水海军的渴望，以及中国领导层对"近海防御、远海护卫"战略的承诺。德莱弗斯和卡林认为，在中短期内，中国可能会寻求与"一带一路"项目受援国结成伙伴，并为未来的合作提供更灵活的途径。德莱弗斯和卡林还认为，中国对进口能源和大宗商品的依赖，以及保护海外公民和投资的愿望，可能是中国建设这些新设施的首要理由，中国日益增强的军事实力可能会相对较快地改变这一局面。

中国加强在马格里布的存在

Adel Abdel Ghafar；Anna L. Jacobs *

原文标题： Beijing Strengthens Its Presence in the Maghreb

文章框架： 中国将摩洛哥视为建设"一带一路"倡议的重要伙伴；中国之所以能与西方竞争对手区分开来，主要有两个原因；中国与北非国家，特别是阿尔及利亚和埃及的关系始于反殖民主义斗争时期；在 21 世纪初，中国开始将注意力转向非洲地区；中国对摩洛哥的投资和两国之间的贸易有所增加。

观点摘要：

1. 2018 年 9 月 5 日，中国欢迎摩洛哥首相萨阿德丁·奥斯曼尼（Saad Eddine El Othmani）访问北京，并纪念中摩建交 70 周年，习近平主席强调中国将摩洛哥视为建设"一带一路"倡议的重要伙伴。几个月后，即 2019 年 2 月，摩洛哥北部旅游小镇沙温（Chefchaouen）装饰了 1500 盏红灯笼庆祝中国春节，这闻所未闻。当地媒体对该事件进行了广泛报道，强调中国正逐步加强在马格里布中部地区以及更多北非国家的存在。相关项目的规模适中，埃及、阿尔及利亚和摩洛哥等国已成为"一带一路"项目的参与国。该地区位于中东、非洲、南欧和地中海之间。关键领域包括贸易、基础设施建设、港口建设、新型海上联系、金融合作、旅游业和制造业。

2. 中国之所以能与西方竞争对手区分开来，主要有以下两个原因。第一，中国有不干涉他国内政的官方政策。对中国来说，这是一个有吸

---

* Adel Abdel Ghafar，美国布鲁金斯学会多哈中心研究员。Anna L. Jacobs，美国布鲁金斯学会多哈中心高级助理研究员。来源：美国布鲁金斯学会（美国智库），2019 年 10 月 9 日。

引力的选择，可以替代相关国家与美国和欧盟签署的规范性协定；摩洛哥、突尼斯、埃及发现与欧盟签订的条约具有过多的限制条件。第二，中国有决策优势和劳动力资源优势。由于决策是由领导层经协商做出，因此中国可以迅速做出投资选择，而在西方，批准流程往往需要很长时间。此外，中国在为基础设施建设提供廉价融资和劳动力方面拥有无与伦比的能力，而这是美国和欧洲无法提供的，例如，2002～2010 年，中国为阿尔及利亚建设了数千套住房；从 2005 年 1 月到 2016 年 6 月，中国与相关国家签订了 29 份合同，价值 222.2 亿美元。

3. 中国与北非国家，特别是阿尔及利亚和埃及的关系始于反殖民主义斗争时期。值得注意的是，中国是第一个承认阿尔及利亚临时政府的非阿拉伯国家，并为民族解放阵线领导的独立战争提供了急需的外交支持。埃及总统纳赛尔是 1956 年第一位承认中华人民共和国的阿拉伯国家和非洲国家领导人。与苏联相比，虽然中国在当时没有那么重要，但在埃及总统与西方多次对峙和角力中，中国是埃及总统的坚定支持者。

4. 在 21 世纪初，中国开始将注意力转向非洲地区。"一带一路"倡议是这种转变的象征。目前，"一带一路"倡议的大部分项目已在南亚启动，同时"一带一路"倡议向欧洲、中东和北非（MENA）地区西扩的计划正在顺利推进。2014 年，中国与阿尔及利亚、埃及建立了全面战略伙伴关系，2016 年与摩洛哥建立了战略伙伴关系。其中，中国与埃及的贸易规模是最大的，中国每年对埃及的出口额超过 80 亿美元。资本流动也在继续增加。2018 年 11 月，阿拉伯银行联盟秘书长维萨姆·法托赫（Wissam Fattouh）表示中国对此地的投资已经达到 150 亿美元。此外，阿尔及利亚是中国在北非地区历史最久且最重要的经济伙伴之一。中国对该国丰富的石油和天然气资源兴趣浓厚。中国企业在阿尔及利亚主要参与建筑、住房和能源领域的项目。

5. 自摩洛哥国王穆罕默德六世于 2016 年访华以来，中国对摩洛哥的投资和两国之间的贸易有所增加。北部的丹吉尔（Tangiers）港口已成为非洲最大的集装箱港口，领先于竞争对手埃及塞德港（Port Said）和南非德班（Durban）港。华为（Huawei）等中国企业计划在那里设立区域性物流总部。在港口开放 10 周年之际，摩洛哥宣布进行一项价值 100 亿美元的投资项目，名为"丹吉尔穆罕默德六世科技城"，该项目计划在未来十年内入驻 200 家工厂，成为摩洛哥最大的中国工业平台。

6. 目前，中国与每个北非国家都通过双边框架进行交易，为了增强影响力，中国已经建立了区域性组织，如中非合作论坛（FOCAC）和中阿合作论坛（CASCF）。这体现了"新型大国关系"的原则。2011 年，在北约开始空袭利比亚之前，中国派包机撤回数千名中国公民。中俄于 2015 年在地中海举行联合军事演习。2017 年，中国人民解放军驻吉布提保障基地成立，该基地使中国海军和空军能够到达地中海东部沿岸。2018 年 1 月，中国海军第 27 批护航编队在阿尔及尔进行了为期 4 天的友好访问。

7. 在短短的 20 年里，中国提高了在北非的地位。然而，现在就这一接触的影响得出明确的结论还为时尚早。尽管如此，评估中国的行动对这些国家及其财政政策的潜在影响至关重要，特别是如果被资助的项目并不属于这些国家发展战略的组成部分。同样，进行战略投资（特别是在港口方面的投资）将继续加剧西方国家的担忧，因为它们非常清楚这类基础设施容易被用于安全目的。

亮点：专家们讨论了日益全球化的中国的国内驱动力和战略意义

Scarlett Ho[*]

原文标题：Highlights：Experts Discuss the Domestic Drivers and Strategic Implications of an Increasingly Global China

文章框架：中国国内发展对外交政策的影响以及中美竞争在"战略性领域"的发展趋势；中国通过"一带一路"倡议在世界不同地区发挥作用；关于中国外交政策的法律和政治驱动因素。

观点摘要：

1. "与中国展开长期战略竞争是我们这一代人面临的决定性挑战"，美国国防部负责印太安全事务的助理部长兰德尔·施莱弗（Randall Schriver）于 10 月 1 日在美国布鲁金斯学会的一次活动上说，这是美国布鲁金斯学会外交政策系列文章《全球中国：评估中国在世界上日益增长的作用》的一部分。美国国防部助理部长兰德尔·施莱弗在主旨演讲中概述了美国对华防御战略的基本原则，以及在"战略竞争时代"与中国接触的前景。他认为，当前的地缘政治现实需要进行"思维方式的根本性转变"：从"美国主导"转向"适应与之拥有近乎同等地位的竞争对手日益复杂的能力"。在与美国布鲁金斯学会成员的讨论中，施莱弗探讨了如何让中美军事关系成为一股"稳定力量"，并指出，中美军方高层的接触以及旨在建立信任的演习依然保持活跃，在很大程度上并没有受到中美关系起伏的影响。

---

* Scarlett Ho，美国布鲁金斯学会东亚政策研究中心助理研究员。来源：美国布鲁金斯学会（美国智库），2019 年 10 月 16 日。

2. 由美国布鲁金斯学会成员塔冉·查布拉（Tarun Chhabra）主持的小组讨论集中讨论了中国国内发展对外交政策的影响以及中美竞争在"战略性领域"的发展趋势。与会者讨论了在中国国家主席习近平的领导下，中国内外政策的延续性及变化。美国布鲁金斯学会中国战略项目主任兼研究员杜如松（Rush Doshi）认为，中国的宏大构想超越了地区利益，是中国为增强全球影响力和战略优势所做的努力。中国对塑造全球治理体系的兴趣不断被提及。在习近平主席的领导下，中国在全球治理中的作用的某一方面得以强化和制度化，如"一带一路"倡议。

3. 美国布鲁金斯学会博士后研究员黄韵琪（Audrye Wong）提供了中国通过"一带一路"倡议在世界不同地区发挥作用的背景，并建议美国制定国家安全战略以更好地应对中国的经济治国方略。杜如松指出，尽管有人批评"一带一路"在某些方面的做法，但事实证明，"一带一路"是有韧性的。他呼吁美国更系统地提高对"一带一路"风险的认识水平，并与"一带一路"项目参与国合作，同时与盟友进行更多的合作，为"一带一路"提供替代方案。

4. 关于中国外交政策的法律和政治驱动因素，美国布鲁金斯学会约翰·桑顿中国中心主任兼高级研究员李成（Cheng Li）强调，对于政策制定者来说，评估中国采取的措施（涉及打击腐败、消除贫困）所带来的影响至关重要。美国布鲁金斯学会访问学者贺诗礼（Jamie Horsley）从法律维度进行补充。她指出，中国新一届领导集体不断完善中国法律制度，同时增加了法律以外的措施。

中巴经济走廊电力项目：对环境
和债务可持续性的观察

Erica Downs *

原文标题：China – Pakistan Economic Corridor Power Projects：Insights into
Environmental and Debt Sustainability

文章框架：中巴经济走廊是中国提出的"一带一路"倡议的一部分；
哥伦比亚大学全球能源政策中心启动了对中巴经济走廊电力
部门项目的研究；本报告的主要发现集中于三个方面；中巴
经济走廊是一个能源和交通项目的集合体，其中一些项目将
连接中国西部和阿拉伯海地区；电力项目是中巴经济走廊的
重要组成部分；本报告的三个组成部分，即中巴经济走廊电
力项目、中巴经济走廊与环境可持续性、中巴经济走廊与债
务可持续性。

观点摘要：

1. 作为中巴经济走廊（CPEC）的一部分，中国正在通过资助和建
设燃煤电厂帮助巴基斯坦提升燃煤发电能力。中巴经济走廊是中国提出
的"一带一路"倡议的一部分，该倡议旨在通过基础设施建设促进全
球互联互通。中巴经济走廊框架下的电厂近75%的发电容量是燃煤发
电提供的。巴基斯坦国家电力监管局（NEPRA）预计，该国燃煤发
电容量占比将从2017年6月30日的3%增加到2025年的20%，中巴
经济走廊框架下的燃煤电厂将发挥主要作用。

2. 作为"一带一路"倡议研究计划的一部分，哥伦比亚大学全球

---

* Erica Downs，美国哥伦比亚大学全球能源政策中心高级研究学者。来源：美国
哥伦比亚大学全球能源政策中心（美国智库），2019年10月3日。

能源政策中心启动了对中巴经济走廊电力部门项目的研究，这些项目占用了中巴经济走廊项目的大部分成本。本报告考察了批评者对"一带一路"倡议的两个主要担忧：环境可持续性和债务可持续性。对环境可持续性的担忧在于，全球化石燃料（尤其是煤炭）发电量的增加将增加温室气体排放，从而难以实现《巴黎协定》的排放目标。有关债务可持续性的担忧在于，中国为支持基础设施项目而发放的贷款是否会导致有问题的债务增加。

3. 本报告的主要发现集中于三个方面。第一，新增发电能力项目（中巴经济走廊电力项目）对煤炭的高度重视，反映了巴基斯坦长期以来的目标，即实现发电结构多样化，从燃油转向国内煤炭，以降低发电成本，节约外汇。这反映了前总理纳瓦兹·谢里夫（Nawaz Sharif）政府的看法，即煤炭是在短期内增加大量新产能的最佳选择。谢里夫承诺结束停电问题，帮助他的政党赢得了 2013 年大选。尽管巴基斯坦拥有巨大的可再生能源潜力，但太阳能和风能被认为过于昂贵，难以被整合到电网中以大范围使用。

第二，煤炭在中巴经济走廊发电结构中的主导地位，与中国政府最近强调绿色发展是"一带一路"倡议的重要特征之间存在些许误差。中国政府的言论与实际情况之间的这种差距在很大程度上可以用巴基斯坦倾向于提升燃煤发电能力来解释。最终，由东道国决定电力结构的组成情况。长期以来，中国政府不愿干预此类决策。

第三，中巴经济走廊的电力项目具有增加巴基斯坦主权债务负担的风险，但多种因素表明，这些项目增加的主权债务不太可能是中国有意为之的结果。中巴经济走廊电力项目的债务融资安排主要涉及中国银行向中国企业全部或部分拥有的项目公司提供贷款，这些项目可能会增加巴基斯坦的债务，因为巴基斯坦政府为支持中巴经济走廊电力项目提供了主权担保，而巴基斯坦电力行业的流动性危机又被称为"循环债务"。即便如此，中巴关系的几个方面以及中国政府和企业对中巴经济走廊的成功有着巨大的利害关系表明，可持续的中巴经济走廊项目比不可持续的项目更符合两国的利益。

4. 2013 年 5 月 20 日，中国国务院总理李克强提议，中巴两国应发展"互联互通、能源开发、发电等重点项目"，打造连接两国的经济走廊。中国国家主席习近平于 2015 年 4 月访问巴基斯坦，两国正式启动了中巴经济走廊。中巴经济走廊是一个能源和交通项目的集合体，其中一些项目将连接中国西部和阿拉伯海地区。据报道，截至 2018 年底，中巴经济走廊已启动或完成 22 个项目，总价值为 189 亿美元。虽然这远低于中巴经济走廊项目投资组合价值的 620 亿美元，但这对巴基斯坦来说仍然是相当大的一笔外资。

5. 中国政府将中巴经济走廊建设作为 2013 年习近平主席提出的"一带一路"倡议的风向标。习近平主席曾将"一带一路"倡议称为"世纪工程"。"一带一路"倡议旨在通过基础设施建设，特别是通过新兴经济体的基础设施建设，来加强全球互联互通。中巴经济走廊作为"一带一路"倡议前沿的最初重要性，体现在 2015 年中国外交部部长王毅经常引用的一句话："如果说'一带一路'是一首惠及多个国家的交响乐的话，那么中巴经济走廊就是这首交响乐甜蜜的开场曲。"

6. 电力项目是中巴经济走廊的重要组成部分。截至 2018 年底，在已建成的 11 个中巴经济走廊项目中，发电和输电项目占 7 个，在建项目占 6 个。此外，包括中巴经济走廊能源优先项目在内的 15 个电力部门项目（最初计划在 2020 年完成的项目且是本次研究的主题）价值，占巴基斯坦的中巴经济走廊网站上所有项目价值的 55%，估计成本为 209 亿美元。对电力项目的关注反映了巴基斯坦前总理纳瓦兹·谢里夫兑现竞选承诺的决心，这一承诺帮助他的政党赢得了 2013 年的选举，从而结束了巴基斯坦长期的电力短缺问题。

7. 中巴经济走廊电力项目新增发电能力的 3/4 来自燃煤电厂。如果所有这些电厂都已建成，它们就将成为巴基斯坦日益依赖的煤炭发电的主要动力。巴基斯坦政府预计，中巴经济走廊电厂将有助于提升煤炭在巴基斯坦发电结构中的份额（从 2017 年 6 月 30 日的 3% 增至 2025 年 6 月 30 日的 20%）。

8. 中巴经济走廊电力部门的项目旨在发电和输电，根源在于巴基斯坦需要更多的发电能力。21 世纪第一个 10 年，巴基斯坦高峰时段的电力需求超过最大发电能力。在 2012 财年（6 月 30 日），巴基斯坦的电力缺口达到 6758 兆瓦，大致相当于 12 座中型燃煤电厂的发电量。城市每天停电 10 小时，农村地区每天停电 22 小时。巴基斯坦的电力危机始于 20 世纪 90 年代中期，当时政府认为，由于公共部门资源有限，私营部门投资是发展新一代发电能力的关键。1994 年，巴基斯坦公布了一项电力政策，向私人投资者提供了慷慨的奖励，包括一项具有吸引力的预付关税，对 1997 年底建成的 100 兆瓦以上的所有发电项目给予额外补贴，免除企业所得税和关税，或许最重要的是，免除对项目燃料的关税。这些激励措施在迅速获得私营部门投资方面非常成功，产生了大约 4000 兆瓦的新发电能力。其中大部分投资流入使用进口燃料油的发电厂，部分原因是 20 世纪 90 年代的低油价使燃料油成为一种选择。这些项目促使巴基斯坦发电结构发生重大转变。水力发电容量占发电装机容量的比例从 1985 年的 67% 左右下降到 2017 年的 27%，而燃料油发电却占 26%。21 世纪第一个 10 年油价的急剧上涨（2008 年达到每桶 147 美元的高点）导致巴基斯坦的发电成本攀升。

9. 巴基斯坦对燃料油发电的依赖导致该国电力部门出现流动性危机（即所谓的"循环债务"），这反过来又使该国频繁断电。这一术语是指电力行业的实体通常没有足够的资金进行支付。巴基斯坦所有并网发电的唯一买家是中央电力采购局（CPPA）。中央电力采购局从发电公司购买电力，然后将其卖给供电公司，后者再将其卖给消费者。然而，由于政府未能及时进行补偿、客户不愿或不能全额支付账单，以及盗窃、技术损失和供电损失等因素，供电公司往往无法向中央电力采购局全额支付。结果导致中央电力采购局缺乏支付发电公司所需的资金，而发电公司又没有足够的资金向燃料供应商支付。然后，燃料供应商会因未付款而切断供应，迫使发电厂长时间关闭，导致电力短缺。例如，2014 财年，巴基斯坦"循环债务"导致 5 吉瓦的发电设备闲置，电量几乎是总装机容量的 22%。

10. 巴基斯坦的电力短缺对经济造成严重影响。世界银行（WB）估计，近年来，停电已使该国国内生产总值每年减少 2%。作为巴基斯坦主要出口收入来源的纺织业受到了沉重打击。媒体报道了巴基斯坦布业之都费萨尔巴德地区企业的困境。截至 2011 年，停电已迫使该地数百家工厂关闭，数万名工人失业。巴基斯坦人在 21 世纪第一个 10 年的早期（及后期）走上街头抗议电力短缺。由于政府在炎热的夏季无法提供电力，愤怒的暴民冲进了一名政客的住宅，烧毁了警车，洗劫了商店。谢里夫在 2013 年第三次竞选总理成功时，就利用了这种不满情绪。他指责前政府让国家陷入黑暗，并因此对巴基斯坦经济造成损害。他认为，"很难找出另一个如此大规模的国家治理政策集体失败的例子"。根据竞选口号"光明的巴基斯坦"，他发誓如果当选，就将在两年内结束电力短缺问题。他的 2013 年竞选宣言概述了一系列解决能源危机和促进经济增长的措施，包括至少开发 5000 兆瓦的新燃煤电厂，以及在未来五年投资 200 亿美元生产 1 万兆瓦的电力。

11. 谢里夫获胜后，巴基斯坦的电力行业向中国公司开放更多的业务。2013 年 5 月大选后不到两周，中国国务院总理李克强访问巴基斯坦，谢里夫希望中国能为巴基斯坦再建一座核电站。李克强总理接受了谢里夫的提议，建议中国和巴基斯坦不仅要在发电项目的发展上进行合作，还要在双边经济走廊的建设上进行合作。李克强总理的一席话似乎坚定了谢里夫的信心。2013 年 7 月，他以总理身份首次出访中国，向中国进出口银行、中国国家开发银行和中国主权财富基金即中国投资有限责任公司的高管进行游说，并告诉他们，巴基斯坦的燃煤电厂和水力电厂发展机会巨大。

12. 中巴两国高层互访为中巴经济走廊优先发展电力项目奠定了基础。计划在 2020 年之前完成的 15 个中巴经济走廊能源优先项目中有 13 个是电力项目（尽管一些项目已被推迟）。目前，中巴经济走廊能源优先项目的发电能力和投资总额基本上与巴基斯坦前总理纳瓦兹·谢里夫的竞选宣言相符。中巴经济走廊能源优先项目的总装机容量为 11190 兆瓦，项目总估算成本至少为 209 亿美元，其他两个项目的成本仍有待确定。此外，中巴经济走廊的电力项目与谢里夫提出的用煤发电的要求相一致。近 3/4 的新增产能来自燃煤发电厂；剩下的 25% 来自水电、风能和太阳能发电厂。

13. 中巴经济走廊的电力项目正在帮助解决巴基斯坦的电力短缺问题。如果列入中巴经济走廊能源优先项目清单的所有电厂按计划完工，那么巴基斯坦将新增 11190 兆瓦的发电能力。截至 2015 年 6 月 30 日（中巴经济走廊启动两个月后），11190 兆瓦的装机容量占巴基斯坦 24823 兆瓦总装机容量的 45%，超过了巴基斯坦在 2018 年 6 月 25 日达到创纪录的 9000 兆瓦电力短缺所需的额外装机容量。如果中巴经济走廊的所有燃煤电厂都得到开发，那么它们将大幅提高煤炭在巴基斯坦发电结构中的地位。根据巴基斯坦国家电力监管局的数据，大部分发电量的增长来自巴基斯坦的塔尔沙漠（Thar Desert）生产的煤炭。美国能源信息署预测，到 2025 年，煤炭在全球发电能力中的份额将达到 29%。

14. 长期以来，巴基斯坦寻求利用塔尔沙漠的巨大煤炭储量进行发电，降低该国的电力成本并节约外汇。此外，巴基斯坦官员认为，煤炭是该国在短期内迅速产生大量发电能力的最佳选择。巴基斯坦寻求大幅增加发电用煤量，与中国方面的目标相吻合，中国希望为本国的煤电设备制造商寻找新市场，因为中国正在使电力结构清洁化，巴基斯坦和中国方面也都提供了慷慨的财政激励，以刺激中国电力企业在巴基斯坦发展与电力相关的部门。

15. 中巴经济走廊能源优先项目清单上的大量燃煤电厂反映了巴基斯坦对提高煤炭在该国发电结构中所发挥作用的重视。巴基斯坦在 2015 财年（正值中巴经济走廊启动）的煤炭发电量仅占巴基斯坦总发电量的 0.1%，远低于 2015 年全球煤炭发电量的平均水平（38%）。巴基斯坦电力部门的政策重点是提高煤炭在该国发电结构中的作用。巴基斯坦 2002 年的发电项目政策旨在吸引国际和国内投资，开发包括煤炭在内的本土资源。正如巴基斯坦联邦水利电力部部长在 2004 年所说，"政府的目标是为投资者在巴基斯坦开发煤矿和燃煤电厂提供便利。同样，2013 年的国家电力政策（National Power Policy）呼吁'发展以进口煤炭（后来与本地煤炭混合）为基础的沿海能源走廊，在全国各地，尤其是塔尔沙漠，迅速进行煤炭开采'，并将燃油发电厂改为燃煤发电厂"。

16. 巴基斯坦政府认为，改变该国发电燃料结构的关键在于开发该国南部信德省塔尔沙漠丰富的煤炭。巴基斯坦地质调查局于 1992 年与美国国际开发署一起发现了这些煤矿。其估计，这些煤矿储量约为

1750 亿吨，这使塔尔沙漠成为全球最大的褐煤储量地之一。根据一位联邦水利电力部前部长的说法，"上帝保佑巴基斯坦拥有超过 1855 亿吨的巨大煤炭资源，如果这些资源的一半被合理利用，那么将足以在 30 年内产生 10 万兆瓦的电力"。在中巴经济走廊启动之前，塔尔沙漠的煤炭基本上没有得到开发。正如巴基斯坦私营电力与基础设施委员会在 2004 年所解释的那样，由于缺乏基础设施、融资和专业技术，该国的煤炭储量一直没有得到开发。许多公司不愿投资塔尔沙漠的煤矿，部分原因是煤质低劣，开采成本高（塔尔沙漠包含褐煤，而通用电气将其描述为"就像壁炉里湿漉漉的木头一样易燃"）。此外，一些国际金融机构，包括世界银行和欧洲复兴开发银行，出于对碳排放的担忧，已经限制了对燃煤发电的融资，例如，世界银行在 2009 年取消了对塔尔沙漠煤炭和电力项目的支持，因为它与世界银行对低碳技术的关注点不一致。因此，中国成为巴基斯坦燃煤电厂的最后贷款人。巴基斯坦总理伊姆兰·汗（Imran Khan）的电力部门特别助理沙赫扎德·卡西姆（Shahzad Qasim，音译）表示，"为煤炭项目寻求国际融资难度非常大，而中国是唯一愿意投资的国家"。

17. 生成更廉价的电力。中巴经济走廊电力项目增加的大量燃煤发电能力，反映了巴基斯坦政府的长期目标，即使该国的燃料结构多样化，从重视石油产品转向重视煤炭，以生产更廉价的电力。以巴基斯坦 2014 财年为例，该国 40% 的发电能力依赖残余燃料油和柴油，而只有 0.1% 的发电能力依赖煤炭。这些主要靠进口的石油产品所产生的电力成本远远高于其他燃料，特别是煤炭所产生的电力。在 2014 财年，巴基斯坦残余燃料油的平均发电成本是煤炭发电成本的 4 倍。由于这种石油产品发电成本和煤炭发电成本之间的差距，支撑巴基斯坦决定在发电中用煤炭代替燃料油的决定，巴基斯坦政府希望它能降低电费。

18. 节约外汇。作为中巴经济走廊的一部分，中国正在建设大量燃煤电厂，这反映出巴基斯坦政府的一个信念，即增加煤炭在巴基斯坦发电结构中的作用，巴基斯坦的这种做法将减少该国的进口额。巴基斯坦计划委员会（State Planning Commission）在 2011 年估计，将该国的 12 座燃油发电厂改为燃煤发电厂，可以节省 80 亿美元，相当于国内生产总值（GDP）的近4%，当然这是基于燃料油的价格和当时的汇率。同样，巴基斯坦国家银行在2013～2014年的报告中估计，如果以进口煤炭为燃料，就将使巴基斯坦2014财年的进口额减少4.18亿美元，如果以国内煤炭为燃料，巴基斯坦的进口额就将减少7.16亿美元。

19. 短期内没有更好的选择。中巴经济走廊电力项目中燃煤发电能力的主导地位反映了谢里夫政府的观点，即燃煤电厂是巴基斯坦在短时间内产生大量新发电能力的最佳途径。2014年2月，时任旁遮普省首席部长（总理的弟弟）的沙赫巴兹·谢里夫（Shahbaz Sharif）表示，巴基斯坦政府更青睐燃煤电厂，因为它们是解决能源危机的捷径。2015年2月，巴基斯坦国家电力监管局同样认为，作为中巴经济走廊项目的一部分，巴基斯坦批准了卡西姆（Qasim）港燃煤电站的发电许可证，这是迅速提高廉价燃料在该国发电结构中所占比例的最佳方式。巴基斯坦当局认为必须做出努力，构建相对便宜的以燃料为基础的能源结构。考虑到巴基斯坦天然气资源日益枯竭，水电项目建设前期准备时间相对较长，燃煤电厂是巴基斯坦中长期规划的最佳选择。因此，为了缩小供需差距，实现可持续发展，必须优先发展国产和进口煤炭项目，并鼓励其更进一步发展。

20. 尽管巴基斯坦拥有巨大的可再生能源潜力，但这种对煤炭的偏好仍然存在。风能和太阳能发电厂本可以迅速发展，以帮助实现谢里夫的目标，即迅速实现新发电能力并网，增加对国内发电资源的使用。然而，可再生能源项目的发电能力仅占中巴经济走廊能源优先项目发电能力的12%。巴基斯坦决定让可再生能源项目在中巴经济走廊和解决巴基斯坦电力危机方面发挥次要作用，可能基于以下几个原因。首先，巴基斯坦内部对该国过度使用的输电系统能否容纳大量电能感到担忧。巴基斯坦国家电力监管局在《2015年行业状况报告》中指出，应逐步将可再生能源纳入该系统，并开展"确定加强电网系统的短期和长期扩容计划"的详细研究，以便为可再生能源在电网上创造更多的空间。同样，一些巴基斯坦能源专家在亚洲开发银行研究所于2018年发表的一篇报告中认为，风能和太阳能发电的最大障碍是缺乏足够的输配电基础设施，无法吸收间歇性的大量电能。其次，在中国和巴基斯坦启动中巴经济走廊时，太阳能和风能是比煤炭更昂贵的电力来源。考虑到巴基斯坦的目标是生产更便宜的电力，这使太阳能和风能对巴基斯坦的吸引力不如煤炭，例如，在 2015 年的大部分时间里，新太阳能光伏项目的平均电价为每千瓦时 14 ~ 15 美分，新风能项目的平均电价为每千瓦时 13 ~ 17 美分。与此形成对比的是，新建的进口煤电厂每千瓦时电价为 8.6 美分，而新建的国内煤电厂每千瓦时电价为 9.7 美分。到了今天，风能和太阳能变成巴基斯坦最便宜的新能源。2018 年，太阳能和风能项目的平均电价分别为 5.25 美分/千瓦时和 4.3 美分/千瓦时，而煤炭项目的平均电价高于 8 美分/千瓦时。

21. 对外国投资者的激励。巴基斯坦政府为吸引外国公司在塔尔沙漠开发煤矿和建设燃煤电厂提供了财政激励。其中一些激励措施，如高股本回报率和主权担保，对所有外国投资者都适用。其他激励措施，尤其是在巴基斯坦方面尚未兑现建立循环基金的承诺之际，旨在确保不间断地向电力生产商付款，但这仅适用于中国企业。中国政府机构和电力公司对在巴基斯坦开展业务风险的评估，反映了这些激励措施的必要性，例如，中国国家税务总局在对投资巴基斯坦的中国企业的最新指南中指出，巴基斯坦的外债规模庞大，偿还能力非常低，中国可能会成为高风险的债权人。指南还指出，中国企业的投资回报率非常低。中国电力企业也发现了在巴基斯坦投资的诸多风险，尤其是电力付款延迟的风险，这使运营发电厂的企业难以购买煤炭并偿还贷款。

22. 高股本回报率。为了吸引外国投资者，特别是来自中国的投资者投资巴基斯坦的电力部门，巴基斯坦提高了火电厂的股本回报率。2013 年 6 月，巴基斯坦国家电力监管局确定使用国内煤炭的电力项目的年股本回报率为 17%，使用进口煤炭的电力项目的年股本回报率为 20%。巴基斯坦国家电力监管局为电力项目设定股本回报率，因为股本回报率是决定电力成本的几个因素之一。然而，这些回报率未能确保新的投资，促使现已解散的巴基斯坦水电部在 2014 年 2 月要求巴基斯坦国家电力监管局重新考虑燃煤电厂的费用，以及由此产生的股本回报率。2014 年 6 月，巴基斯坦国家电力监管局将使用国内煤炭的燃煤电厂的股本回报率提高到 26.5% ~ 29.5%，将使用进口煤炭的燃煤电厂的股本回报率提高到 24.5% ~ 27.2% 。在接下来的一个月里，巴基斯坦国家电力监管局为使用塔尔沙漠煤炭的燃煤发电厂设定了更高的股本回报率，为 30.65% ~ 34.49% 。在设定塔尔煤电厂的股本回报率时，巴基斯坦国家电力监管局指出，"塔尔沙漠煤炭是一种战略性能源，为了加快对塔尔沙漠煤炭的开发，必须鼓励对塔尔沙漠煤炭的投资"。巴基斯坦当局承认，塔尔沙漠煤炭的股本回报率必须大于提供给使用进口/本地煤炭电厂（非塔尔沙漠煤炭）的股本回报率。

23. 巴基斯坦官员和企业高管的言论表明，这些股本回报率对燃煤电厂具有吸引力。巴基斯坦国家电力监管局的一名官员在解释 2014 年提高股本回报率以吸引投资的决定时表示，使用塔尔沙漠煤炭的电力项目的股本回报率"是巴基斯坦历史上任何投资的最高回报率"。巴基斯坦计划委员会的一名前成员在 2017 年指出，"世界上没有任何地方允许出现这么高的股本回报率"。据巴基斯坦媒体报道，巴基斯坦水电部的官员在 2017 年表示，为了让燃煤电厂更具吸引力，必须提供较高的股本回报率，因为"人们还没有准备好投资基于煤炭的项目"。

24. 主权担保。巴基斯坦政府应确保中央电力采购局对发电商履行义务。这种主权担保使对巴基斯坦发电厂的开发对中国企业及合作伙伴更具吸引力，例如，卡西姆港发电有限公司的所有者之一中国电力建设集团有限公司在提交给上海证券交易所的一份文件中指出，主权担保是降低延迟支付电费风险的一个因素。同样，在伦敦上市的煤炭开发商甲骨文电力公司（Oracle Power PLC）也在有关该项目的介绍和公告中提到了主权担保。该公司正寻求与中国企业共同开发一个综合煤矿和发电厂，以作为中巴经济走廊的一部分。

25. 循环基金。巴基斯坦政府还承诺建立基于主权担保的循环基金，以确保按时向发电厂支付相关费用，从而吸引中国对巴基斯坦煤电项目的投资。这些发电厂是作为中巴经济走廊一部分而开发的。2015 年 4 月，巴基斯坦政府最初向中巴经济走廊燃煤电厂提供了这种激励措施，2016 年 2 月，由于中国投资者担心延期付款的风险，巴基斯坦政府将这种激励扩展到中巴经济走廊的所有电力项目。具体来说，巴基斯坦政府同意建立一个基金，其规模至少相当于 22% 的每月电力采购规模。如果电力购买者拖欠付款，那么巴基斯坦政府将承担责任并向中国的电力生产商付款。中国官员和企业高管已表示巴基斯坦承诺设立这项尚未建立的循环基金，有助于中国在中巴经济走廊电力项目上的投资。中国国家能源局原副局长张玉清在2017年的一篇文章中指出循环基金是巴基斯坦政府同意实施的几项措施之一，这促使中国企业认为巴基斯坦的投资环境已有所改善，由此提高了中国企业与巴基斯坦贸易往来的水平。同样，中国电力建设集团有限公司的高管对中国媒体表示，投资巴基斯坦电站面临的最大的问题是延迟支付，中国电力建设集团有限公司与国家能源局一道推动建立纳入政府间中巴经济走廊能源合作协议的一项循环基金，旨在确保向中国电力生产商不间断支付费用。他的言论与巴基斯坦媒体的一篇报道相符，该报道详细说明在巴基斯坦同意保护中国投资者和贷款机构免受循环债务影响之前，中国拒绝建造任何发电厂。

26. 巴基斯坦努力提高煤炭在巴基斯坦电力结构中的地位，与中国政府采取的鼓励中国企业在海外寻找新市场、致力于缓解包括煤炭发电设备在内的多个行业产能过剩措施一致。为此，中国政府呼吁中国金融机构支持海外电力项目的发展，以推动进行设备出口。此外，中国企业和金融机构加快提升发电厂融资和建设的能力，与前总理谢里夫的目标一致，即尽快产生大量新发电能力。

27. 开拓海外市场。中国企业正在巴基斯坦和其他国家开发燃煤电厂，以形成对煤电设备的新需求。目前，中国继续推动电力结构实现清洁化，以应对在国内开拓市场的限制。火电容量在中国发电容量中所占的份额从2008年的76%下降到2017年的62%，其中大部分是煤炭发电。与此同时，可再生能源已成为新装机容量的主要能源。因此，中国的煤电设备制造商正在海外寻找新的市场，尤其是那些煤炭资源丰富但发电能力不足的国家。中国对发电机组的生产就是一个恰当的例子，发电机组被用于火电站、水电站和核电站。过去10年，中国生产的发电机组的数量远远超过在中国国内安装的数量。发电机组的实际装机容量比例从2008年的62%下降到2017年的50%，在2018年上升到58%。2013年生产的发电机组的实际安装比例不到50%。这种产能过剩在很大程度上是由于煤炭的减少和可再生能源在中国新装机容量中的崛起。火电在新安装的设备中所占的比例（大部分是燃煤电厂）从 2008 年的 71% 下降到 2018 年的 33%。同期可再生能源的比例从 29% 上升到 60%。

28. 对发电机组需求降低的部分原因是中国政府加大了对水电和其他可再生能源的利用力度，以应对空气污染。中国的"十一五"规划首次提出了非化石能源消费量占能源消费总量的比重实现 10% 左右的目标。随后，中国政府将"十二五"规划的非化石能源消费目标提高到 11.4%，"十三五"规划将非化石能源消费目标提高到 15%，到 2030 年实现"20% 左右"。根据彭博社（Bloomberg）在 2018 年 9 月的一篇报道，中国政府还在考虑要求到 2030 年可再生能源消费量至少占中国能源消费总量的 35%。与此同时，一些大城市也关闭了燃煤发电厂以改善空气质量。例如，北京市环保局在 2014 年 8 月宣布，到 2020 年底在北京 6 个主要区域禁止煤炭销售和使用。2017 年 3 月，北京最后一家燃煤电厂关闭，这使北京成为中国首个依靠核能、风能和天然气等清洁能源发电的城市。

29. 中国发电机组产能过剩的部分原因，还在于中国政府于 2014 年 10 月决定将新建燃煤电厂的审批权限下放到各省区市以提升工作效率。中国政府曾以为地方政府能够基于对地方电力需求的更深入了解，就新发电能力做出更快、更好的决定。这些省区市很快利用了它们新获得的权力，吸引它们的是固定资产投资带来的就业和税收收入，它们认识到，中国政府推动能源结构实现清洁化的努力，意味着它们只有有限的行动时间。2015 年，地方政府批准建设 210 座新燃煤电厂，总装机容量达到 165 吉瓦。尽管中国政府后来取消了其中的一些项目，但权力下放可能确实使中国不需要新增燃煤发电装机容量，例如，中国新增燃煤发电装机容量从 2014 年的 35 吉瓦增加到 2015 年的 54 吉瓦，2016 年下降到 38.7 吉瓦，2017 年下降到 35 吉瓦。

30. 中国政府鼓励中国制造商出口过剩的发电机组，而不是将它们储存起来。向海外出售更多发电设备符合中国政府通过出口来部分缓解工业产能过剩的选择，例如，中国国务院在 2013 年 10 月发布的《关于化解产能严重过剩矛盾的指导意见》，要求中国企业承接海外重大基础设施和工业项目，带动中国设备、技术、产品、标准和服务的出口。同样，国务院在 2015 年 5 月发表《关于推进国际产能和装备制造合作的指导意见》，第一次讨论火力和水力发电项目，表示应该大力发展海外项目以扩大中国的电力设备和技术出口。2015 年 1 月，李克强总理在考察广东省电力设计研究院时表示，中国电力行业有必要引领中国装备产业的全球化，这不仅是因为发电设备产能过剩，也是因为中国的技术先进。

31. 中巴经济走廊电力项目正在推动中国设备的出口，例如，中国公司生产了 99% 的卡西姆港燃煤电站使用的设备，包括汽轮机、锅炉和发电机。据中国电力新闻网报道，该发电厂的建设带动了价值超过 70 亿元（11 亿美元）的设备出口，使其成为中国标准、设备和技术出口的"示范项目"。与此同时，中国国家电网正在巴基斯坦建设第一条 ±660 千伏高压直流输电（HVDC）线路，这条线路连接默蒂亚里（Matiari）和拉合尔（Lahore），将分散输出 7 座中巴经济走廊燃煤电厂的电力。该项目使用该公司的直流技术。该项目近 80% 采用中国技术标准，中国国家电网预计将带动 67 亿元（约 10 亿美元）的设备和技术服务出口。

32. 资金支持。中国电力企业和银行开发燃煤电厂的另一个原因是中国金融机构提供的资金支持。中国政府鼓励它们支持发电设备出口，以帮助缓解国内该行业的过剩产能。中国的指导意见包含在政府文件和习近平主席的讲话中。《国务院关于化解产能严重过剩矛盾的指导意见》要求增加债务融资，以支持过剩产能行业进行国际市场开拓。《关于推进国际产能和装备制造合作的指导意见》同样鼓励中国金融机构，特别是中国国家开发银行和中国进出口银行等政策性银行，为海外项目提供额外融资，这些项目将推动包括发电设备在内的中国设备出口。更广泛地说，习近平主席在 2017 年 5 月于北京举行的"一带一路"国际合作高峰论坛上宣布了增加额外的 1130 亿美元的财政支持。其中 695 亿美元用于丝路基金、中国国家开发银行和中国进出口银行（具体而言，习近平主席表示中国将为丝路基金捐款 145 亿美元，中国国家开发银行和中国进出口银行将分别设立 362 亿美元和 188 亿美元的"一带一路"专项基金）。习近平主席还鼓励金融机构动用435亿美元来帮助发展"一带一路"倡议。

33. 中国国有金融机构正按照政府的指导方针，支持海外燃煤电厂发展。截至2018年7月，中国的银行和企业已经承诺或已经提供了超过25%的境外在建燃煤电厂的资金。巴基斯坦是中国为燃煤电厂提供资金的第四大受援国，仅次于孟加拉国、越南和南非。中国主要的融资方包括政策性银行（即支持中国政府优先政策的机构），如中国国家开发银行和中国进出口银行，以及中国工商银行（ICBC）和中国银行（BOC）等商业银行。在中国为燃煤电厂提供融资的讨论中，尽管中国的政策和商业银行占据重要地位，但在推动海外燃煤电厂发展方面扮演最重要角色的中国金融机构是中国出口信用保险公司（简称中国信保）。该公司是中国唯一的官方出口担保机构。中国信保的使命是通过对因战争、征用和违约等风险造成的拒付和经济损失提供保险，促进中国设备出口和进行海外投资。中国信保承担了高达95%的股权、债务或延期付款风险。

34. 中国要求中国金融机构和国有企业在向海外放贷和投资之前，必须从中国信保获得保险。中国信保的担保可能对煤电项目尤为重要，这些项目的开发成本可能为数亿美元，因此对贷款机构来说是一个重大的信用风险。中国信保已为巴基斯坦的11个电力部门项目承保，保额为149.2亿美元。巴基斯坦国家电力监管局已允许将未超过债务总和7%的中国信保费用纳入项目成本，用于计算所有中巴经济走廊发电项目的费用。中国信保是中国企业在巴基斯坦开发煤电项目的考虑因素之一。卡西姆港燃煤电站就是一个很好的例子。尽管巴基斯坦政府为购电协议提供了主权担保，但中国电力建设集团有限公司担心由于巴基斯坦电力部门的债务，该国可能无法履行担保义务。因此，中国信保同意承担巴基斯坦延期付款的经济责任。

35. 速度需求。在中巴经济走廊电力项目中，一大部分燃煤发电量符合巴基斯坦前总理谢里夫的优先考虑，即在2018年竞选连任前，尽快产生尽可能多的新发电能力，以兑现消除巴基斯坦电力短缺的承诺。中国企业可以非常迅速地建造燃煤电厂，甚至在不到一年的时间内建成。此外，中国融资方与电力公司之间的协调加快了中巴经济走廊电力项目的融资速度。中国公司满足了谢里夫在一些项目上对速度的要求。中国电力建设集团有限公司负责建造萨希瓦尔（Sahiwal）燃煤电站，其将泛光灯悬挂在起重机上，以便夜间继续施工。该公司仅用 22 个月，比原计划提前 200 天完成，创下了国外此类项目最短工期的记录。据报道，巴基斯坦政府将萨希瓦尔电厂的建设速度视为巴基斯坦电力建设史上的奇迹。

36. 中国电力建设集团有限公司面临巴基斯坦政府的压力：要求其迅速发展卡西姆港燃煤电站。据一家中国媒体报道，该中国电力公司在完成该项目时面临的最大"障碍"是巴基斯坦方面要求将建设周期从 48 个月缩短至 42 个月，然后再缩短至 36 个月。该公司高管在接受中国记者采访时谈到了满足这一要求的难度。中国电力建设集团有限公司旗下子公司卡西姆港电力公司的董事长指出，卡西姆港燃煤电站这样规模的工厂在全球的平均建设时间是 42 个月。在另一次采访中，中国电力建设集团有限公司董事长晏志勇透露，在该项目的谈判中，巴基斯坦人询问中国电力建设集团有限公司是否能在该国电力短缺和 2018 年选举的情况下，提前 6 个月完成工厂建设并与电网连接。晏志勇回答说："从一个政治家的角度来看，我非常能够理解这一要求。但是，就一个工程师的角度而言，从一个中央国有企业和世界 500 强企业董事长的角度出发，我必须负责任地告诉你们，这个要求是不可能实现的。"尽管如此，中国电力建设集团有限公司只用了 32 个月就将该电站的两个发电机组接入了电网。2018 年 4 月 25 日，距离巴基斯坦大选还有 3 个月，卡西姆港煤电项目提前 67 天开始进行商业运营。

37. 中国公司快速执行项目的能力是巴基斯坦选择中国公司建造主要输电线路的一个因素。巴基斯坦政府将默蒂亚里—拉合尔高压直流输电线路的合同给予中国国家电网，而不是通用电气，尽管通用电气最初的成本估计是中国国家电网的 2/3（分别为 8 亿美元和 12.6 亿美元），因为这家中国公司表示它可以在 27 个月内完成这个项目。当巴基斯坦将西方公司所需建设时间与中国国家电网的建设时间进行比较时，这些公司表示该项目至少需要 48 个月才能完成。中国国家能源局原副局长张玉清表示，中国金融机构和电力公司之间的协调，使中巴经济走廊电力项目能够及时获得融资，这有助于加快它们的发展。中国银行和中国信保起初就参与了中巴经济走廊电力项目的规划和谈判。以燃煤电厂中心为例，该项目获得融资的速度之快，被外界视为一个"奇迹"。类似地，塔尔煤田二期（Thar Block Ⅱ）煤矿和电厂的融资整合也加速了该项目在中国的审批进程。

38. 中巴经济走廊与环境可持续性。分析人士担心，基础设施建设作为"一带一路"倡议的一部分，可能会对环境造成负面影响。对环境产生影响较大的基础设施包括公路和铁路，火电厂、水电厂和核电厂，输电系统，石油和天然气管道，采矿项目以及重工业。与这些基础设施项目相关的风险包括：空气和水污染加剧、栖息地丧失和破碎化、森林砍伐、野生动物死亡率上升、入侵物种威胁；增加温室气体排放，破坏全球应对气候变化的行动。清华大学科研院海外项目部主任马军和西蒙·扎德克（Simon Zadek）警告称，在最坏的情况下，到 2050 年，共建"一带一路"国家的二氧化碳排放量将占全球的 50% 以上。

39. 在中国在共建"一带一路"国家正在开发和投资的发电项目中，燃煤电厂占了很大比例，因此在"一带一路"环境可持续性的讨论中，燃煤电厂往往占据重要位置。世界资源研究所的一项研究发现，中国对共建"一带一路"国家发电和输电项目的债务融资向煤电项目倾斜。具体来说，在 2014～2017 年，中国六大银行中至少有一家参与了此类项目，40%（合计 102 亿美元）的银行贷款被用于燃煤电厂融资。此外，惠誉国际预计，煤电项目仍将是"一带一路"的核心发电项目。根据该公司 2018 年的计算，在"一带一路"电力项目 153 吉瓦的容量中，煤电占了 52%（80 吉瓦）。

40. 中巴经济走廊的燃煤电厂对巴基斯坦的环境构成了几大威胁。第一，这些燃煤电厂将大幅增加巴基斯坦的温室气体排放，这可能会使巴基斯坦针对在 2015 年 12 月通过的《巴黎协定》兑现其做出的减少温室气体排放量的承诺复杂化。第二，新建燃煤电厂可能会加剧巴基斯坦的缺水问题，因为开采煤炭和进行燃煤发电的耗水量巨大。第三，中巴经济走廊的燃煤电厂可能会因空气污染物排放增加以及进行对含有致癌物质的煤灰处理而产生健康隐患。用于发电的塔尔沙漠煤炭的生产也对当地环境构成威胁。塔尔沙漠中富含褐煤，它的热值低于烟煤。这意味着必须燃烧更多的煤来产生一定量的电力，也意味着同时会产生包括温室气体在内的更多污染物。因此，大多数中巴经济走廊电力项目与中国建设绿色"一带一路"的承诺存在差距。中国政府将绿色发展作为"一带一路"建设的重要目标。2016 年 8 月，中国人民银行与其他 6 个中央政府机构联合发布《关于构建绿色金融体系的指导意见》，呼吁中国的银行、企业和多边机构积极参与，为"一带一路"绿色项目进行融资，加强环境风险管理。2017 年 5 月，环境保护部、外交部、国家发展和改革委员会、商务部四部委联合发布《关于推进绿色"一带一路"建设的指导意见》，旨在将绿色、低碳、循环等可持续发展理念融入"一带一路"建设。随后，习近平主席在第一届"一带一路"国际合作高峰论坛开幕式的讲话中强调，"要抓住新一轮能源结构调整和能源技术变革趋势，建设全球能源互联网，实现绿色低碳发展"。2018 年 11 月，中国气候变化事务特别代表解振华告诉记者，中央政府已经明确表示，"一带一路"项目应该是绿色的、低碳的。习近平主席在 2019 年 4 月召开的第二届"一带一路"国际合作高峰论坛开幕式的讲话中再次承诺，将利用"一带一路"倡议推动绿色发展。

41. 如何解释这种差距呢？中巴经济走廊的电力项目表明，中国推进绿色"一带一路"建设的言论与现实存在差距，有两种解释方式。首先，发电方式最终取决于东道国，中国可能不愿干预他国决策过程。其次，部分在海外发展燃煤电厂的中国企业坚称燃煤发电模式是清洁的，尤其是如果燃煤发电的污染物排放量低于其他替代能源时就更是如此。中巴经济走廊的电力项目突出了东道国在确定发电组合构成方面的偏好的重要性。如果没有庞大的海外客户基础，那么中国企业也不会在海外建造如此多的燃煤电厂。中国不能强迫其他国家购买它们不想要的发电设备。尽管中国企业有动机向海外出售过剩的火力发电机组，但巴基斯坦也非常热切地希望购买火力发电机组。早在中国和巴基斯坦决定启动中巴经济走廊之前，巴基斯坦就一直在吸引包括中国企业在内的外国投资者开发塔尔煤田。鉴于中国企业可以建造其他类型的发电厂，而且中国政府正在推动风力涡轮机、太阳能电池板以及热能和水力发电设备的出口，如果巴基斯坦优先考虑发展可再生能源项目，那么中巴经济走廊发电厂的发电结构可能会有所不同。尽管中国在建设太阳能、风能和水力发电项目方面具备实力和专业知识，可以帮助各国将发电组合转向更环保的方向，但在中巴经济走廊发电厂的发电组合中，煤炭仍占主导地位，这也反映出中国政府不愿主导其他国家的环境政策。

42. 伊姆兰·汗于2018年7月当选巴基斯坦总理，使中国一再重申巴基斯坦在决定中巴经济走廊发展轨迹方面的主导作用。事实上，中国驻巴基斯坦大使姚敬已经表示，中巴经济走廊项目的类型最终取决于巴基斯坦。2018年9月，在接受路透社采访时，姚敬表示，中国政府一定会按照伊姆兰·汗总理新政府的议程，制定"一带一路"项目路线图，只会推进巴基斯坦希望推进的项目。姚敬谈道："这是巴基斯坦的经济，应考虑巴基斯坦的实际国情。"同月，中国外交部部长王毅表示，"在如何推进中巴经济走廊下一阶段建设方面，中国将始终尊重巴方的意愿"。伊姆兰·汗正在将中巴经济走廊的重点从那些旨在兑现其前任终结停电这一承诺的项目上转移到那些与他竞选时增加社会投资的承诺相一致的项目上。

43. 2018年12月，在北京举行的中巴经济走廊联合合作委员会第八次会议的成果反映了伊姆兰·汗的工作重点。巴基斯坦要求从中巴经济走廊中移除产能为1320兆瓦的拉希姆亚尔汗燃煤电厂，因为巴基斯坦已经签订了足够的发电厂合同，更多的合同将导致其陷入"产能陷阱"（2016年6月，巴基斯坦宣布禁止新建使用进口燃料的发电厂后，中巴经济走廊能源优先项目清单中已经删除了此类项目）。此外，两国同意将中巴经济走廊延伸到工业、农业和社会经济项目领域。中国还承诺为该国的教育、卫生和灌溉等领域的项目提供10亿美元的赠款。

44. 中国在巴基斯坦投资建设的大量燃煤电厂与中国政府强调建设绿色"一带一路"之间存在的差距，也可以用以下事实来解释：至少有一些中巴经济走廊的燃煤电厂，尤其是在卡西姆港和萨希瓦尔正在建设的电厂，在中国被视为"绿色"项目。作为所有者或建造商参与了所有三家电厂建设的中国电力建设集团有限公司，一直在展示自己的绿色资质，例如，一位高管告诉巴基斯坦媒体，该公司采用了最高的国际标准和最先进的技术，以确保卡西姆港燃煤电站生产清洁能源。与此类似，中国电力建设集团有限公司网站的一篇文章称，萨希瓦尔燃煤电站"是巴基斯坦运行效率最高、技术最先进、最环保的燃煤电厂"。

45. 中国电力建设集团有限公司母公司国家电力投资集团公司前董事长王炳华表示，该公司正在采用"国际顶级环保技术"，王炳华解释说，"我们正在采用一种超级清洁排放技术，它可以使燃煤发电厂的污染物排放与燃气发电厂的污染物排放相同"。中国电力建设集团有限公司的说法有一定道理。第一，这三家电厂都采用了超临界燃煤发电技术。根据燃煤发电的效率，煤电厂分为亚临界电厂、超临界电厂和超超临界电厂。超临界电厂排放的二氧化碳比亚临界电厂少，但比超超临界电厂多。第二，卡西姆港和萨希瓦尔燃煤电站也有先进的污染治理设备，例如烟气脱硫设备、减少硫和氮排放的选择性催化还原装置，以及控制颗粒物排放的静电除尘器，胡布发电厂安装有控制颗粒物排放的静电除尘器和烟气脱硫设备，并可添加减少硫和氮排放的选择性催化还原装置。第三，中巴经济走廊一部分正在开发的超临界电厂排放的温室气体应该比巴基斯坦试图用燃煤电厂取代的燃油电厂要少。事实上，亚洲开发银行表示，超临界电厂排放的温室气体比巴基斯坦现有的重油电厂要少。亚洲开发银行正在为贾姆肖罗县热电厂（具有一个600兆瓦超临界燃煤机组）的建设提供资金。根据亚洲开发银行公布的数据，贾姆肖罗县新建的超临界燃煤机组每发1千瓦时电排放二氧化碳750克，而贾姆肖罗县现有的重油机组每发1千瓦时电排放二氧化碳930克。

46. 但是，从气候角度来看，中巴经济走廊中的其他燃煤电厂环境友好性较差。塔尔地区的三个煤电站和瓜达尔的煤电站将使用亚临界技术。因此，这四个发电厂每单位电力将排放更多的二氧化碳。如果所有计划中的污染治理设备（包括烟气脱硫设备、减少硫和氮排放的选择性催化还原装置，以及控制颗粒物排放的静电除尘器）都安装并运行良好，那么从传统污染物的角度来看，瓜达尔煤电站应该与超临界电厂一样清洁。值得注意的是，巴基斯坦对更多亚临界煤电厂的需求可能非常有限。2017年7月，巴基斯坦国家电力监管局宣布，对塔尔燃煤电厂的新预付电价将只对使用超临界或以上技术的项目开放，而亚临界技术将不被允许使用。

47. 中巴经济走廊与债务可持续性。"一带一路"倡议引发外界对中国基础设施建设贷款是否会给借款国带来债务问题的讨论。2018 年 3 月，全球发展中心发表了一份经常被引用的关于债务影响的分析报告，该报告发现，"一带一路"倡议可能增加部分借款国的债务风险。国际货币基金组织官员也对"一带一路"倡议可能带来的债务可持续性风险发出警告。2018 年 4 月，国际货币基金组织前总裁克里斯蒂娜·拉加德（Christine Lagarde）在中国发表讲话时称，非必需的基础设施和不可持续的基础设施的融资是不可取的，她敦促公共债务高企的国家谨慎管理融资条款。在 2018 年 10 月的一场新闻发布会上，国际货币基金组织首席经济学家莫里斯·奥布斯特费尔德（Maurice Obstfeld）就中国为巴基斯坦基础设施融资提出了类似的建议。他指出，尽管巴基斯坦需要更多的基础设施，"重要的是，项目的设计、项目的管理要健全，应该避免出现过多的无法偿还的债务，因为这只会导致金融不稳定和增长放缓"。

48. 由于巴基斯坦的债务负担沉重且不断增加，该国经常出现在有关"一带一路"债务可持续性的讨论中。巴基斯坦的债务占国内生产总值的比例从 2017 年的 70% 上升到 2018 年的 75.3%，国际货币基金组织预计，到 2020 年将达到 80.5% 的高点。研究表明，债务占国内生产比重超过 50% ~ 60% 的国家，违约或债务处理的风险更大。根据国际货币基金组织于 2019 年 7 月发布的一份报告，中国的双边和商业贷款占巴基斯坦 855 亿美元未偿还债务总额的 26%。为避免违约，巴基斯坦于 2018 年 10 月向国际货币基金组织求助。2019 年 7 月，国际货币基金组织执行委员会批准了一项总额为 60 亿美元为期 39 个月的救助计划，巴基斯坦的国际伙伴计划将在三年内向该国提供大约 386 亿美元的支持。国际货币基金组织预计，2021 财年之后，巴基斯坦外债水平将下降，加上巴基斯坦的国际伙伴做出的承诺，巴基斯坦的外债将保持可持续水平。

49. 中巴经济走廊电力项目的主权债务风险。对中巴经济走廊电力项目可能增加巴基斯坦主权债务的担忧有两个理由。第一，巴基斯坦政府已经向中巴经济走廊的电力生产商提供了主权担保，以确保使其获得巴基斯坦唯一的电力买家即中央电力采购局的付款。第二，中巴经济走廊的电厂可能会增加巴基斯坦电力部门的循环债务，根据以往的实践，政府可能会偿还这些债务。理论上，中巴经济走廊电力部门的项目不会增加巴基斯坦政府的债务负担——如果消费者能够全额支付的话——因为政府并没有借钱来资助这些项目。相反，中国和其他金融机构正在向为开发这些项目而成立的公司提供贷款。这些公司大多由中国公司持有多数股权，例如，中国国际商业银行同意向华能山东如意（巴基斯坦）能源有限公司提供 14.4 亿美元贷款，华能山东如意（巴基斯坦）能源有限公司是中国华能山东发电有限公司和山东如意集团共同拥有的公司，开发并运营萨希瓦尔燃煤电厂。与此类似，中国进出口银行向卡西姆港发电有限公司和中国电力建设集团及卡塔尔 Al Mirqab 集团旗下的一家公司提供了 15.5 亿美元资金，该公司开发了卡西姆港燃煤电站，目前正在运营中。中巴经济走廊中的电力项目还涉及相当于项目总成本 15%～30% 的股权融资。这些资金通常由中国企业及其合作伙伴提供，例如，中国长江三峡集团有限公司为卡洛特水电站提供了 93%（3.162 亿美元）的股权融资。

50. 然而，如果政府必须兑现其为支持中巴经济走廊电力项目开发而提供的主权担保，那么巴基斯坦的主权债务可能会增加。其中一些主权担保旨在确保电力买方（比如中央电力采购局）对电力生产商履行支付义务。如上所述，如果消费者不全额支付给供电公司，那么供电公司将没有足够的资金支付给中央电力采购局，而中央电力采购局也没有足够的资金支付给电力生产商。在主权担保下，如果中央电力采购局拖欠款项，导致电力生产商与中央电力采购局之间的电力购买协议终止，那么电力生产商可以行使出售其电厂的认股期权，从巴基斯坦政府收回投资和投资回报。

51. 中国金融机构向运营中巴经济走廊发电厂的企业提供的贷款大多采用外币（主要是美元）形式。巴基斯坦政府已向中巴经济走廊项目提供了主权担保。如果出现外部冲击，导致巴基斯坦货币大幅贬值

（仅在 2018 年，巴基斯坦卢比就出现 5 次贬值），那么在其他方面表现良好的发电厂可能在财务方面面临问题。随着巴基斯坦卢比贬值，国内偿还债务的成本增加，违约风险也增加，因为项目公司的贷款采用外币，而电力项目的收入是巴基斯坦卢比。外部冲击是各国产生外债问题的主要原因之一。例如，在 1997～1998 年东亚金融危机期间，流入该地区的资本减少导致货币贬值。货币贬值导致以本币衡量的外债规模突然膨胀。私营部门借款者无力偿还外币债务，导致出现普遍的财政运营困难甚至破产，这是当时泰国、印度尼西亚和韩国决定向国际货币基金组织和其他多边金融机构寻求财政支持的原因之一。最后，如果输电和配电损失比例保持不变，且用电量和电费增加，那么由新电厂产生的电力（不管它们是否为中巴经济走廊的一部分）可能会增加循环债务。当电力部门利益相关者之间的循环债务变得不可持续时，政府要么采取措施偿还该部门不断增长的债务，要么通过借款来减少债务（或两者兼而有之），例如，巴基斯坦前总理纳瓦兹·谢里夫政府在 2013 年 6 月上台后还清了 48 亿美元的循环债务。2019 年 3 月，伊姆兰·汗总理政府从伊斯兰银行筹集 14.4 亿美元，以减少循环债务。

52. 中国不太可能设置"债务陷阱"。中国的银行和公司似乎不太可能在巴基斯坦开发发电厂，以使该国陷入债务困境。毕竟，正如一些分析人士指出的那样，没有证据表明中国会实行这样的政策。此外，中巴关系的几个特点、中国政府和企业在中巴经济走廊可持续项目中的持股，以及非中国企业和银行参与中巴经济走廊部分电力项目，都能说明这些项目并非中国旨在使巴基斯坦主权债务出现问题，这主要基于六大原因。

第一，中国不会削弱巴基斯坦的经济，不会破坏整体中巴关系。两国领导人都对双边关系赞不绝口，称其"比喜马拉雅山高，比阿拉伯海深，比蜜甜"。德国马歇尔基金会中巴关系专家安德鲁·斯莫尔（Andrew Small）表示，在中国，这一双边关系得到了整个政治体系和广大民众的支持。事实上，皮尤研究中心在 2015 年进行的一项民意调查发现，在 40 个受调查国家中，巴基斯坦人对中国的好感度最高，82% 的受调查巴基斯坦人对中国持有好感。如果巴基斯坦的政治精英和民众认为中国有意损害巴基斯坦的经济，那么这种看法可能会削弱公众对与中国建立牢固关系的支持。

第二，让巴基斯坦背上难以承受的债务负担，与中国政府希望巴基斯坦更加繁荣和稳定的愿望背道而驰。在中国，人们普遍认为，更强大的经济实力能够为法律和秩序创造更多的资源，创造更多的就业机会，从而缓解这种威胁。同样，一个更加繁荣和稳定的巴基斯坦将增强其制衡印度的能力。

第三，中巴两国军方的深厚关系使中国不太可能利用债务作为一种手段，迫使巴基斯坦允许中国人民解放军海军更多地进入巴基斯坦港口或建立基地。中国人民解放军海军已经可以进入巴基斯坦卡拉奇港，2008～2017 年，中国人民解放军海军先后 10 次抵靠卡拉奇港。

第四，中国对国际货币基金组织（IMF）最新援助巴基斯坦计划的支持，是另一个迹象，表明中国政府并非有意让巴基斯坦出现债务问题。对巴基斯坦最有影响力的是国际货币基金组织的工作人员和管理层，因为他们设定了巴基斯坦的借款上限和预算及货币政策目标。此外，中国已同意确保其向巴基斯坦提供的任何新融资与国际货币基金组织计划的债务可持续性目标保持一致。

第五，如果中巴经济走廊的电力项目将巴基斯坦推入债务危机，那么这样的结果可能会损害"一带一路"倡议的形象，而这是中国政府不希望看到的。2019 年 4 月，中国在第二届"一带一路"国际合作高峰论坛上发布了《"一带一路"债务可持续性分析框架》，反映了对"债务陷阱外交"的关注，以及为支持可持续项目所做的努力。可以肯定的是，中国公布该框架的原因之一是为了反驳国际上对中国放贷行为的批评。不过，中国财政部表示，该框架的制定是基于国际货币基金组织/世界银行的低收入国家债务可持续性框架，这似乎反映出理解和促进债务可持续性的努力。国际货币基金组织总裁克里斯蒂娜·拉加德表示，国际货币基金组织与中国合作了"数周时间……来解释债务可持续性是如何重要"。此外，开发中巴经济走廊电力项目的中国企业意识到，这些项目的可持续性可能会影响它们向其他海外市场扩张的能力，例如，上海电气集团股份有限公司（参与建设位于塔尔煤矿南部区域的一区块内的坑口电厂）在提交给香港证券交易所的一份文件中表示，"作为公司在国际市场上首个燃煤超临界机组的总承包项目，这将为公司开拓超临界燃煤发电设备的海外市场奠定基础"。与此相同，中国电力建设集团有限公司显然打算通过建设萨希瓦尔燃煤电站来吸引更多的海外业务。根据中国能源行业的一份刊物，中国电力建设集团有限公司的员工认为"海外项目的质量是最好的国际名片"。

第六，非中国实体参与中巴经济走廊电力项目表明，其他参与者希望这些项目是可持续的，例如，世界银行集团国际金融公司（IFC）拥有中国三峡南亚投资有限公司（CSAIL）15%的股份，后者的子公司在巴基斯坦开发了三个风力发电场。此外，中国三峡南亚投资有限公司的另一个子公司正在开发卡洛特水电站项目。世界银行集团国际金融公司还提供了1亿美元的债务融资，以支持卡洛特水电站项目的发展。与此同时，英国甲骨文电力公司也参与了中巴经济走廊的另一个项目，在塔尔沙漠开发一个露天矿和一个1320兆瓦的矿口发电厂。卡塔尔 Al Mirqab Capital 公司是卡西姆港燃煤电站的赞助商之一。沙特阿拉伯的 Al Jomaih 集团是苏吉吉纳里水电站项目（简称 SK 项目）的赞助商之一。许多巴基斯坦公司也参与了中巴经济走廊的电力项目，例如，胡布电力服务有限公司（Hub Power Company Limited）投资了三家中巴经济走廊框架下的发电厂。巴基斯坦最大的银行哈比卜银行（Habib Bank）为信德安格鲁煤矿公司（SECMC）开发的一座煤矿和塔尔煤田二期的一座联合发电厂提供了股权和债务融资。可以有把握地说，这些公司不会无故向不可持续的发电厂进行投资。世界银行集团国际金融公司尤其如此，这是一家全球发展机构，其使命是帮助私营部门消除极端贫困，促进繁荣。世界银行集团国际金融公司正在支持卡洛特水电站项目，以结束巴基斯坦的电力短缺问题，提高巴基斯坦电力部门的可持续性。同样，甲骨文电力公司（在伦敦证券交易所上市）和胡布电力服务有限公司（在巴基斯坦证券交易所上市）的股东可能也期望公司的投资能够产生积极收益。

53. "债务陷阱外交"：谁困住了谁？关于中国"一带一路"倡议的"债务陷阱"，很多评论聚焦东道国从中国金融机构借款以资助基础设施项目发展面临的风险。分析人士警告称，如果这些项目被证明在经济上不具备可行性，那么借款国可能被迫将战略资产出售给中国买家，以偿还债务，或发现自己受制于中国的影响。然而，麻省理工学院的黄亚生教授（Yasheng Huang）认为，中国可能还会发现自己被中国银行资助的不可持续的基础设施项目"困住"了。他指出，中国可能会成为"过时的谈判模式"的受害者，这种模式认为，外国投资者在东道国投资越多，议价能力就越弱。巴基斯坦或许可以作为一个警示，说明中国企业在深入参与"一带一路"建设过程中所面临的风险。巴基斯坦未能兑现让中国电力企业免受循环债务影响的承诺，就是一个很好的例子。巴基斯坦政府官员同意设立一个循环基金，以确保不间断地向中巴经济走廊框架下的发电厂支付电费。中国电力公司和政府官员认为，该基金是减少巴基斯坦电费支付风险的关键措施。然而，该基金尚未建立。2018 年 12 月，巴基斯坦中央电力采购局官员表示，其没有资金设立该基金，财政部也拒绝向该基金提供资金。

54. 在萨希瓦尔和卡西姆港运营燃煤电厂的中国企业面临"循环债务"的风险。2018 年 4 月，巴基斯坦媒体报道，2017 年 5 月投产的首个发电机组即萨希瓦尔燃煤电厂，已"接近倒闭状态"，因为政府尚未支付 1.72 亿美元用以购买电力能源。2019 年 5 月 20 日，也就是卡西姆港燃煤电厂于 2018 年 4 月 25 日投入商业运营大约一年后，中央电力采购局对中国—卡塔尔合资企业卡西姆港电力公司（PQEPC）的欠款超过 1.5 亿美元。尽管巴基斯坦政府做出主权担保来确保中央电力采购局对卡西姆港电力公司的付款义务，但事实表明，让巴基斯坦政府履行在主权担保下的义务，说起来容易，做起来难。

55. 纳瓦兹·谢里夫当选巴基斯坦总理，其竞选纲领就是结束电力短缺状态。2013 年，习近平主席提出的"一带一路"倡议，为中国成为巴基斯坦燃煤电厂的主要出资国奠定了基础。谢里夫的目标是在 2018 年竞选连任之前结束巴基斯坦的电力危机，并优先使用国内煤炭，以降低发电成本，节约外汇，这与中国寻找海外市场以便出口过剩的煤炭发电设备以及中国电力公司和金融机构快速执行项目的能力相吻合。中巴经济走廊正在开发的大量燃煤发电能力，凸显了东道国在确定

"一带一路"环境可持续性方面的重要性。许多对中国燃煤电厂出口的分析往往更关注推动中国出售燃煤发电技术和设备的因素，而不是推动东道国购买这些技术和设备的因素。因此，决定"一带一路"倡议的绿色程度，不仅在于中国，还在于共建"一带一路"国家。

56. 也就是说，中国当然有能力对其他国家关于建设何种发电项目的决策施加更多影响。虽然中国不能强迫其他国家购买它们不想要的发电设备，但中国确实有经验和资金来鼓励东道国转向购买更清洁的发电组合。中国在提升可再生能源的作用和缩小煤炭在电力结构中的份额方面做得非常出色。因此，中国公司在安装和运营风能和太阳能电厂方面有相当多的专业知识，这些技术可以与巴基斯坦和其他不太熟悉可再生能源的国家共享。值得关注的一个问题是，中国政府是否会更乐于塑造其他国家的环境偏好，以符合作为"一带一路"倡议重要组成部分的绿色发展理念的要求。

57. 中国对中巴经济走廊电力项目的融资，似乎不太可能是一项精心策划的计划（其目的是在巴基斯坦制造债务问题，以控制战略资产或影响巴基斯坦的决策）的一部分。事实上，通过支持促进巴基斯坦经济增长的可持续基础设施项目，可以更好地服务于中国政府的经济和战略利益。中巴经济走廊电力项目的实践还表明，不仅是东道国，而且中国企业也可能因为向经济上不具备可行性的基础设施项目提供融资而遭受不利后果。看来，中国公司愿意做许多其他外国投资者不愿做的事情的一个主要原因是，巴基斯坦政府承诺建立一个循环基金，以确保不间断地向中国电力生产商付款。

"一带一路"倡议推动中国承包商跃居全球前列

Suguru Kurimoto *

原文标题：Belt and Road Propels Chinese Contractors to Top of Global Ranks

文章框架：2018 年，中国承包商获得了近 1/4 的工程承包营业收入，这
与中国在发展中国家推进"一带一路"倡议项目直接相关；
在中国政府致力于发展全球交通基础设施项目——"一带一
路"倡议项目的帮助下，中国企业在竞标亚洲的铁路项目
上成绩斐然；中国企业已经在能源领域崛起，此前中国企业
很少涉足这一领域。

观点摘要：

1. 2018 年，中国承包商获得了近 1/4 的工程承包营业收入，这与中
国在发展中国家推进"一带一路"倡议项目直接相关。据美国行业刊物
《工程新闻纪录》（*Engineering News – Record*）报道，中国企业的跨境销
售额为 1189 亿美元，约为十年前的 3 倍。《工程新闻纪录》发现，从市
场份额来看，中国企业的收入占据了非洲所有跨境基建收入的 60%，占
除中国以外的亚洲所有跨境基建收入的 40%，在交通基础设施、发电设施
以及工厂合同方面名列前茅。在《工程新闻纪录》列出的前 250 家企业中，
有 76 家来自中国。这 250 家上榜企业在 2018 年的营业总额为 4869.25 亿美
元，中国企业的营业总额占 24.4%。与十年前相比，中国在这一数据上取
得了重大进步，当时有 50 家中国企业上榜，营业总额占 11%。

2. 在中国政府致力于发展全球交通基础设施项目——"一带一路"
倡议项目的帮助下，中国企业在竞标亚洲的铁路项目上成绩斐然。例

---

* Suguru Kurimoto，日本经济新闻社职员。来源：美国战略与国际问题研究中心
（美国智库），2019 年 9 月 19 日。

如，中国和马来西亚在 2019 年 4 月达成协议，一旦中国政府同意削减 50 多亿美元的成本，两国就将恢复东海岸铁路项目。牵头该项目的是中国国有企业中国交通建设股份有限公司。中国交通建设股份有限公司在 2018 年获得了 227 亿美元的跨境收入，在《工程新闻纪录》公布的排名中位列第三。中国电力建设集团有限公司和中国建筑集团有限公司也进入了前十名。相比之下，日本企业则举步维艰。只有日本大林组株式会社（Obayashi）、鹿岛建设株式会社（Kajima）、工程承包商日挥株式会社（JGC）和千代田化工建设株式会社（Chiyoda）进入了前 50名。日本没有一家企业进入前 30 名。排在前 250 名的 11 家日本企业的海外总收入为 196 亿美元，较十年前下降了 20%。日本企业在 2018 年的营业额占国际营业总额的 4%，低于 2008 年 6.3% 的水平。另外，欧洲企业也保持强劲发展势头。总部位于伦敦的德希尼布福默诗（Technip FMC）排在第 11 位，较十年前下滑了两位。西班牙最大的建筑公司——西班牙 ACS 建筑公司通过扩大规模和增强成本竞争力，守住了领先地位。2011 年，西班牙 ACS 建筑公司收购了德国最大的建筑施工公司豪赫蒂夫公司（Hochtief）超过 50% 的股份，在《工程新闻纪录》公布的榜单中排名第二。

3. 中国企业已经在能源领域崛起，此前中国企业很少涉足这一领域。建设石油、石化和液化天然气设施一直是日本企业的强项，在过去十年中，千代田化工建设株式会社和日挥株式会社一直徘徊在这一领域的前十名。2018 年，日本一家企业的一名工程师参观了一座由中国企业建造的石化综合设施，该设施是炼油厂与石油化工产品生产设备的结合体。这样的工程通常需要四年的时间才能完成，但是上述综合设施只用两年就建成了。日方参观的工程师表示："技术实力已经不再是一个差异化因素。"据悉，全球只有 4～5 家承包商有能力建设液化天然气设施，中国企业加入这一行列可能只是时间问题。由于中国承包商在国内拥有巨大的需求，因此它们在积累工程技术和削减成本方面处于有利地位。众所周知的是，中国企业还可以为客户提供大量融资，以获取更多订单，例如，肯尼亚的铁路项目就是由中国贷款资助的。一位业内人士表示："凭借雄厚的资金实力，中国在提交投标书时并不考虑获利情况。"

西班牙与中国：欧洲处理非对称关系的方法

Andrés Ortega[*]

原文标题： Spain and China：A European Approach to an Asymmetric Relationship

文章框架： 西班牙和中国之间的经济关系；西班牙是亚洲基础设施投资银行的创始成员，并参加了两届"一带一路"国际合作高峰论坛；西班牙企业对来自中国的投资非常积极；在科技领域，西班牙还没有一个明确的对华战略。

观点摘要：

1. 2009 年，时任中国国务院总理温家宝称西班牙是"中国在欧洲最好的朋友"。2008～2010 年的金融危机对西班牙的打击尤为严重，在这场危机中，中国购买了大量西班牙债务（大约占这几年西班牙国际债务的 12%），成为西班牙第二大国际债权人。到目前为止，西班牙两党的对华政策在政治上是一致的。西班牙在 1973 年与中国建交，2005 年，两国关系提升为全面战略伙伴关系，两国在文化交流、民用核能合作等方面签署了 14 项切实可行的协定，西班牙在与中国发展关系的过程中取得与其他欧盟成员国同等的地位。中国在西班牙的投资水平与对欧洲投资的平均水平相当，但与对德国或英国的投资水平不可同日而语。与欧洲其他主要国家相比，西班牙对中国的投资水平也很低。中国在西班牙对外投资国中仅排在第 23 位，西班牙是中国在欧盟内的第七大贸易伙伴（其他消息来源称西班牙在 2000～2018 年的对华投资在欧盟内排名第 9）。

---

* Andrés Ortega，美国战略与国际问题研究中心欧洲项目访问学者。来源：美国战略与国际问题研究中心（美国智库），2019 年 10 月 15 日。

2. 关于西班牙和中国之间的经济关系，对华贸易逆差占西班牙贸易逆差的73%，仅比西班牙出口额的2%多一点。西班牙在2018年从中国的进口额上升到269亿欧元，相关数据开始增长。西班牙和中国之间的经济关系日益密切，但西班牙对中国的政治吸引力有所减弱。西班牙在对中国的看法方面已经失去了"往日的天真"，葡萄牙、意大利和希腊等南欧国家欣然接受"一带一路"倡议，并与中国签署谅解备忘录，但西班牙与法国和德国的立场更加趋同，与葡萄牙、意大利和希腊等国"背道而驰"，西班牙政府没有同中国签署"一带一路"倡议谅解备忘录就是很好的证明。

3. 西班牙是亚洲基础设施投资银行的创始成员，并参加了两届"一带一路"国际合作高峰论坛。就"一带一路"倡议而言，西班牙企业看到了商机，但也存在一些争议点。2018年11月，中国国家主席习近平对西班牙进行国事访问期间，西班牙没有同中国签署支持"一带一路"倡议的谅解备忘录。但是此时22个欧洲国家（11个欧盟成员国）已经签署了"一带一路"倡议谅解备忘录，并且有相当数量的国家正在与中国进行"17+1合作"（希腊的加入使"16+1合作"成为"17+1合作"）谈判。在习近平主席访问西班牙期间两国发表的《中华人民共和国和西班牙王国关于加强新时期全面战略伙伴关系的联合声明》中，西班牙认可"一带一路"倡议的潜力，并呼吁"一带一路"倡议与欧盟的"欧亚互联互通战略"形成协同效应。

4. 欧盟委员会称中国是"追求技术领导者地位的经济竞争对手，也是促进替代治理模式的系统竞争对手"，西班牙首相佩德罗·桑切斯（Pedro Sanchez）支持欧盟委员会的这一立场，但这并不意味着西班牙完全赞同美国对中国的看法，即中国是一个近似匹敌的竞争对手，是其最大的地缘政治挑战。相反，西班牙正在为欧洲政策寻求"第三条道路"（这并不容易概念化并加以实施），而且必须考虑不同于美国的经济、地缘政治与安全关切和利益。

5. 西班牙企业对来自中国的投资非常积极。西班牙公众对中国在西班牙投资的看法很有意思。根据埃尔卡诺皇家研究所（Elcano Royal

Institute）在 2017 年的一项民调，西班牙民众认为中国在西班牙进行了大量投资，但事实并非如此。西班牙政府鼓励中国加大投资力度，支持欧盟加强战略审查。西班牙是 12 个拥有国家安全审查系统的欧盟成员国之一。中国远洋海运集团有限公司（香港）在 2017 年收购西班牙毕尔巴鄂港并与经营瓦伦西亚港的 Noatum 公司签署协议，收购其 51% 的股权后，西班牙对中国的投资更加谨慎。中远集团表示有兴趣在巴塞罗那港开展类似业务。此外，国有企业中国长江三峡集团公司已经收购了葡萄牙电力公司（Energias de Portugal）的主要股份，该公司与西班牙的电力和天然气市场以及西班牙第三大分销商马德里天然气管网公司（Madrileña Red de Gas）紧密相连。欧盟范围内的投资筛选程序应该可以预见到相互关联市场带来的影响。

6. 在科技领域，西班牙还没有一个明确的对华战略。部署 5G 网络是西班牙的首要事项，而中国的技术主导市场，美国与华为的争端给一些电信公司带来麻烦，比如西班牙电信公司（Telefonica）在华为的 5G 设备上投入了大量资金。自这场纠纷开始以来，西班牙电信公司观察发现，其他西方国家的 5G 网络提供商，如爱立信公司（Ericsson）和诺基亚，已因需求量上升而提高了价格。然而，西班牙政府希望这一领域的信息技术供应更加多样化。尽管西班牙电信公司和其他在西班牙运营的公司正在寻求减少对华为的依赖，但它们在拉丁美洲的分公司并没有减少对华为的依赖，拉丁美洲正迅速成为西班牙和中国之间合作与竞争的地区。中国政府向该地区的几个国家提供了财政援助，进口这些国家的自然资源（如矿产资源、石油、农业资源）。

7. 中国公司对拉丁美洲越来越感兴趣，尤其是对委内瑞拉，对西班牙公司在该地区的活动也越来越感兴趣，特别是在基础设施建设和信息技术领域（许多人忘记了中国"一带一路"倡议覆盖了拉丁美洲的部分地区）。西班牙不再被中国视为与拉美建立联系的桥梁，但中国仍然重视西班牙在相关方面的经验。2005 年，中国在拉美的主要竞争对手是西班牙。根据欧盟知名智库布鲁盖尔研究所的一份报告，中国目前在拉美的主要竞争对手是英国和法国。中国已取代欧盟成为该地区第二大贸易伙伴（仅次于美国）。

此外，中国赴西班牙旅游的人数正在增长，已经有 20 万名中国人来到西班牙生活。中国人对西班牙足球非常感兴趣。中国首都北京有三家西班牙足球俱乐部，皇家马德里足球俱乐部（Real Madrid）和巴塞罗那俱乐部（FC Barcelona）在中国拥有数百万名追随者。

中国通过"一带一路"倡议提供 "中国式"互联网

Shunsuke Tabeta[*]

原文标题：Beijing Exports "China – Style" Internet across Belt and Road

文章框架：中国正向共建"一带一路"国家提供自己的经验；中国正在建立"数字丝绸之路"，将中国的互联网生态系统覆盖共建"一带一路"国家；许多共建"一带一路"国家看到了与中国合作的重大优势。

观点摘要：

1. 如今，中国正向共建"一带一路"国家提供自己的经验——在周日开幕的世界互联网大会上，"一带一路"倡议得到清晰的体现。习近平主席向这一会议致贺信，"发展好、运用好、治理好互联网，让互联网更好造福人类，是国际社会的共同责任"。

中国有许多对互联网进行管理的措施，例如 2017 年生效的《中华人民共和国网络安全法》。

此外，中国的互联网让民众的生活变得无比便利。阿里巴巴和腾讯运营的电子支付平台在允许用户通过智能手机在商店和网上进行支付的同时，也能保护企业免受假钞的侵害。打车和其他类型的服务也很容易通过互联网获得。

2. 中国正在建立"数字丝绸之路"，将中国的互联网生态系统覆盖共建"一带一路"国家。2018 年底，北斗卫星导航系统（中国的全球定位系统）走向全球，主要在共建"一带一路"国家覆盖。华为技术

---

* Shunsuke Tabeta，《日经新闻》撰稿人。来源：美国战略与国际问题研究中心（美国智库），2019 年 10 月 21 日。

有限公司正在帮助柬埔寨和菲律宾建设 5G 移动网络。中国电信在中国和巴基斯坦之间安装了光纤连接器,中国移动在新加坡启动了首个海外数据中心。阿里巴巴为居住在马来西亚的巴基斯坦人提供区块链汇款服务。京东正在印尼将无人机纳入物流链。

3. 许多共建"一带一路"国家看到了与中国合作的重大优势。许多中国公司,比如华为,提供的产品比西方竞争对手更便宜,这使许多国家能够降低数字基础设施的成本。面对与美国的经贸摩擦,中国正在加倍努力,推动中国企业通过"一带一路"倡议得到更好的发展。由于中美两国在高科技领域的分歧继续存在,中国将"一带一路"倡议视为在更广泛领域扩大影响的一种方式。相关事态正在改变美国公司的战略。前几年,苹果公司、谷歌和高通的首席执行官会参加世界互联网大会,并发表演讲。而在本届大会上,只有西部数据公司(Western Digital)这一家美国科技公司的首席执行官史蒂夫·密里根(Stephen Milligan)发言。拥有 8 亿多名互联网用户的中国是一个不容忽视的大市场。高通和微软选择派出级别较低的高管在 2019 年世界互联网大会发言,寻求在中国和美国之间实现平衡。

中国未来有哪些关键决策？

Brad Parks *

原文标题：Chinese Leadership and the Future of BRI：What Key Decisions
Lie ahead?

文章框架："一带一路"倡议项目已成为中国各银行以及全球各双边援助机构和多边开发银行的"共同事业"；中国一直在寻求"一带一路"项目的潜在共同出资人，因此，中国在实施"一带一路"倡议的最初几年对其进行了调整；展望"一带一路"倡议的未来；中国处于有利地位，能够在国际发展金融市场占据领先地位。

观点摘要：

1. "一带一路"倡议项目已成为中国各银行以及全球各双边援助机构和多边开发银行的"共同事业"。中国和其他提供发展融资的大型参与者已经同意使用一套通用的严格评估程序和项目保障措施。因此，很少有中国以外的发展金融机构将为"一带一路"倡议提供联合融资视为一项高风险、低回报的倡议。相反，它们认为这是一个机会，以支持其完成无法获得融资的具有营利空间、高影响力的项目。

2. 随着中国与非中国发展金融机构建立起以信任和相互理解为特征的强有力的合作关系，它们在解决影响这些交易的广泛问题上有着越来越多的共同利益。所有放款人都希望得到充分保护，以避免面临还款风险，并确保借款人参与负责任的债务管理实践。他们都希望避免出现腐败和成本超支问题，以及与造成社会和环境危害的项目相关的声誉风

  * Brad Parks，威廉玛丽学院"援助数据"（Aid Data）项目执行理事，全球发展中心非常驻研究员。来源：全球发展中心（美国智库），2019 年 7 月 24 日。

险。他们都希望基于美德和价值来选择承包商，并在实施过程中对其进行密切监督。稳健的监控和评估系统也变得"理所应当"，因为每个出资人都有兴趣对股东、立法监督人和第三方监管者提出的问题和担忧做出回应。

3. 要走到这一步并不容易。几年来，中国一直在寻求"一带一路"项目的潜在共同出资人，因此，中国在实施"一带一路"倡议的最初几年对其进行了调整，并开始与发展金融市场的其他大型参与者合作，以建立涉及项目设计、实施、监测和评估的共同规范和标准。现在，在多年自愿遵守这些规范和标准的基础上，中国正在获得好处：不良贷款有所减少，项目影响得以提升，东道国的声誉风险水平不断降低。在这一点上，没有人认为中国是一个打破规则的国家。如果有任何区别的话，那就是中国被全球的大多数同行和合作伙伴认为是一个规则制定者或规则遵守者，公众舆论和精英舆论的改善也会产生连锁反应，它们促使中国在全球发展金融市场中发挥领导作用，从投射影响力中获益：其他国家与中国合作是因为它们尊重和赞赏中国。

4. 展望"一带一路"倡议的未来。未来几年，中国将面临一系列关于如何与三个不同群体进行接触的决定：(1)"一带一路"项目参与国的公民；(2)"一带一路"项目参与国的领导人；(3)中国境外的捐助者和放贷者。这些决定将影响通过"一带一路"倡议取得的最终成果。

5. 中国在全球发展金融市场上提升地位最终取决于其说服低收入和中等收入国家的能力，即让它们相信"一带一路"比其他模式更具吸引力。对 148 个国家在 1980～2016 年由 12 个双边和多边机构资助的 23000 个发展项目的分析表明，援助机构和开发银行内部强有力的"存取信息"政策和机构，使项目的绩效大大提高。更容易监控的发展项目也不容易受到以权谋私和腐败的影响。高透明度带来更好结果的原因很简单：当发展中国家的发展金融机构及其地方对应机构的工作人员知道它们的决定和行动极有可能受到公众监督时，它们会更精心地设计和监督相关项目。

6. 我们有理由认为，中国处于有利地位，能够在国际发展金融市场占据领先地位，并促进基础设施投资带来更大经济回报的捐助者和贷款机构之间协调与合作。最近，笔者和 20 名同事共同完成了一项评估，即中国政府在 138 个国家资助的大约 4300 个发展项目对国民经济增长产生一定影响。我们发现，通过中国赠款和优惠贷款融资的项目为相关国家带来显著的经济增长红利。

7. 对于一般国家，我们发现，中国官方发展援助每增加一倍，在资金获得批准两年后，经济增长率将提高 0.4 个百分点。在一项配套研究中，我们使用了另一种经济产出测量方法即夜间灯光遥感产出以及对中国资助的 3097 个开发项目地点的地理坐标进行定位，以确定这些经济影响是否也可以在地方一级被检测到。我们再次发现，中国的发展项目带来了重大的经济发展成果。在第三项研究中，我们使用一种创新性的经济不平等衡量方法，衡量了中国发展项目的分配效果。该方法每年可以在全球 3.2 万多个地方进行追踪。我们发现，中国的发展项目，特别是对公路、桥梁、铁路和港口等连接基础设施的投资，在相关地区创造了更平等的经济活动分配。我们还发现，这些中国项目缩小了（而非扩大了）地方一级司法管辖区之间的经济差距，这表明中国对互联性基础设施的投资正在促进地区实现包容性增长。相比之下，现有的证据表明，传统的发展融资渠道（例如世界银行）对经济的影响并不能产生同样的良好结果。

8. 如果中国希望成为全球发展金融市场的参与者，就需要向其他捐赠方和贷款方证明它愿意并且能够投资涉及有效监测和评估海外投资所需的数据和证据的项目。在这方面，传统的捐赠方和贷款方使用经济回报率分析和受益人分析方法来审查候选的项目提案。它们使用集中的信息系统跟踪它们所批准的项目的执行情况。利用来自家庭调查、卫星、移动电话和实时传感器的数据，它们收集到关于项目和非项目（比较）领域的发展成果的基线、中线和终点数据，以便在项目完成后，可以用反事实证据来测量干预措施的可归因影响。此外，传统的捐赠方和贷款方也会公布大量的数据和证据，以便它们的监督方和合作方能够对工作质量进行独立判断。

9. 此外，如果中国想成为全球发展融资市场的参与者，就必须使其他捐赠方和贷款方相信，中国愿意在稳定、透明和相互可接受的规则和规范的基础上进行合作和协调。当双边债权人在巴黎俱乐部（Paris Club）与借款方谈判债务重组协议时，它们想知道中国是否计划向同一政府提供新贷款，还是对现有贷款进行重组。当一家多边开发银行要求借款方根据一套特定的环境和社会标准来设计和实施一个基础设施项目时，它想知道的是，如果不坚持使用这些标准，中国是不是就不会为同样的项目提供资金。

10. 赢得潜在合作方的信任不仅需要创造一个公平的竞争环境或解决历史遗留问题，还包括就新的规则达成共识，使中国和非中国发展金融机构更容易合作，以实现互利共赢。为了说明这一点，我们可以举例说明：中国国家开发银行与英国国际发展部（DFID）就联合资助"一带一路"大型项目的可能性进行了磋商。该项目的风险很大，但可能带来巨大的经济发展红利。英国国际发展部可能希望看到候选项目首先能够接受严格的成本—效益分析，议会监督机构很可能要求看到分析结果。英国国际发展部可能希望确保建立一个健全的监测和评价系统，以便能够对候选项目是否"物有所值"进行衡量。英国国际发展部可能希望得到一个可信的保证，即中国不会寻求将自身定位成"优先债权方"（无论是关于贷款协议的四个方面，还是通过一项附带协议）。中英两国最终需要围绕一套双方都能接受的行为规则达成一致意见，否则，双方的合作将被证明是肤浅而短暂的。

11. 2019 年 4 月，中国在第二届"一带一路"国际合作高峰论坛上宣布，在"一带一路"建设的下一阶段，中国将采用广泛接受的规则和标准，鼓励参与企业在项目开发、运营、采购、招投标等方面遵循国际通行规则和标准。最近的声明表明，中国政府正考虑将重心从挑战现状的传统角色转向国际规则和标准的捍卫者。2019 年 3 月，中国宣布将与 8 家多边和双边发展金融机构建立多边发展合作中心，以加大对上游项目筹备工作的投入力度；提升出借方和借款方的能力，以便更有效地管控和减少与债务可持续性、采购、腐败、环境和社会方面有关的风险；促进中国和非中国发展金融机构之间进行信息共享和协调。

12. 中国的行动最终会证明一切，如果中国想要说服发展金融市场的同行，能做的最好的事情就是付诸实践，坚持使用具有银行担保的项目提案，适当减少社会、环境和信托风险；遵守国际招投标规则；将从事欺诈、腐败或串谋行为的公司列入黑名单；使有关政府、官员的信息披露政策和相关机构制度化；建立强有力的监测和评估系统，以使其能够衡量成本、效益和相关影响。

中缅经济走廊的现实

Yun Sun [*]

原文标题： Slower，Smaller，Cheaper：The Reality of the China – Myanmar Economic Corridor

文章框架： 中缅经济走廊是"一带一路"倡议的一部分；虽然中国和中国企业在缅甸投资，但投资针对较小的项目；中缅经济走廊框架下最引人关注的项目是木姐—曼德勒铁路项目；建设"项目银行"是缅甸向建设更完善、更高效的基础设施迈出的第一步。

观点摘要：

1. 自中国于 2017 年 11 月正式提出将中缅经济走廊（CMEC）作为"一带一路"倡议的一部分以来，有关中缅经济走廊的讨论和报道层出不穷。尽管中缅经济走廊获得了国际社会的广泛关注，并在缅甸国内引起一些担忧，但中缅经济走廊的实际批准情况和实施环节一直是渐进的，而且速度远没有描述的那么令人印象深刻。由于缅甸的发展水平和中国的发展水平存在差距，中缅经济走廊似乎不太可能以许多人想象的方式建设。中缅经济走廊是继中巴经济走廊之后，在"一带一路"倡议框架下，中国与单一国家共建的第二条经济走廊，其在中国政府的规划中具有重要性。中缅经济走廊呈倒置的"人"字形，连接中国云南省和缅甸中部的曼德勒，然后向东南延伸至缅甸仰光，向西南延伸至缅甸若开邦。在中缅经济走廊提出后，中缅双方就中缅经济走廊签署了谅解备忘录。中缅经济走廊论坛在广西壮族自治区（2018 年 9 月）和云

---

* Yun Sun，史汀生中心东亚项目高级研究员。来源：史汀生中心（美国智库），2019 年 9 月 26 日。

南省（2019年2月）分别举行。2018年12月，缅甸政府宣布成立实施"一带一路"指导委员会，由国务资政昂山素季（Aung San Suu Kyi）担任委员会主席。据称，在2019年4月于北京举行的第二届"一带一路"国际合作高峰论坛期间，昂山素季签署了9个与中缅经济走廊"早期收获"项目相关的协议。

2. 相比之下，中巴经济走廊建设步伐更快。在中巴经济走廊启动后，中国国家主席习近平于2015年访问巴基斯坦，签署了51项协议，总价值超过460亿美元。中国外交部公布的数据显示，截至5月，在中巴经济走廊的22个"早期收获"项目中，一半已经完工并投入运营，另一半正在建设中。中巴经济走廊启动5年来，外商对巴直接投资增长了240%，据报道，中巴经济走廊的17个项目为巴基斯坦带来共计9.3亿美元的税收收入。不过项目的实施也并非一帆风顺：2018年巴基斯坦总理伊姆兰·汗（Imran Khan）上台时，要求对中巴经济走廊项目进行审查。最近，伊姆兰·汗表示，完成中巴经济走廊项目是他的首要任务。

3. 习近平主席尚未对内比都或仰光进行访问，同时缅甸的投资数据显示，中国的外国直接投资并未大量涌入缅甸。2017～2018财年，此时，中缅经济走廊提出，中国批准的投资为13.95亿美元。但在接下来的12个月里，中国的直接投资降至6亿美元（2018年4月1日至9月30日的"过渡"期间为3.04亿美元，2018年10月1日至2019年4月30日为2.96亿美元）。截至2019年4月，中国共批准了涉及缅甸的72个项目（在所有单一国家中批准的项目最多），这意味着这些项目的平均规模只有400万美元。这表明，虽然中国和中国企业在缅甸投资，但投资针对较小的项目，而不是与"一带一路"倡议相关的大型基础设施项目。的确，这是缅甸与其他共建"一带一路"国家的不同之处：自"一带一路"倡议启动以来，缅甸几乎没有公开宣布过重大基础设施项目。

4. 迄今为止，中缅经济走廊框架下最引人关注的项目是木姐—曼德勒铁路项目，这是中国修建标准轨距铁路（从中国云南到缅甸）的新举措。修建连接缅甸东部和西部的铁路一直是中国的愿景，这条铁路是中国提出的泛亚铁路网（东南亚大陆）的组成部分。尽管十多年来，中国对这一铁路项目的热情高涨，但项目的实施并不总是一帆风顺。木姐—曼德勒铁路项目的前身在 2014 年中止，中缅两国三年来未能就中国提供的贷款的规模和利率达成协议。2018 年 10 月，中国中铁股份有限公司（CREC）与缅甸交通运输部签署谅解备忘录，进行可行性研究。如果缅甸认为该项目具备可行性，那么这将是中缅两国就该项目的设计、执行、筹资和采购进行谈判的第一步。除非在方法上出现一些戏剧性的变化，否则铁路项目的实际实施不太可能在未来几年发生。

5. 木姐口岸每年的贸易额达到 60 亿美元，是清水河口岸的 10 倍，是甘拜地口岸的 15 倍。由于木姐口岸受到少数民族武装组织与缅甸军队冲突的严重影响，清水河口岸和甘拜地口岸有望在未来发挥更大的作用。上述三个口岸都位于缅甸政府控制的地区，预计周边地区的进一步发展将对少数民族武装组织控制的地区起到稳定作用。亚洲开发银行（ADB）在 2019 年 4 月以开发云南临沧边境经济合作区项目的名义，向中国边境一侧提供了 2.5 亿美元贷款，这进一步促进了清水河口岸的发展。

6. 2019 年 1 月，缅甸政府启动了优先基础设施项目的在线"项目银行"，以简化规划、决策和融资程序。建设"项目银行"是缅甸向建设更完善、更高效的基础设施迈出的第一步。

通过整合基础设施项目，"项目银行"旨在促进加强机构间的协调和公私伙伴关系。在公众获取信息时，应确保对每个项目的环境、社会和治理影响进行更严格的审查。然而，在最初阶段，在所有的政府机构和公共程序理顺之前，"项目银行"对外国投资者来说将耗费大量时间。为"项目银行"制定的规则也将适用于中缅经济走廊项目，这很有可能进一步推迟中缅经济走廊项目。

"项目银行"的建立至少在一定程度上是由缅甸在皎漂深水港建设方面积累的经验促成的。早在"一带一路"倡议提出之前，中国国际信托投资公司（CITIC，以下简称中信集团）就在 2015 年底赢得了一项投标，最初的方案包括 72 亿美元的投资，中信集团持有 85% 的股份。随后，皎漂港被重新命名为"一带一路"倡议和中缅经济走廊项目。

三年后，中缅双方最终同意将中信集团的投资从 72 亿美元减少到 13 亿美元，相应地，港口泊位从 10 个减少到 2 个。缅甸表示，缩减后的项目只是该港口的第一阶段项目，在第一阶段项目完工并证明能够盈利后，另外两个阶段的项目就将启动。

处于"断层线"上：格鲁吉亚与中国和西方的关系

Eurasia Program，Foreign Policy Research Institute*

原文标题：On the Fault Line：Georgian Relations with China and the West

文章框架：如果格鲁吉亚的西方伙伴在与中国进行建设性竞争的模式下做出了新的承诺，那么中国在格鲁吉亚影响力的增加或将推动格鲁吉亚与欧洲—大西洋体系更为接近；有关格鲁吉亚外交政策的辩论集中在该国对于东、西方"地缘政治断层线"的立场；与中国关系的深化可能会加强格鲁吉亚与欧洲—大西洋伙伴之间的关系；自1992年中国首次承认格鲁吉亚为独立国家以来，两国关系稳步向前发展；尽管评估双边自由贸易协定的影响还为时过早，但该协定或将为格鲁吉亚带来诸多利益；不断增长的贸易额和来自中国的投资对格鲁吉亚来说意义重大；"一带一路"倡议被中国国家主席习近平誉为"世纪工程"，是一个陆海一体的项目网络；格鲁吉亚直接参与的是中国—中亚—西亚经济走廊的建设，这条经济走廊东起中国，西至土耳其以及黑海，是构成"丝绸之路经济带"的六条经济走廊之一；长期以来，区域基础设施建设是在中亚、西亚地区存在利益关切国际参与者的优先事项；巴库—第比利斯—卡尔斯铁路是一条长达829公里的铁路干线，通过格鲁吉亚连接阿塞拜疆和土耳其，于2017年正式开通；"中部走廊"与"一带一路"倡议以及跨里海国

---

* Eurasia Program，Foreign Policy Research Institute，外交政策研究所欧亚项目组。来源：外交政策研究所（美国智库），2019年9月。

际运输路线重叠，凸显了区域基础设施项目之间的复杂联系；价值 25 亿美元的阿纳克里亚深水港是格鲁吉亚历史上最大的基础设施项目；阿纳克里亚港口项目于 2017 年正式启动，由于丑闻持续发酵，项目发展速度有所放缓；阿纳克里亚港口临近阿布哈兹地区，该港口建成后可能会使集装箱运输从俄罗斯新西伯利亚港口转移；鉴于迄今为止中国对格鲁吉亚国内政治进程都没有进行干预的现实，民主巩固不太可能显著改变当前中格关系的发展轨迹；有证据表明，中国在格鲁吉亚不断增加的足迹正引起格鲁吉亚西方盟友的注意；美国已经表明了对格鲁吉亚经济未来的承诺；欧盟方面也做出增加对格鲁吉亚基础设施建设投资的承诺；中国与格鲁吉亚的关系不断深化，务实互利。

观点摘要：

1. 如果格鲁吉亚的西方伙伴在与中国进行建设性竞争的模式下做出了新的承诺，那么中国在格鲁吉亚影响力的增加或将推动格鲁吉亚与欧洲—大西洋体系更为接近。随着中国与黑海地区国家的交往变得更为广泛，中国与格鲁吉亚之间的关系有所加深。格鲁吉亚不仅加入了"一带一路"倡议，还于 2017 年与中国签署了自由贸易协定，中国与格鲁吉亚的双边关系主要集中在经济层面。尽管加深与中国的接触可能会带来对华过度依赖的风险，但格鲁吉亚与欧洲—大西洋体系的部分融合有助于减少这些风险。

2. 中国因素。有关格鲁吉亚外交政策的辩论集中在该国对于东、西方"地缘政治断层线"的立场。"地缘政治断层线"这一说法将格鲁吉亚置于俄罗斯联邦与欧洲—大西洋体系这两大势力范围之中，并将更为广阔的黑海地区视为必争之地的中心。格鲁吉亚与黑海地区伙伴国家（亚美尼亚、阿塞拜疆、土耳其）之间的关系（虽然受到现实因素而非文明选择的驱动）往往被人们视为能够解读格鲁吉亚对于东西方"地缘政治断层线"的立场。俄罗斯与欧洲—大西洋体系之间的地缘政治竞争是真实存在的，但利益格局比人们通常认为的要复杂得多。尽管格鲁吉亚避开了多方向的外交政策，转向融入欧洲—大西洋体系当中，但它仍在寻求实现合作伙伴的多样化，尤其是在经济领域。近年来，格鲁吉亚的政界和商界精英一直在寻求与中国建立更深层次的合作关系。中国在推行"一带一路"倡议的同时，也增加了在黑海地区更为广泛的经济和外交存在。"一带一路"倡议是一个复杂的工程网络和倡议网络（其中许多项目和倡议由中国政府资助），旨在通过在欧亚大陆国家建设基础设施来加强欧亚之间的联系。格鲁吉亚是"一带一路"倡议的组成部分之一。

3. 格鲁吉亚的政界和商界领导人抓住了这一机会，在与中国接触的同时，意欲把自身打造成连通欧洲和亚洲的门户。2017年，格鲁吉亚与中国签署自由贸易协定。该协定于次年生效，促使格鲁吉亚成为既与欧盟达成"深入全面的自由贸易区"协定，又与中国达成自由贸易协定的国家。在2018年的一次采访中，格鲁吉亚时任总统格奥尔吉·马尔格韦拉什维利（Giorgi Margvelashvili）将自由贸易协定界定为从中国日益增长的自信中获取收益的一种方式，他表示："我们将中国的发展视为全球难得的伟大机遇，而不是挑战。这就是格鲁吉亚去年与中国签署自由贸易协定的原因。"本报告审视了格鲁吉亚与中国关系的现状，分析了格鲁吉亚与中国持续的经济和外交接触可能带来的机遇和风险。本报告认为，与直觉相反，与中国关系的深化可能会加强格鲁吉亚与欧洲—大西洋伙伴之间的关系。美国和欧盟可以通过与格鲁吉亚更深入的接触来回应中国在该国的存在。

4. 不断扩大的关系。自1992年中国首次承认格鲁吉亚为独立国家以来，两国关系稳步向前发展。格鲁吉亚对华出口额从2009年的600万美元增至2018年的1.98亿美元，中国成为格鲁吉亚第六大市场。虽然中国消费者在2018年购买了近700万瓶格鲁吉亚葡萄酒，使中国成为格鲁吉亚第三大葡萄酒市场，仅次于俄罗斯和乌克兰，但格鲁吉亚对外贸易仍以原材料出口为主。同期，格鲁吉亚从中国的进口额由1.75亿美元增至8.33亿美元，中国成为继土耳其和俄罗斯之后格鲁吉亚的第三大进口来源国。在2019年第一季度，中国超过俄罗斯成为格鲁吉亚第二大进口来源国。在中国与格鲁吉亚之间的自由贸易协定于2018年生效后，中国对格出口商品96.5%的关税被取消，同时，中国也取消了 93.9% 的格鲁吉亚对华出口商品关税。据 2015 年的一项可行性研究估计，中格双边关税的全面取消将使格鲁吉亚的出口额增加 9%，进口额增加 1.6% ~ 2.2%。

5. 尽管评估双边自由贸易协定的影响还为时过早，但该协定或将为格鲁吉亚带来诸多利益。甚至在自由贸易协定实施之前，格鲁吉亚就允许几乎所有的中国进口商品以接近 0 的关税进入该国市场。此外，进入格鲁吉亚的大部分进口商品属于资本货物、机械和电气设备，因此，中国与格鲁吉亚之间的贸易自由化应该会为格鲁吉亚出口商创造新的机会，而不是让廉价商品充斥格鲁吉亚的消费市场。尽管自 2014 年 4 月以来，中国新投资的比例一直在下降，但其仍是一个值得关注的外国直接投资（FDI）来源国。2014 年，在大规模一次性投资的推动下，来自中国的外国直接投资总额达到 2.18 亿美元，次年，这一数字降到 6700 万美元。2018 年，来自中国的外国直接投资总额达到 6500 万美元。

6. 格鲁吉亚最大的外国投资者是位于中国新疆的华凌集团，该集团自 2007 年以来已经在格鲁吉亚投资了超过 5 亿美元。华凌集团的投资项目包括两家酒店、一个位于库塔伊西（Kutaisi）的自由工业园、一个位于第比利斯郊外的居民区和商业区，以及一座木材加工厂。2018 年，华凌集团推出了以第比利斯国际机场为主要枢纽的廉价航空公司。华凌集团网站显示，该集团在格鲁吉亚八家不同公司中共雇用了 3000 多名员工。华凌集团还拥有对格鲁吉亚巴塞斯银行（Basis Bank）的控股权，该银行于 2016 年从中国国家开发银行获得了 500 万美元的信贷额度。不断增长的贸易额和来自中国的投资对格鲁吉亚来说意义重大。然而，从中国角度来看，格鲁吉亚的主要价值既不在于其是商品消费国，也不在于其是商品生产国，而在于其是一个区域交通枢纽。格鲁吉亚在“一带一路”倡议中的作用值得详细分析。

7. “一带一路”倡议。2013 年，中国正式宣布“一带一路”倡议。作为对美国时任总统巴拉克·奥巴马（Barack Obama）“重返亚洲”战略的回应，这一倡议可谓“向西进军”，尽管中国官员表示，这一倡议“不是地缘政治的工具”。“一带一路”倡议被中国国家主席习近平誉为“世纪工程”，是一个陆海一体的项目网络。“一带一路”倡议的陆上部分是"丝绸之路经济带"，海上部分是"21 世纪海上丝绸之路"。叶夫根·萨乌丁（Yevgen Sautin）恰如其分地将其描述为"关于中国发展援助、私人及公共贷款以及外国直接投资"的笼统概括。尽管确定"一带一路"倡议的起点以及其他区域性基础设施框架的终点存在困难，但该倡议的目标是相对明确的。"一带一路"倡议的提出是为了增强中国在欧亚大陆经济议程和地缘政治中的影响力。减少贸易方面的实体和政治壁垒有望为出口商开辟新的市场，并能够通过加强合作促进区域安全。"一带一路"倡议的目的还包括保障来自俄罗斯和中亚地区的对华能源供应。"一带一路"倡议的成功实施有助于实现中国外交政策的四个目标：（1）与周边国家共同发展；（2）保持经济高速增长；（3）维护国内秩序；（4）巩固中国的国际地位。

8. 格鲁吉亚在"丝绸之路经济带"中的地位。格鲁吉亚直接参与的是中国—中亚—西亚经济走廊的建设，这条经济走廊东起中国，西至土耳其以及黑海，是构成"丝绸之路经济带"的六条经济走廊之一。"丝绸之路经济带"的目标是通过加强包括南高加索地区在内的地区基础设施建设，缩短中国与欧洲之间的距离。中国—中亚—西亚经济走廊作为"一带一路"倡议的象征的目标是升级而非取代现有的基础设施网络。

9. 长期以来，区域基础设施建设是在中亚、西亚地区存在利益关切国际参与者的优先事项。1993 年，欧盟成立了"欧洲—高加索—亚洲运输走廊组织"（TRACECA），这是一个由格鲁吉亚和其他 12 个国家组成的区域基础设施发展组织。2013 年，也就是格鲁吉亚正式加入"一带一路"倡议的前两年，阿塞拜疆、格鲁吉亚以及哈萨克斯坦的铁路和海事部门建立了跨里海国际运输路线，该组织致力于在基础设施项目上开展合作。其目标是使中国和欧盟之间的交通更加便利，相关成员国设想这一路线将替代俄罗斯和伊朗的陆上交通路线。跨里海国际运输路线的目标与中国—中亚—西亚经济走廊的目标相吻合，后者的目的也在于减少中国对俄罗斯和伊朗路线的依赖。格鲁吉亚提供陆路和海上运输路线，有助于中国—中亚—西亚经济走廊沿线的交通运输更加便利。首先，该国提供了一条通往土耳其的陆路，尤其是通过巴库—第比利斯—卡尔斯铁路。其次，格鲁吉亚可以通过位于阿纳卡利亚尚未完工的黑海港口，将其作为通往欧洲的海上出口。

10. 跨高加索铁路。巴库—第比利斯—卡尔斯铁路是一条长达 829 公里的铁路干线，通过格鲁吉亚连接阿塞拜疆和土耳其，于 2017 年正式开通。2018 年 2 月，第一批中国商品通过巴库—第比利斯—卡尔斯铁路抵达格鲁吉亚。原产于中国的货物首先通过铁路运往哈萨克斯坦。到达哈萨克斯坦后，货物被装载到里海阿克套港口的驳船上，然后被运往巴库。到达巴库之后，货物被再次转移到火车车厢，运往土耳其，最终抵达欧盟。巴库—第比利斯—卡尔斯铁路使中国与欧洲之间的运输时间缩短到 15 天以内，远远超过航运速度。这条铁路的承载能力为每年 650 万吨，预计这一数字将最终增至 1700 万吨。2019 年初，巴库—第比利斯—卡尔斯铁路的运营公司还推出了客运服务。

11. 巴库—第比利斯—卡尔斯铁路是跨里海东西贸易运输走廊（土耳其的丝绸之路倡议——"中部走廊"）的一部分，该倡议旨在建立一个横贯高加索和里海，连接土耳其与中亚（即哈萨克斯坦和土库曼斯坦）的区域铁路网络。"中部走廊"与"一带一路"倡议以及跨里海国际运输路线重叠，凸显了区域基础设施项目之间的复杂联系。巴库—第比利斯—卡尔斯铁路强调格鲁吉亚需要与邻国（土耳其和阿塞拜疆）进行政策协调，以便从参与"一带一路"倡议中获得最大利益。

12. 阿纳克里亚深水港。价值 25 亿美元的阿纳克里亚深水港是格鲁吉亚历史上最大的基础设施项目。一旦建成，就将使格鲁吉亚现有的两个港口——巴塔米港和波季港的综合吞吐量相形见绌。阿纳克里亚深水港第一阶段的年吞吐量将达到 150 万吨（该港计划于 2021 年完工）。预计有 1.46 亿人将受到由该港口带来的供应链扩大的影响。阿纳克里亚深水港的深度达到 16 米，足够容纳 1 万艘 20 英尺（相当于 6.096 米）当量单位的船只。此类船只是目前经过黑海的最大船只，远远超过格鲁吉亚现有港口的承载力。在与港口临近的地区将建成一个占地 2000 公顷的经济特区，以作为格鲁吉亚几个允许生产免税出口商品的经济特区之一。如果顺利完工，那么该港口将使格鲁吉亚成为铁路和集装箱运输的地区枢纽，最终使格鲁吉亚得以利用其作为欧亚之间桥梁的区位优势。阿纳克里亚深水港由阿纳克里亚发展联盟（Anaklia Development Consortium）承建，该联盟是一个国际性的私营公司集团，其既定目标是为格鲁吉亚创建世界一流的港口综合体，并将阿纳克里亚建设成"一带一路"的一个贸易枢纽。

13. 阿纳克里亚港口项目于 2017 年正式启动，由于丑闻持续发酵，项目发展速度有所放缓。格鲁吉亚 TBC 集团创始人 Mamuka Khazaradze 于 2019 年 2 月辞去了其在 TBC 集团监事会的职务，当时格鲁吉亚政府正在对该集团 2008 年的一笔价值 1700 万美元的交易进行洗钱调查。该集团是 TBC 控股集团的股份持有者，也是格鲁吉亚唯——家加入了阿纳克里亚发展联盟的公司。Khazaradze 称此次调查是"损害 TBC 银行声誉的行为"，TBC 银行是 TBC 集团旗下的银行，也是格鲁吉亚最大的零售银行之一。TBC 银行的动乱导致阿纳克里亚港口项目的部分建设融资被延缓，引发人们对格鲁吉亚政府试图破坏该项目的担忧。格鲁吉亚的一些国际合作伙伴也对这一事件的合法性提出了质疑。2019 年 2 月，法国驻格鲁吉亚大使公开批评格鲁吉亚当局对 Khazaradze 的调查。在对 Khazaradze 的调查结束之前，阿纳克里亚港口项目将被搁置。虽然海底已经疏浚，建设工作正在进行，但由于投资者的担忧，项目建设被推迟。目前该港口建设项目仅获得了约 7000 万美元的投资，远远少于完成项目第一阶段所需的 6.2 亿美元。阿纳克里亚发展联盟表示，欧洲复兴开发银行（EBRD）、美国海外私人投资公司（OPIC）、亚洲开发银行（ADB）以及亚洲基础设施投资银行（AIIB，以下简称亚投行）这四家国际金融机构已经承诺为这一港口建设项目提供 4 亿美元贷款。然而，在贷款发放之前，上述机构希望得到格鲁吉亚政府的担保，如果项目无法交付，那么它们希望得到政府的补偿。

14. 然而迄今为止，格鲁吉亚政府一直拒绝为这笔贷款做担保。在 2019 年 3 月举行的一次议会听证会上，格鲁吉亚基础设施和地区发展部部长玛雅·斯基提诗维丽（Maia Tskitishvili）表示，"贷款的风险应该由投资者和阿纳克里亚发展联盟承担"。而阿纳克里亚发展联盟的行政人员则指责格鲁吉亚政府制造了这起针对 Khazaradze 的调查，损害了投资者的利益。在一份匿名的评论中，阿纳克里亚发展联盟的行政人员告诉一名驻第比利斯的记者，Khazaradze 丑闻可能是格鲁吉亚政府为了安抚俄罗斯方面，破坏项目建设进程而实施的秘密行为。阿纳克里亚港口临近阿布哈兹地区，该港口建成后可能会使集装箱运输从俄罗斯新西伯利亚港口转移。阿纳克里亚发展联盟的行政人员还表示，他们怀疑格鲁吉亚政府正试图将他们赶出该港口建设项目。然而，并没有证据可以证实上述说法。

15. 虽然中国公司未能获得建设该港口的投标，但中国在该项目中仍然存在既得利益。总部位于上海的振华重工（集团）股份有限公司以集装箱起重机和其他重型设备的形式向这一项目投资了 5000 万美元。此外，中国倡导成立的亚投行（格鲁吉亚也是该行创始成员之一）将投资连接港口和格鲁吉亚腹地的公路和铁路基础设施建设项目。有趣的是，亚洲基础设施投资银行和亚洲开发银行（由美国和日本共同领导的跨国基金）都对阿纳克里亚深海港进行了投资，而这两个机构的代表都称它们是互补性的，而非竞争性的。①

16. 格鲁吉亚参与"一带一路"倡议的风险。格鲁吉亚必须意识到，参与"一带一路"倡议会面临一些潜在的问题。首先，"一带一路"倡议本身的进展速度要比预期缓慢。美国对外关系委员会"一带一路"追踪器的一项研究估计，中国在 2014~2017 年对"一带一路"倡议的投资为 1200 亿美元。此外，2017 年，斯里兰卡政府因无力偿还中国进出口银行的主权债务而将一个主要港口项目的经营权交给一家中国公司。2018 年 10 月，巴基斯坦政府考虑暂停中巴经济走廊建设，而中国通过该走廊项目向巴基斯坦投资了 620 亿美元，原因是担心参与"一带一路"倡议会造成巴基斯坦方面不可持续的债务负担。事实上，2019 年 4 月，习近平主席在北京举办的第二届"一带一路"国际合作高峰论坛期间谈到了债务可持续性，承诺中国将改善相关项目的透明度，"为共同利益实现高质量发展"。美国在这些事件上大做文章，认为这是

---

① 中国和格鲁吉亚都是亚洲开发银行的成员，尽管中国是在 1986 年，即亚洲开发银行成立 20 年后才加入。中国在该行的股本和投票权明显无法与经济规模相匹配。

一种错误的经济发展模式。去年，美国副总统迈克·彭斯（Mike Pence）在宣布"印太透明倡议"时，不仅将美国列为资金来源，而且称美国是"公民社会、法治、透明和负责任政府"的支持者。彭斯在吹嘘自己国家的信誉时，暗含了对中国的批评。

17. 在 2019 年的一次采访中，布鲁金斯学会学者乔纳森·斯托姆斯（Jonathan Stromseth）强调，中国支持友好政权，而非提倡任何特定的政治模式。安德鲁·内森（Andrew Nathan）在美国《民主季刊》（*Journal of Democracy*）上指出，"中国领导人寻求与任何政权保持良好关系"，无论其政权性质如何。

18. 那么问题就在于，与中国更深入的接触是否会给格鲁吉亚带来风险。鉴于格鲁吉亚正在走向民主，此类关切必须认真对待。格鲁吉亚部分融入了欧洲—大西洋体系，并与一些地区大国有着密切的经济往来。格鲁吉亚与外部民主化国家有着密切的联系并在这些国家投射了影响力。格鲁吉亚巩固民主的阻碍因素主要集中在国内，即非正式治理机制、功能失调的政党以及缺乏独立性的公共和私营机构。人们可以想象，格鲁吉亚在这些领域持续的表现不佳会给中国在该国推进增强自身利益留下空间。然而，鉴于迄今为止中国对格鲁吉亚国内政治进程都没有干预的现实，民主巩固不太可能显著改变当前中格关系的发展轨迹。就施加负面影响的外部伙伴而言，阿塞拜疆和土耳其对格鲁吉亚构成了更大的直接威胁。

19. 西方日益增长的兴趣。格鲁吉亚仍然坚定地致力于全面融入北大西洋公约组织（NATO）和欧洲国家联盟。与中国的关系是对格鲁吉亚与西方大国关系的补充，这一局面将继续保持。然而，有证据表明，中国在格鲁吉亚不断增加的足迹正引起格鲁吉亚西方盟友的注意。中国在格鲁吉亚的活动不仅受到美国的关注，同时也引起了欧盟的兴趣。美国深陷与中国的地缘经济竞争并试图在亚洲地区提供"一带一路"倡议的替代方案。2019 年 4 月，28 名欧盟大使中有 27 人签署了一份报告，以"违背了欧盟的贸易自由化议程，推动了有利于受到补贴的中国公司的权力平衡"为由，对"一带一路"倡议提出批评。从某种程度上说，西方国家对中国更大限度地参与格鲁吉亚建设表示不安。

20. 美国已经表明了对格鲁吉亚经济未来的承诺。美国国务院在宣布美国—格鲁吉亚战略伙伴关系十周年的声明中宣布"要加强双边贸易和投资，促进完善国际公认的商业惯例，支持格鲁吉亚在提升区域连通性、增强能源安全性和成为过境和物流枢纽的愿望"。声明还提到两国间自由贸易协定的进展（会谈仍处于初步阶段，尚未步入谈判阶段）。在实践层面，美国也采取了具体措施。2017 年，海外私人投资公司（一个促进美国商业利益的美国政府机构）将其对格鲁吉亚企业提供的贷款总额翻了一倍，此举既反映了过去的成功，也反映了格鲁吉亚对更多投资的需求。去年，美国海外私人投资公司同意对阿纳克里亚港口项目投资为 1 亿美元。2018 年 9 月，位于格鲁吉亚的美国国际开发署宣布，将向阿纳克里亚周边地区再投资 200 万美元。

21. 此外，欧盟方面也做出增加对地区基础设施建设投资的承诺。2019 年 1 月，欧盟委员会和世界银行联合发布了"泛欧交通运输网（TEN－T）投资行动计划"。在这份长达 14 页的文件中列出了每个"东部伙伴关系"（Eastern Partnership）国家的计划项目，该行动计划预计将在公路、铁路、港口以及物流枢纽等诸多领域投资 130 亿欧元。在格鲁吉亚，上述行动计划承诺为阿纳克里亚港投资 2.33 亿欧元，为周边的公路和铁路基础设施投入 1 亿欧元。欧盟还承诺为巴塔米绕道公路（Batumi Bypass Road）提供 1.15 亿欧元，这是一个旨在改善格鲁吉亚和土耳其之间货物运输的项目（在另一个合作竞争的案例中，亚洲基础设施投资银行将为该绕道公路提供大量资金）。

22. 中国与格鲁吉亚的关系不断深化，务实互利。尽管格鲁吉亚面临一定的风险，但本报告认为，格鲁吉亚与欧盟和北大西洋公约组织的局部一体化将有助于抵消这些风险，格鲁吉亚与其邻国的密切经济关系也将发挥此类作用。此外，格鲁吉亚可以通过两种方式与中国进行接触：（1）直接受益于贸易、投资和过境机会；（2）间接从美国和欧盟因中国不断扩大的存在而做出的新承诺中受益。可以想象，格鲁吉亚或将成为中国与欧洲—大西洋体系竞争的舞台。

"一带一路"倡议的合作伙伴有所增加，
但中方支出的资金有所减少

Cecilia Joy – Perez *

原文标题：The Belt and Road Initiative Adds More Partners，But Beijing Has Fewer Dollars to Spend

文章框架：尽管中国与共建"一带一路"国家之间签署的谅解备忘录在不断增加，但政治伙伴的增加并未推动商业活动的相应增加；部分观察人士对中国在共建"一带一路"国家电信行业影响力的不断增强表示担忧；尽管"一带一路"倡议的宣传力度正在加大，并且该倡议还试图扩展到电信和其他具有战略重要性的行业，但中国的外国直接投资并没有跟上这些趋势；"一带一路"倡议的主要经济活动是进行建设，而非投资；由于商业和政治原因，"一带一路"倡议项目的建设速度超过投资速度；由于对中国外汇储备的竞争性需求，未来几年对该倡议的投资可能会继续减少；目前，对"一带一路"倡议建设项目的投资超过了对交通项目的投资；中国在"一带一路"倡议下提出的建设目标之一是加强交通互联互通；2019 年"一带一路"倡议最大的交易集中在能源领域；除了能源和金属领域以外，中国企业还希望在新加坡和意大利等共建"一带一路"的发达经济体中收购资产；中国和美国都更加关注"数字丝绸之路"的发展情况，该计划的目标是改善信息技术和数字连接；自 2014 年以来，

---

* Cecilia Joy – Perez，美国企业研究所研究助理，分析师，专注于研究中国全球建设与投资项目。来源：詹姆斯敦基金会（美国智库），2019 年 9 月 26 日。

中国的全球电信投资交易大多集中在英国；中国对中兴和华为遭受制裁的反应表明，美国的措施对中国电信巨头确实具有一定程度的影响；中国在全球的投资和建设支出速度正在放缓，在"一带一路"倡议上的支出速度也在放缓。

观点摘要：

1.2013年，中国提出"一带一路"倡议，旨在为亚洲地区国家以及其他地区的60多个国家的基础设施建设和互联互通项目提供融资支持。从那时起，"一带一路"倡议就成为中国国家发展计划的关键，并被写入《中国共产党章程》。中国已经与130多个国家签署了"一带一路"合作协议。然而，尽管中国与共建"一带一路"国家之间签署的谅解备忘录在不断增加，从2018年6月到2019年6月，中国与新的伙伴国共签署了62项协议，但政治伙伴的增加并未推动商业活动的相应增加。在2013年"一带一路"倡议提出之前，它在很大程度上是一个针对非营利性建设的品牌计划。总体而言，能源项目已经成为"一带一路"倡议海外相关建设项目和投资的主要组成部分。除能源项目外，中国还将交通运输和大宗商品投资作为"一带一路"倡议相关项目的优先发展领域。这些举措符合中国确保能源供应、改善海外大宗商品贸易以及实现交通互联互通的长期抱负。

2. 最近，部分观察人士对中国在共建"一带一路"国家电信行业影响力的不断增强表示担忧。正如权威的开源文章所表明的一样，中国已经将"数字丝绸之路"计划列为优先项目，同时该计划也是"一带一路"倡议的一部分。然而，迄今为止，"一带一路"倡议中相关的电信交易规模都相对较小。中国全球投资跟踪数据库的数据显示，电信交易项目仅占"一带一路"倡议投资项目的2%左右，以及建设项目的不到1%。这一现象可能是因为"数字丝绸之路"仍处于早期阶段。值得注意的是，中国全球投资跟踪数据库不包括那些没有达到9500万美元门槛的小型合同和交易，但包括一些卫星和光纤电缆项目，这些项目在"数字丝绸之路"中具有优先地位。

3. 然而，尽管"一带一路"倡议的宣传力度正在加大，并且该倡议还试图扩展到电信和其他具有战略重要性的行业，但中国的外国直接投资并没有跟上这些趋势。本报告强调了造成这种差异的几个可能原因，包括外汇储备减少，以及中国在国际社会对"一带一路"倡议的批评不断增加后选择减少"一带一路"倡议项目数量。

4. "一带一路"倡议建设速度达到顶峰后开始放缓。"一带一路"倡议的主要经济活动是进行建设，而非投资。就本报告而言，投资是指一家中国公司取得（部分或全部）资产所有权，而建设被定义为在东道国以服务换取付款。当建设项目包括一个漫长的运营阶段时，例如建设—运营—转让项目，就会被视为投资项目。拥有港口的长期特许经营权，例如招商局港口控股有限公司持有的斯里兰卡汉班托塔港租约，也被视为投资项目。从 2013 年 10 月到 2019 年 6 月，"一带一路"倡议在 137 个国家进行了超过 9500 万美元的交易，建设项目总额为 4320 亿美元，投资项目总额为 2570 亿美元。

5. 由于商业和政治原因，"一带一路"倡议项目的建设速度超过投资速度。在商业方面，大多数共建"一带一路"国家是发展中国家，没有多少值得收购的盈利资产。无论是在"一带一路"倡议框架内，还是框架外，全球绝大多数合同是由中国国有企业承包的。中国需要为庞大的国有企业提供商业项目，这又为持续不断的全球建设项目创造了动力。根据过去几年公布的数据，预计在 2019 年上半年，全球基础设施建设资金将增加 60 亿~80 亿美元。然而，2019 年上半年，"一带一路"倡议建设项目的数量减少了 40%，同期融资总额下降了近 140 亿美元。在过去 3 年里，中国全球投资跟踪数据库在上半年记录的建设项目数量平均为 83 个；然而，在 2019 年上半年，该数据库报告的项目数量为 58 个。

6. 我们可以了解到，2016 年是"一带一路"倡议建设的高峰期。由于对中国外汇储备的竞争性需求，未来几年对该倡议的投资可能会继续减少。中国的建设项目通常伴随着来自中国政府的融资，而这种融资支持来自中国的外汇储备。2013 年提出"一带一路"倡议时，中国的外汇储备持续增长，2014 年 6 月出现近 4 万亿美元的峰值。此后，中国的外汇储备开始减少，稳定在 3.1 万亿美元左右。

7. 中国正在建设什么？在哪里建设？在海外工作的中国建筑承包

商主要从事能源和交通项目。自 2014 年以来，中国企业在共建"一带一路"国家承包的能源项目价值 1640 亿美元，交通项目价值 1400 亿美元，房地产项目（包括住房、水泥厂和其他形式的建筑）价值 450 亿美元。在"一带一路"倡议能源项目的"保护伞"下，水电站大坝的合同额以现金流量计算达到 400 亿美元，其中大部分项目位于巴基斯坦、印度尼西亚以及老挝。燃煤电厂是能源项目的第二大类别，以现金流量计算，合同额达 350 亿美元。巴基斯坦是煤炭项目最大的东道国。"一带一路"倡议中铁路项目的运输合同额最高，为 590 亿美元；接着是公路项目，为 470 亿美元。海运建设（如港口建设）是第三大类别，价值 210 亿美元。目前，对"一带一路"倡议建设项目的投资超过了对交通项目的投资。

8. 中国在"一带一路"倡议下提出的建设目标之一是加强交通互联互通。从表面上看，交通基础设施建设达到了这一目标。然而，目前还不清楚共建"一带一路"国家是否有能力维持这些大型项目，并且人们对一些项目的商业可行性仍然存在疑问。在某些情况下，中国企业在建设项目完工后会继续参与维护和运营相关服务项目，例如中国铁路通信信号股份有限公司建设的从匈牙利到塞尔维亚的高速铁路。中方的此类举措可以使东道国受益，并且避免了中国似乎对其他国家的交通基础设施拥有部分所有权这一敏感问题。

9. 投资共建"一带一路"倡议。2014 年以来，"一带一路"倡议的投资主要分为三个领域：近 920 亿美元的能源投资、380 亿美元的金属投资，以及 310 亿美元的交通投资。金属领域近期的投资增加不是由于 2019 年上半年中方对金属兴趣的重燃，而是由于智利和秘鲁分别作为"一带一路"倡议参与者（分别在 2018 年 11 月和 2019 年 5 月）的诱导，这两个国家使金属的早期交易额增加了约 150 亿美元。2019 年上半年，中国全球投资交易的数量大幅下降，回到了 2011 年的水平。如果目前的支出模式持续下去，那么可以预计，2019 年与"一带一路"倡议相关的海外支出总额将有所下降。截至目前，2019 年"一带一路"倡议最大的交易集中在能源领域。2019 年 4 月，中国国有企业中国海洋石油公司（CNOOC）和中国石油天然气集团公司（CNPC）共同投资

40.4亿美元，收购了与俄罗斯诺瓦泰克公司合作的北极天然气项目20%的股份。此外，巴基斯坦是2019年中国的第二大投资接受国，大唐集团和中国能源工程集团签署了两个绿色能源项目。2019年上半年，"一带一路"倡议的绿地投资份额从36%上升到50%，总额稳定在80亿美元左右。由于可供收购的资产较少，因此共建"一带一路"国家的绿地投资活跃度高于世界其他地区。

10. 除了能源和金属领域以外，中国企业还希望在新加坡和意大利等共建"一带一路"的发达经济体中收购资产。虽然最初意大利加入"一带一路"倡议引起人们对中国在欧盟影响力日益增强的担忧，但2019年上半年还没有出现任何相关投资或建设项目。2019年3月，中国交通建设股份有限公司与的里雅斯特港签订合作协议，但迄今为止双方未能就任何具体项目达成协议。此前中国在意大利最大的几笔投资集中在汽车公司，例如2015年中国化工集团公司以78.6亿美元收购倍耐力。不过，据报道，2019年早些时候，中国化工集团没有再次表现出对意大利市场的兴趣，而是考虑减持倍耐力的股份。此外，据报道，2019年上半年，无论是在数量上还是在份额上，私营企业在"一带一路"倡议中的投资参与率都创下历史新低，从2018年上半年的34%降至13%。私营企业更愿意在"一带一路"倡议之外进行投资，原因可能在于回报率更高。2019年上半年，中国在全球范围内的私人投资有1/4流向"一带一路"倡议项目。其中最大的一笔交易是广州的直播社交平台公司YY欢聚时代以10.8亿美元收购新加坡视频社交平台Bigo。在"一带一路"倡议中，其他私人投资流向了越南、马来西亚、印度尼西亚、巴布亚新几内亚以及菲律宾。

11. 电信与"数字丝绸之路"。中国和美国都更加关注"数字丝绸之路"的发展情况，该计划的目标是改善信息技术和数字连接。仔细查看中国全球投资跟踪数据库中的电信数据就会发现，"数字丝绸之路"的商业足迹仍然不甚明显。电信交易项目（总共14个）占"一带一路"倡议投资项目的2%，占建设项目的比例不到1%。电信投资的早期案例包括：泰国和巴基斯坦移动通信从3G升级到4G；希腊的光缆升级；韩国电信公司KT和中国移动在韩国5G技术方面的合作。值得注意的是，许多电信项目（包括铺设光缆）的价值往往达不到9500万美元，因此中国全球投资跟踪数据库不会对其进行记录。研究和咨询公司Pointe Bello的专有数据集显示，中国电信的足迹在中国全球投资跟踪数据库中被有所低估，如包括中国移动、华为和中国联通在内的多家中国公司正在共建"一带一路"国家铺设光缆，合同金额在9500万美元以下。

12. 自2014年以来，中国的全球电信投资交易大多集中在英国，总价值为54亿美元；在美国，一共有价值35亿美元的投资交易。中国与英国电信交易的价值与137个共建"一带一路"国家的交易价值总和大致相同。出于对安全方面的考虑，美国政府已经采取措施拒绝接受中国对其电信行业的投资。部分共建"一带一路"国家同样注意到了这一点，例如，在新西兰，政府在2018年将华为从该国的5G技术开发名单中移除。2019年早些时候，中国电信以8.6亿美元的价格收购菲律宾电信公司Mislatel 40%的股份。中国电信的目标是在5年内为菲律宾提供5G服务。

13. 2018年，中国对中兴和华为遭受制裁的反应表明，美国的措施对中国电信巨头确实具有一定程度的影响。然而，美国需要首先确定中国电信企业在"一带一路"倡议下会在何处发展以及如何发展，然后才能做出回应，例如，就新西兰这样的美国盟友而言，出于对国家安全的考虑，将华为排除在电信基础设施建设项目之外，就与美国的利益攸关。

14. 结论。中国在全球的投资和建设支出速度正在放缓，在"一带一路"倡议上的支出速度也在放缓，尽管2018年有62个国家加入"一带一路"倡议。在该倡议中，建设优先于投资，除非更多发达国家加入"一带一路"倡议，否则这种情况将继续存在。在商业上，能源领域仍然是"一带一路"倡议建设和投资的重点。目前，"数字丝绸之路"几乎没有商业价值，但尽管这样，即使是少数成功项目的战略效用也不应该被低估。如果中国对外汇的控制越来越紧，用于"一带一路"倡议建设和投资项目的资金就会更难获得，届时如果没有其他融资选择，"一带一路"倡议的商业重要性就会有所降低。

让"一带一路"倡议有益于非洲

Linda Calabrese[*]

原文标题：Making the Belt and Road Initiative Work for Africa

文章框架："一带一路"倡议重点发展大型基础设施项目，许多非洲国家希望借此机会填补自身基础设施建设的空白；非洲国家应避免造成战略错误，实现"一带一路"倡议利益最大化具有三条路径，即以战略视角规划基础设施，考虑基础设施项目的区域层面情况，向其他国家学习。

观点摘要：

1. 当谈及中国提出的"一带一路"倡议时，很少有人把它与非洲联系起来。然而，非洲国家也参与其中：截至 2019 年 9 月，55 个非洲国家中有 40 个签署了关于"一带一路"倡议的谅解备忘录或其他协议。"一带一路"倡议重点发展大型基础设施项目，许多非洲国家希望借此机会填补自身基础设施建设的空白，但这带来了挑战。早在"一带一路"倡议提出之前，就有许多项目沦为"昂贵且无价值之物"——规模太大、成本太高、不可行或规划不当，与自身价值或用途不相称。

2. 2019 年 9 月，海外发展研究所举办了"为'一带一路'倡议在非洲的未来融资"活动，这是该机构在英国经济与社会研究理事会和英国国际发展部的经济增长研究项目下工作的一部分。通过对这一活动

---

* Linda Calabrese，海外发展研究所高级研究员。来源：海外发展研究所（英国智库），2019 年 10 月 15 日。

的讨论和反思，笔者认为非洲国家应避免造成战略错误，同时认为实现"一带一路"倡议利益最大化具有三条路径。

3. 以战略视角规划基础设施。制约经济发展的主要因素之一是基础设施质量低且不配套。虽然连接生产地点、发电厂和工业园区的公路和铁路可以促使非洲国家产生更大的投资吸引力，从而增加就业岗位并促进经济繁荣，但并不是所有基础设施都是如此。以乌干达为例，在中国政府的支持下，乌干达已经建成或正在建设许多对其经济至关重要的基础设施项目，包括卡鲁马（Karuma）和伊辛巴（Isimba）水电站和几个工业园区。但乌干达与"一带一路"倡议最相关的项目是连接乌干达首都和该国主要机场的坎帕拉（Kampala）—恩德培（Entebbe）高速公路。虽然这条高速公路有助于缓解交通拥堵，并减少去机场的中转时间，但有人可能会质疑：这是耗资近 5 亿美元的最佳成果吗？这条高速公路如何有助于乌干达的生产力发展？这些用于建设高速公路的资源本可以更好地被用于实现经济转型并产生长期收益的项目上，而不是用在让城市居民生活更舒适的项目上。乌干达政府批准的每一个基础设施项目都应该从战略视角出发，并将其纳入国家发展计划，即发展蓝图。

4. 考虑基础设施项目的区域层面情况。我们习惯于考虑国家层面的基础设施，如在国内建水坝、在国内建工业园区。然而，许多基础设施项目是区域性的，而且可能影响到多个国家的经济活动和人民的生活方式：一条公路或一条铁路可能穿越多个边界，一座水电站可能影响多个国家的下游水域。然而，具有明显区域性质的"一带一路"倡议项目迄今为止都是在国家层面进行谈判的。肯尼亚蒙巴萨—内罗毕标轨铁路的目标是连接蒙巴萨（Mombasa）与内罗毕（Nairobi），然后再连接乌干达和更远的地方。尽管如此，讨论主要是在双边进行的，中国政府与肯尼亚和乌干达政府分别举行会谈。举行双边会谈的原因如下。这条铁路是分阶段修建的，从肯尼亚开始，然后延伸到乌干达，因此分开进行讨论无可厚非。此外，参与谈判的伙伴越多，谈判所需的时间就越长。如果参与的非洲国家政府，尤其是那些较小国家政府，想确保项目对它们有利，就会推动进行联合谈判。以地区的身份与中国进行合作，可能会促使非洲国家持有更好的谈判立场。

5. 向其他国家学习。"一带一路"倡议如今具备全球视野，但最初的目的是连接中国的周边国家。亚洲国家在处理中国支持的基础设施项目方面具有更多的经验，非洲国家可以从中学到一些东西。特别是柬埔寨和缅甸已对"一带一路"倡议采取了相应举措。柬埔寨的做法侧重于借贷方面。柬埔寨制定了一个保守的债务管理战略，规定只能在特定条件下借款（例如，只向生产性基础设施提供资金，并且只以非常优惠的利率借款）。柬埔寨不会因为过度借贷而陷入困境。采取同样保守的债务管理方法可能会帮助非洲国家避免建设大量"昂贵且无价值"的项目，从而导致资源浪费。缅甸制定了严格的"一带一路"项目筛选程序。每一项提案都由政府高级委员会进行审查，该委员会负责确保批准的项目符合缅甸的发展计划。缅甸政府还创建了一个"项目银行"来筛选所有潜在的基础设施项目（"一带一路"项目或其他），最终选择那些被认为值得建设的项目。

"一带一路"倡议的全球影响

Janet Henry; James Pomeroy*

原文标题: The Belt & Road's Global Impact

文章框架: "一带一路"倡议的重点区域和最大项目;各国"一带一路"建设的大致规模;"一带一路"建设的新领域;"一带一路"倡议的影响;"一带一路"项目的资金来源。

观点摘要:

1. 138 个国家。1800 个项目。投资支出高达 1 万亿美元。正是这样的数据,说明中国"一带一路"倡议提出 6 年后的规模之大、影响之广。尽管在这一过程中遇到了种种坎坷,但这是一个基础设施和贸易发展计划。中国的伙伴国家的人口已经占到了世界人口的 40%,经济总量占全球经济总量的 15%,这些数字在未来几年可能会继续增长。随着"一带一路"倡议的不断发展,其对世界贸易和全球经济的影响只会越来越大。"一带一路"倡议由六条陆路走廊和一条海上"航道"组成,陆路走廊大致沿着古老的"丝绸之路"穿过中亚进入欧洲。138 个合作伙伴中的大多数是这些国家,但也并非全部。在拉丁美洲和加勒比地区也有一些中国的合作伙伴,在欧洲,中国的合作伙伴有意大利(迄今为止,意大利是七国集团中唯一一个签署"一带一路"合作文件的成员国)、波兰、葡萄牙和希腊。

2. "一带一路"倡议项目涵盖的范围之广是其最显著的特点之一:从文莱、老挝和尼日利亚的铁路到吉布提和希腊的港口,以及克罗地亚和孟加拉国的桥梁。此外,"一带一路"倡议项目并不仅仅局限于共建

---

* Janet Henry,汇丰银行全球首席分析师。James Pomeroy,汇丰银行全球经济学家。来源:汇丰全球研究(英国智库),2019 年 9 月。

"一带一路"地区，例如，智利的风力发电厂、玻利维亚的钾肥厂以及特立尼达和多巴哥的干船坞，也属于"一带一路"倡议建设项目。到目前为止，对投资规模的估计为 1200 亿～5750 亿美元。本报告考察1800 多个"一带一路"倡议项目的所在地，其中大部分集中在能源和基础设施建设领域。但是，随着该倡议进入新阶段，人们越来越重视制造业甚至服务业的发展。

3. 收益。"一带一路"倡议的推进对国际基础设施建设产生了巨大影响。目前，中国是向世界其他地区提供外国直接投资的净供应国，并且已经开始刺激其与伙伴国家之间更多的商品、劳动力和资本流动。对许多参与者来说，"一带一路"倡议不仅承诺加强与中国的联系，而且承诺加强与共建该倡议其他国家的联系。薄弱的基础设施可能是贸易流动的重大障碍。汇丰全球研究贸易经济学家估计，对企业来说，基础设施薄弱造成的营商成本往往比关税更多。因此，世界银行分析表明，到2030 年，"一带一路"倡议将促使世界贸易额较基准水平提高 1.7%。此外，基础设施的改善可以进一步吸引来自其他国家的外国直接投资，并推动国家治理，甚至促进环境政策完善。世界银行也从该倡议中看到了另一个重大积极因素：减贫。据估计，由于新的贸易走廊带来了更强劲的区域和全球增长，"一带一路"倡议的建设将使全球极端贫困人口比例（按购买力平价计算，每天 1.9 美元）从 2015 年的 9.5% 下降到2030 年的 3.9%。

4. 挑战。该倡议并非一帆风顺。事实上，其中存在许多可能的成本和潜在的下行风险，例如，腐败问题以及跨境纠纷。本报告概述了"一带一路"倡议面临的三大主要经济挑战，即债务、项目适宜性和国家政策，这些挑战之间都是相互关联的。参与"一带一路"倡议建设的许多国家是低收入国家，债务水平本就很高，因此在提供重要基础设施和防止债务进一步恶化之间进行权衡至关重要。如果没有改善人力资本和提高生产力的国家支持性政策，那么任何由中国出资的基础设施都无法推动伙伴国家的可持续增长。此外，尽管中美贸易摩擦仍在继续，但中国及共建"一带一路"国家的贸易自由化举措，可能有助于确保获得更高的出口收入，从而增加参与国家的收入。

5. 中国的"一带一路"倡议。自2013年中国"一带一路"倡议正式提出以来，中方一直在大力推进国际基础设施建设，以加强中国与共建"一带一路"国家之间的互联互通。虽然这些举措已经取得了很大成效，但目前仍有很多工作需要完成。基础设施建设投资已经开始刺激中国与共建"一带一路"国家之间更多的商品、人员和资本流动。最重要的是，中国在全球外国直接投资（FDI）流动中的作用发生了显著变化。1993年及随后的十年，中国一直是外国直接投资的主要接受国，在全球对外投资中所占的份额一直在稳步上升。如今，中国是世界其他地区外国直接投资的净提供者。然而，外国直接投资数据只反映了"一带一路"倡议投资流动的一小部分，原因在于"一带一路"倡议项目与股权有关，而且只有部分股权由中国人持有。

6. 中国的经济学家在过去6年中曾就"一带一路"倡议多次撰文，在2019年8月8日发表的《"一带一路"2.0：超越基础设施建设》（The Belt and Road Initiative 2.0：Moving beyond Infrastructure）中，讨论了中国对外直接投资如何向更多的工业和服务业领域多元化发展。本报告从全球视角审视"一带一路"倡议项目建设情况。笔者试图解释这样一种现象，即尽管存在相关挑战，但某些国家为何仍然选择参与其中，以获得该倡议所承诺的机遇。本报告将首先概述"一带一路"倡议项目建设的主要目标，并考察该倡议迄今为止的投资规模，包括项目类型、地理位置的集中情况以及"一带一路"倡议的融资方式。

7. "一带一路"经济走廊。"一带一路"倡议主要集中在一些重要走廊上，这些走廊大致沿着古老的"丝绸之路"穿过中亚进入欧洲。"丝绸之路经济带"和"21世纪海上丝绸之路"是"一带一路"倡议的主要组成部分。丝绸之路共有六条走廊：中蒙俄经济走廊、新亚欧大陆桥经济走廊、中国—中亚—西亚经济走廊、中巴经济走廊、孟中印缅经济走廊、中国—中南半岛经济走廊。这些项目主要集中在基础设施建设方面，但也涉及制造业和能源生产等领域，影响的人口占世界人口的40%以上；覆盖范围内国家的国内生产总值占全球的15%。这些数据有助于解释中国政府提出的观点，即2019年全球经济增长的0.1%将来自"一带一路"倡议项目。

8. "一带一路"倡议的基础设施建设项目投资还有许多额外的效果。对中国来说，"一带一路"倡议相关项目为中国西部省区市提供了进入新市场的途径，包括进入阿拉伯海区域，并随之进入其他市场。"一带一路"倡议建设将促进亚洲互联互通和生产力发展，有助于为中国提供新的贸易伙伴。此外，该倡议还将改善世界许多地区的基础设施质量，有助于它们在全球经济中发挥更大的作用：首先，通过扩大与中国在贸易和投资方面的经济联系，或将进一步促进中国与共建"一带一路"国家在金融、旅游等行业的联系；其次，改善基础设施有助于促进中国与第三国的贸易，无论它们是否属于"一带一路"倡议合作伙伴。

9. "一带一路"倡议的投资规模有多大，取决于如何对其进行衡量。由于"一带一路"倡议的定义不够明确，"一带一路"框架下的项目范围不够具体，因此迄今为止，"一带一路"倡议框架下的总投资一般为 1200 亿～5750 亿美元，也有人认为该倡议总投资高达 1 万亿美元。这是因为该倡议的投资规模取决于一国如何定义该倡议的范围，以及相关项目是否包含在倡议发展进程的每个阶段当中。此外，越来越多有中国参与的项目被归类为"一带一路"倡议项目，尽管这些项目与"一带一路"倡议没有明确的联系。其中部分项目属于对中国本身的大规模投资，而非对共建"一带一路"国家的投资。

10. 1200 亿～5750 亿美元的投资区间起初听起来似乎十分庞大，但与世界银行（WB）对 2017 年全球固定资本形成总额的估计（20.2 万亿美元）相比，显得微不足道。作为全球外国直接投资（FDI）的一部分，这一数字则显得更高。联合国的数据显示，2018 年全球外国直接投资总额估计为 1.2 万亿美元。尽管如此，自 2013 年以来，"一带一路"倡议项目外国直接投资仅占同期全球外国直接投资总额的 1%～5%。因此，迄今为止，"一带一路"倡议项目的建设支出对全球经济的直接影响在国内生产总值方面仍然较少，但在外国直接投资流动方面更为显著。

11. 尽管在估计"一带一路"倡议投资总额时，该倡议的界限并不清晰，但未来几年，中国的外国直接投资总量或将大幅增加：全球国际评级机构惠誉国际（Fitch）估计，截至 2017 年初，中国正在建设的项目价值高达 9000 亿美元，而澳大利亚詹姆斯·库克大学教授威廉·劳伦斯（William Laurance）的最大估算表明，到 2050 年，中国的投资总额可能达到 8 万亿美元。同样值得注意的是，"一带一路"倡议为全球投资提供动力，而目前推动全球投资的动力并不充足，尤其是受到贸易摩擦带来的不确定性影响。正如下文中即将讨论的一样，"一带一路"倡议的受益国是低收入国家（这一数字不成比例），这些国家对迫切需要的基础设施的支付能力大大降低，因此当然会面临挑战以及拥有一定增长潜力。

12. 重点区域和旗舰项目。目前，"一带一路"倡议项目已超过 1800 个。中方"一带一路"倡议门户网站显示，该倡议共有 138 个合作伙伴国家，但其他一些非"一带一路"倡议合作伙伴国家（如印度）同样拥有中国资助的项目，这些项目或从这些国家过境或在这些国家领土内落成。考虑到中国提出的"一带一路"倡议，世界上有几个地区占据了主导地位，尤其是东盟、独立国家联合体（CIS，简称独联体）、撒哈拉以南非洲地区（SSA）以及东欧。目前，意大利和智利的部分项目被列为"一带一路"倡议项目，其他拉美国家也签署了与该倡议相关的合作协议，但包括日本和澳大利亚在内的一些亚太地区大型经济体，还没有签署相关协议。

13. "一带一路"倡议项目的价值差别十分明显，有些项目的影响是巨大的，例如，亚的斯亚贝巴—吉布提铁路于 2018 年 1 月通车，使这两个城市之间的运输时间从 7 天缩短到 12 小时。在类型和地域划分上，相关项目之间也存在明显差异。被纳入"一带一路"倡议的项目涉及矿业、油气、电力、交通、房地产甚至制造业等领域。然而，对经济影响最大的投资领域可能是交通行业。从地理位置上看，"一带一路"倡议交通项目主要分布在亚洲和东欧地区。数据及分析公司路孚特（Refinitiv）的综合数据库"一带一路"倡议连接应用程序已经将所有作为"一带一路"倡议的签约项目进行整理。"一带一路"倡议项目是指中国与东道国之间已经签署了谅解备忘录或合作联合声明，通过中国官方的"一带一路"倡议信息源（"一带一路"门户网站、官方媒体）披露，或由东道国官方认可的信息源所披露的项目。

14. 国家集中。该数据库还可以提供共建"一带一路"国家建设项目的大致规模。在考虑"一带一路"倡议项目的价值时，有两个参数十分重要，即项目规模和中国投资。在某些情况下，中国投资是未知的，在某些情况下是微乎其微的，而在某些情况下又是详细的。路孚特的"一带一路"数据库包含近 3000 个"一带一路"倡议相关项目的信息，其中约有 1300 个是正式的"一带一路"项目，其余的则是一些有中国参与的项目。这些项目的价值从几百万美元到 2000 亿美元不等，但这只是项目的总价值，可能无法完全反映中国参与的程度。部分国家拥有很多"一带一路"倡议项目，比如埃及有 192 个，俄罗斯有 108 个，卡塔尔有 64 个，黑山的一个项目价值 11 亿美元，约占该国国民生产总值的 20%。而印度没有正式的"一带一路"项目，但其国内 94 个项目有中国参与。

15. 新领域。随着"一带一路"倡议建设的不断推进，更多的项目正在覆盖以往该倡议没有涉足的地区。2019 年 3 月，意大利与中国签署了"一带一路"倡议谅解备忘录，意大利希望该谅解备忘录能够改善两国关系，并在这个潜在增长率全球最低的经济体之一刺激贸易和投资。在拉丁美洲，各经济体正在准备加强与中国的关系。正如下文所解释的一样，拉丁美洲许多国家把中国视为潜在的投资来源国和关键的出口市场。智利是第一个在这方面采取行动的国家，早在 2012 年 11 月就与中国签署了"一带一路"倡议相关协议，其他国家或将效仿智利。

16. "一带一路"倡议可以为中国和其他地区，尤其是为世界上最贫穷地区的增长提供支持，但该倡议也存在一定风险，例如给较小国家带来过重的经济负担。世界银行最近发布的关于这一主题的综合报告表明，"一带一路"倡议新的全球贸易走廊拥有提振相互联系经济体的潜力。其他研究试图量化"一带一路"倡议对全球国内生产总值的影响，例如，英国经济与商业研究中心最近的一项研究估计，到 2040 年，"一带一路"倡议给运输和基础设施领域带来的影响，以及与此相关的贸易摩擦的减少可能会以每年 7.1 万亿美元的惊人速度推动全球国内生产总值增长，相当于 2040 年全球国内生产总值的 4.2%。尽管目前关于全球经济的讨论大多集中在通过更多的保护主义政策来加强边境合作，而不是拆除边境，中国通过"一带一路"倡议向世界开放可能会产生许多受益者。

17. 2019年6月18日世界银行发布的《"一带一路"经济学：交通走廊发展机遇与风险》表明，"'一带一路'运输走廊拥有显著改善参与国公民的贸易、外国投资和生活条件的潜力，但前提是中国和走廊经济体进行更加深层次的政策改革以提升透明度、扩大贸易规模、改善债务可持续性，并降低环境、社会和腐败风险"。经济支持可以通过多种渠道获得——主要是基础设施、贸易开放和提高效率。但各国需要注意与接受海外投资相关的风险：部分受援国已经背负沉重的债务负担。部分国家承接了不符合其经济目标的工程项目，还有部分国家目前没有根据中国新一轮的投资潮进行经济改革。

18. 经济效益。当然，不同项目因性质的不同，给受援国带来的经济利益规模和时限也将存在很大不同。正如汇丰全球研究在关于城市的文章中概述的那样，全球许多地区需要看到城市和交通基础设施支出的大幅增长，以最大限度地发掘快速增长的年轻城市化人口的潜力。但是，正如汇丰全球研究在《城市的未来》（2018年9月19日发表）中所强调的一样，在许多地方，当地政府和中央政府都无法做到上述要求。政府债务水平居高不下时，就可能对基础设施投资的回报时间抱有不切实际的看法，并且可能难以获得替代资金来源。

19. 贸易流通。基础设施薄弱可能会严重阻碍贸易流动。汇丰全球研究贸易经济学家估计，与关税相比，对企业来说，基础设施薄弱带来的营商成本往往更高。因此，世界银行的分析表明，相对于基线情景，由于"一带一路"倡议的实施，到2030年世界贸易额可能会增长1.7%；共建"一带一路"国家的出口额估计会增长2.8%，并且由于更广泛的贸易网络降低了运输成本，"一带一路"倡议带来的基础设施改善还会有助于促进其他国家之间的贸易。另一项经常被引用的贸易研究发现，到2030年，与"一带一路"倡议相关的活动有望促使全球贸易增长5%。当然，影响将因国家而异：那些在新基础设施方面取得最大飞跃的国家可能会获得最大的收益，尤其是亚洲地区国家，但东非的一些国家,例如埃塞俄比亚,可能会比该地区一般国家受益更多。除此之外,更有效的边境行动和海关流程等通关便利措施,将对帮助各国充分利用"一带一路"倡议在基础设施方面的投资至关重要,并有助于相关国家降低运输成本。共建"一带一路"国家在世界银行"跨境贸易"指数(营商便利度指数)上的得分各不相同,因此实施这些措施可能带来的潜在贸易收益也不同。

20. 外国直接投资。外国直接投资增加、基础设施改善和生产率提高可以产生乘数效应。缺乏适当的基础设施可能会导致许多国家的一些项目缺少吸引力。但是,如果没有贸易流动的预期,那么一个国家为什么要在港口、铁路或机场基础设施上大举投资呢?"一带一路"倡议可以提供一些初步基础设施投资,有助于缩短运输时间,并随着时间的推移,帮助吸引更多投资。Maggie Chen 和 Chuanhao Lin 在世界银行发表的一篇论文中估计,"一带一路"倡议基础设施项目使外国直接投资大幅增长。Maggie Chen 和 Chuanhao Lin 认为,航运时间的减少促进了更多的外国投资流入,"外国直接投资的增加可以对国内生产总值、贸易和就业增长产生积极影响,尤其是在低收入国家"。世界银行的估计也表明,拟议的"一带一路"倡议运输网络有望使流向共建"一带一路"国家的外国直接投资总额增加近5%,由于这些乘数效应,相关投资可能来自非共建"一带一路"国家。受到影响最大的地区可能是撒哈拉以南非洲地区,该地区目前的基础设施短缺情况最为明显。因此,新的基础设施架构可以产生最大的影响。

21. 减贫。鉴于基础设施支出的增加预计将对世界上最贫穷的国家产生最大影响,因此对经济增长和减贫的影响应该在同一地区最为显著。分析表明,由于基础设施投资所产生的网络效应,共建"一带一路"国家的国内生产总值预期增幅可能会超过基准水平。这一说法是有历史依据的:19 ~ 20 世纪以前,印度修建铁路的地区比没有修建的地区实际收入要多大约16%。各国和各区域之间的实际收入增长率明显不同,有些地方甚至可能出现福利损失,特别是如果较高的基础设施支出没有得到国内相关资金的补充,或者更糟糕的局面是,那么部分经济体或将面临随之而来的债务危机。但在大多数共建"一带一路"国家，实际收入增长应该是与基础设施建设呈正比的。据世界银行估计，到 2030 年，这一比例将比基准水平高出 3.4 个百分点。这一数据意味着数百万人将摆脱贫困。

22. 世界银行估计，"一带一路"倡议建设将使世界极端贫困人口比例（按购买力平价计算，每天 1.9 美元）从 2015 年的 9.5% 下降到 2030 年的 3.9%，这是新贸易走廊推动地区和全球更强劲经济增长的结果。另外还有 3200 万人可以摆脱中度贫困（按购买力平价计算，每天 3.2 美元）。按国家划分，肯尼亚和坦桑尼亚是主要赢家，预计到 2030 年这两个国家将有 70 万人摆脱极端贫困。巴基斯坦可能会进一步减少极端贫困人口（达 110 万人），孟加拉国或将有 20 万人摆脱极端贫困。对世界上一些处境最为糟糕的人口而言，"一带一路"倡议基础设施建设带来的影响可能是巨大的。

23. 中国在"一带一路"倡议建设中的作用不仅限于经济投资。"一带一路"倡议具有重要的象征意义，它代表中国的开放，相关官员表示，该项目旨在"继续维护多边主义，反对保护主义"。中国认为，由于中国投资的介入，共建"一带一路"国家的许多地方政府可能会进行改革，以促使开放经济，反对"利用国家权力压制国际合作，干预商业运作，扭曲全球市场"。同时，该倡议的推进有助于中国在绿色发展问题上发挥带头作用，正如驻香港汇丰环球研究气候变化策略亚太区总监陈伟欣（Wai-Shin Chan）在 2018 年 1 月的《中国的"一带一路"挑战："一带一路"倡议的绿色发展》中概述的一样。这份报告强调了建设可持续基础设施、推进绿色融资以及考虑相关项目的能源需求对中国国内绿色发展行动向海外扩展的帮助作用。2019 年 4 月 2 日，习近平主席在第二届"一带一路"国际合作高峰论坛新闻发布会上表示，"我们同意按照高标准、以人为本和可持续发展的原则采取行动，将我们的合作与普遍接受的国际规则和标准结合起来，遵循以人为本的发展理念，在经济、社会和环境方面谋求协调发展"。

24. 到目前为止的影响。到目前为止，我们看到中国对许多共建"一带一路"国家的外商直接投资和这些国家对中国的贸易额均有所增长。正如前文所述，外商直接投资数据往往低估了与"一带一路"倡议相关的项目规模，因为这些项目只有部分由中国拥有。自"一带一路"倡议提出以来，2007～2017年，中国对共建"一带一路"国家的外商直接投资增长与这些国家对中国的出口额增长之间存在密切关系。中国对奥地利、新西兰以及塞舌尔的投资迅速增长，此外，还包括希腊（比雷埃夫斯港）、吉布提以及肯尼亚（相对于国内生产总值，这两个国家都见证了中国对其的巨额投资）。然而，尽管来自中国的投资迅速增加，但部分国家的经济表现仍然不佳。老挝和塔吉克斯坦都获得了中国的大量投资，但在出口方面没有获得任何回报：过去5年中，上述两个国家的实际出口额甚至有所下降。这一现象可能是项目和投资的性质使然：在老挝，包括中老铁路在内的许多大型项目要到2021年才开工，而许多其他大型项目的完工时间甚至更晚。在塔吉克斯坦，许多较大的项目集中在能源部门，或者是"途经"别国的铁路项目，因此收益水平可能较低。相比之下，吉布提在2017年开通了多哈雷多功能港，不久之后，亚吉铁路开通，因此该国对中国的出口额较几年前翻了一番。2013～2014年，中国在肯尼亚的投资激增，2017年开通了肯尼亚的旗舰项目蒙巴萨—内罗毕铁路，对肯尼亚的出口额增长起到了显著的推动作用。当然，除了对中国的出口（中国可能会通过消除一些现有的进口壁垒来鼓励出口）外，许多国家也可以从区域内的更多出口项目中受益，特别是在区域贸易自由化政策的支持下。此外，如果交通运输基础设施得到改善，那么连锁效应将在区域供应链中发挥更大作用，并更加广泛地促进出口。

25. 经济挑战。本报告将重点关注"一带一路"倡议建设在全球贸易、经济投资、经济增长以及减贫方面的预期目标、机遇和潜在收益。与此同时，"一带一路"倡议也面临许多隐而未现的成本和潜在的下行风险，包括腐败问题以及跨境纠纷问题。本报告概述了以下三大主要经济挑战，即债务、项目适宜性以及国家政策，这些挑战之间相互关联，对于共建"一带一路"国家而言，在提供重要基础设施和防止债务风险进一步恶化之间进行权衡，至关重要。如果没有改善人力资本和提高生产率的支持性国家政策，那么中国的基础设施支出再多也无法推动项目所在国的经济实现可持续增长。

26. 债务。许多国际观察员担心的是，"一带一路"倡议可能会给相关国家带来沉重的债务负担，而债务负担意味着中国可以在政府优先发展的基础设施项目以及项目随后运作方面，或者在国家陷入财务困境时对相关国家产生广泛影响。在此期间，备受关注的"一带一路"倡议项目所在国巴基斯坦和斯里兰卡的债务均有所增加，但增幅不大。债务增长最明显的是一些较小的非洲国家。在这种情况下，几乎没有迹象表明公共债务水平的大幅上升与来自中国的贷款有关。

27. 全球发展中心（Centre for Global Development）的一些分析将我们的目光引向了那些可能面临"债务危机"的国家，即在信用评级方面低于投资级别，或接近失去投资级别，它们无法从国际货币基金组织/世界银行获得清楚的健康账单。

28. 加上与"一带一路"倡议项目有关的贷款可能产生的债务影响，上述分析更进一步地确定了8个国家特别值得注意。虽然这八个国家的国内生产总值只占全球国内生产总值的一小部分（0.4%），但突出了一些小国家由于参与"一带一路"倡议而承担太多债务的风险。对其中部分国家来说，中国的投资规模是巨大的。

29. 围绕"一带一路"项目的债务问题可以通过多种方式产生影响：一是将债务总额提高到不可持续的水平；二是带来更广泛的债务风险或挑战。就更广泛的财政担忧而言，部分国家似乎特别容易受到额外债务的影响，通常是非常小的国家，在这些国家中，1~2个"一带一路"倡议项目资金可能就会在国内生产总值中占据非常大的份额。在项目级别上，每个案例都有自身的优点，而那些遇到麻烦的案例也产生了大不相同的结果。与此相关的是，有必要确保所有与外部债务增长有关的问题（我们没有针对个别国家的数据）不会演变为国际收支问题。"一带一路"倡议建设的目标是加强互联互通，促进贸易和国际直接投资流动。更强劲的增长，尤其是更多的出口收入，将被用来偿还相关外部债务。如前所述，中国及共建"一带一路"国家的贸易自由化措施有助于促进出口增长。

30. 适合的项目。"一带一路"倡议通常被认为是一个由中央政府规划和运营的项目，但实际上，该倡议要复杂得多。随着"一带一路"

倡议的建设规模和广度的不断扩大和提高,更多的项目将不再由中央机构决定,而是由国有企业和地方政府共同决定。这一情况可能会在形式层面上影响相关项目的推进。为了在未来更加有效地解决此类问题,2019 年 8 月,中国成为第一个签署联合国关于执行调解协议新议定书的国家。就这一问题而言,同样存在一些批评声音,因为大部分项目已经由中国国有企业投资,当地合作伙伴的溢出效应比预计的要小一些。总的来说,任何项目在经济层面的成功程度都将取决于投资的必要性,我们必须避免重复现有设施或在特定领域(甚至在基础设施不足的经济体中)过度投资。部分国家需要的基础设施类型与其他国家非常不同,诸如对于许多较贫穷的撒哈拉以南非洲国家,缺乏的基础设施类型更为广泛,而其他国家只是缺少某些类型的基础设施。

31. 就基础设施的需求而言,有的国家需要铁路,有的国家需要港口,还有的国家既需要铁路,也需要港口。不同类型基础设施的质量因国家而异,摩洛哥或马来西亚等国家可能会拥有非常好的港口基础设施,但铁路建设相对薄弱。目前,有关各方面临的挑战是填补基础设施建设缺口。如果基础设施投资无法克服上述缺点,那么经济乘数效应将不复存在。如前所述,基础设施投资可以为一个经济体创造所有的机遇,但错误的项目类型也会导致出现此前已经总结过的许多债务问题。

32. 国家政策。正如本报告在经济效益部分所强调的那样,围绕"一带一路"倡议项目投射影响力并通过国家政策加强基础设施建设存在许多挑战。为了从改善基础设施中获得实质性的经济利益,国家政策需要推动经济朝着更加开放的方向转变。相关方面可以通过签署贸易协议或降低关税来减少贸易壁垒,从而使国家能够从现有的基础设施中受益。同样,开放这些经济体应该有助于创造新的就业岗位和机会。如今,各国政府面临的挑战是制定劳动力市场政策,从而确保劳动力为相关新的工作岗位做好准备,包括提高教育质量以及技能水平。

33. "一带一路"倡议项目如何获得资金?一带一路"倡议项目的资金来源和协议性质存在很大差异。这些贷款或资金通常来自四个主要融资渠道,分别为政策性银行、国有银行、主权财富基金以及国际金融机构。政策性银行:中国国家开发银行(CDB)与中国进出口银行

（EXIM）。这些银行为"一带一路"项目提供贷款。中国最大外币贷款机构国家开发银行发行的人民币债券占中国债券总量的 1/4 以上。国有银行：中国工商银行（ICBC）、中国建设银行（CCB）、中国农业银行（ABC）以及中国银行（BOC）。虽然中国有许多国有银行，但四大国有银行与中国的许多大型国有企业存在关联，因此这些银行提供了大部分融资，其中包括为"一带一路"项目融资。主权财富基金：中国投资公司（CIC）、中国人寿保险公司、中国社会保障基金（SSF）以及丝路基金（SRF）。这些国有基金在全球范围内进行投资，并一直在为共建"一带一路"国家的项目提供资金。国际金融机构：亚洲开发银行、亚洲基础设施投资银行、世界银行。许多"一带一路"倡议项目由合作伙伴发起，并由这些机构与中方共同提供资金。正如世界银行（World Bank）所指出的一样，"投资项目很可能以公共投资或公私合营（PPP）的形式进行结构安排，其中中国国有企业作为外资提供者进行参与"。这些中国贷款的融资条件通常比从市场借款更为优惠，从而刺激各国采用这一机制借款。更多关于"一带一路"倡议项目融资的信息（包括商业银行和资本市场的作用）请参见 2017 年 5 月 31 日发表的《关于新丝绸之路六：为"一带一路"融资——资金来源》。

34. 绿色债券和"一带一路"倡议。展望未来，有关方面可以寻求发展为"一带一路"倡议建设提供资金的新途径。目前，绿色债券还不是"一带一路"倡议项目的主要资金来源，但对绿色金融的需求不断增长，可以反映这一变化。此外，中国对待气候变化问题也较为严肃，中国机构一直是绿色债券的主要发行方。目前已经有许多专门关于"一带一路"倡议的绿色债券了。2018 年 11 月发布的《"一带一路"绿色投资原则》可能为更好地披露环境信息提供一个框架，或许也将为"一带一路"绿色债券供应提供框架。

35. 中国绿色债券发行。中国已经是一个绿色债券的发行大国，目前发行了价值 1120 亿美元的绿色债券，成为全球最大的绿色债券发行国（美国位居第二）。这些债券大部分由金融机构发行，以人民币计价，而美元一直是最受欢迎的非本国货币。中国工商银行是中国最大的绿色债券发行机构，发行总额达 199 亿美元。浦发银行是第二大发行此类债券的银行，发行总额为 76 亿美元。投资者对绿色债券的兴趣，以及为了开发绿色债券市场而愿意承接低碳排放项目，都意味着向"一带一路"绿色融资的转变应该是可行的。在 2017 年 5 月第一届"一带一路"国际合作高峰论坛期间，中国工商银行（ICBC）建立了"一带一路"倡议银行间合作机制。截至目前，已有来自 45 个国家和地区的 80 多家金融机构参与了这一机制，为金融机构同行提供了一个平台来分享信息，并讨论有利于"一带一路"绿色金融的政策。

36. "一带一路"绿色专项债券发行情况。第一个提供"一带一路"倡议绿色债券的例子当举中国工商银行，该行于 2017 年 9 月 28 日发行了首批绿色债券；债券分三批发放，两批以美元计价，一批以欧元计价，总额为 21 亿美元。这款"一带一路"绿色债券获得了气候债券倡议组织的认证，也获得了挪威奥斯陆国际气候与环境研究中心（CICERO）的认证，该研究中心授予中国工商银行"深绿色"评级（对债券基金的评级有更严格的标准）。2018 年和 2019 年，中国工商银行重返绿色债券市场，为更多"一带一路"倡议项目提供资金。另一个例子是中国国家开发银行在 2017 年发行的价值 10 亿欧元和 5 亿美元的债券。这些资金被用于共建"一带一路"项目的各个领域。截至 2018 年 12 月 31 日，在 89% 的收益中，74% 用于交通清洁项目，26% 用于可再生能源项目。大部分收益被投入中国（尤其是江西省），11% 的收益被投入哈萨克斯坦，4% 被投入巴基斯坦。

37. 绿色"一带一路"倡议原则。伦敦金融城绿色金融倡议组织（GFI）和中国金融学会绿色金融专业委员会（GFC）提出的"绿色投资原则"，或许有助于"一带一路"倡议的"绿化"。到目前为止，已经有 28 家公司签署相关指导方针，旨在减少"一带一路"倡议项目的碳排放。以下为七条"一带一路"绿色投资原则：（1）将可持续性纳入公司治理机制；（2）充分了解环境、社会和治理（ESG）风险；（3）充分披露环境信息；（4）加强与利益相关方的沟通与交流；（5）充分运用绿色金融工具；（6）采用绿色供应链管理方法；（7）通过多方进行能力建设。这些原则应该有助于指导参与"一带一路"倡议的企业和机构以最环保的方式开展项目，同时也有助于"一带一路"倡议提供绿色贷款与融资。但如果这些贷款在债券市场进行再融资，那么反过来可能会产生更多的"一带一路"倡议绿色债券。

38. 东南亚国家联盟（ASEAN）。"一带一路"倡议已经成为东南亚地区基础设施项目的重要资金来源。鉴于东盟目前是中国的第二大贸易伙伴，强大的贸易联系有助于提高项目的可持续性。随着印度尼西亚、菲律宾和马来西亚政府启动下一轮基础设施建设项目，"一带一路"倡议的作用将进一步增加。近年来，东南亚国家吸引了大量"一带一路"倡议项目，或将使其成为全球最大的受益者之一。这一点应该不会太令人惊讶。由于地理位置接近、贸易联系紧密（东盟最近超过美国成为中国第二大贸易伙伴，而中国长期以来是东盟第一大贸易伙伴）、基础设施融资短缺，"一带一路"倡议将对东盟十分有利。在东盟六国中，马来西亚、菲律宾以及印度尼西亚三个国家吸引的"一带一路"倡议项目较多。

39. 当然，"一带一路"倡议在东南亚地区的进展同样存在一些问题。在马来西亚，2018 年，对债务的担忧导致新政府重新评估马来西亚最大的"一带一路"倡议项目——东海岸铁路项目（该项目在重新谈判价格后进行建设）。在印度尼西亚，雅加达—万隆高铁这一旗舰项目也受到工程延误的困扰，而菲律宾的相关项目还需要一些时间才能完成。事实上，在 2015～2017 年的一系列活动之后，中国对该地区的投资速度似乎有所放缓。然而，这很可能只是短期放缓，"一带一路"倡议仍然是东盟的优先事项。原因是什么呢？简单来说，由于该地区基础设施不足以及达到可接受标准所需的资金数额巨大，相关国家根本没有足够的资金用于进行基础设施建设。除了地方政府融资以及国际开发银行、私营部门以及日本等国的援助外，"一带一路"倡议项目增加了另一个重要的资金来源。在印度尼西亚、菲律宾以及越南等基础设施建设需求最为紧迫的国家，政府必须继续吸引低成本、可持续的融资，更不用说项目执行方面的专业知识。

40. 这就引出了另一条重要的警告。由于"一带一路"倡议的融资主要以债务方式呈现，受援国有责任确保直接或间接的债务增长不会对公共财政整体健康构成风险。与其他一些发展援助来源相比，尽管

"一带一路"倡议融资成本高，但它可能比部分地区的直接债券发行更具吸引力，例如，印尼典型的长期"一带一路"贷款利率为3.5%，而政府发行的10年期债券利率为6%~7%。在讨论该计划时，鉴于中央数据库没有得到很好的维护，典型的问题之一在于确定哪些项目属于"一带一路"倡议项目。我们通常会关注中国中央政府和地方政府之间签署的项目协议。从广义上讲，越来越多的迹象表明中国在该地区的投资正在向基础设施和房地产相关项目以外的领域扩张，例如，中国企业（其中许多是国有企业）对印尼重工业（水泥、钢铁、矿物冶炼厂）进行投资，这些投资应该有助于当地制造业发展。与此同时，马来西亚在2018年批准的制造业外国直接投资中，37%来自中国，创历史新高。其中部分可能与"一带一路"倡议有关，例如，中国正在为马来西亚工业园区融资，这将有助于刺激其他与制造业相关的私人投资。

41.演变。很明显，东盟共建"一带一路"倡议的结构是经过多年演变而来的，而且正在朝着更好的方向发展。各国政府一直在确保该倡议与其国内优先事项保持一致，例如，菲律宾政府为中国的"一带一路"倡议融资妥善安排了已有的优先项目。在印度尼西亚，鉴于对公共债务增长的担忧，政府避免为大规模贷款提供担保。相反，印尼国内企业似乎发挥了更大的作用。同时，如前所述，马来西亚政府重新评估了某些项目的可行性，以确保融资条件是可持续的。另外，中国正致力于吸引与制造业相关的"一带一路"倡议项目，而非基础设施项目。因此，东南亚为其他"一带一路"倡议受援国提供了重要的经验与教训，那就是确保"一带一路"倡议相关项目与各国国内优先事项保持一致，同时确保这些项目在财政上具有可行性，特别是在存在公共债务的情况下。这是确保"一带一路"倡议项目可持续发展的关键。

42.中东和北非地区。"一带一路"倡议是中东国家发展规划的核心所在，然而，到目前为止，相关项目还比较滞后。石油贸易仍是中国与中东之间的关键纽带。港口及经济自由区建设一直是中国在"一带一路"倡议下对该地区投资的重点。最引人关注的是，中国远洋运输公司（COSCO）于2018年12月在阿布扎比哈利法港（Khalifa Port）建成了一座设计容量为250万个标准集装箱（TEU）、占地为1200平方米的集装箱码头，以作为该地区的枢纽。在埃及，天津经济技术开发区相关机构最近完成了苏科纳港口工业区的一期工程，并计划将工程规模扩大6倍。此外，杜古姆港经济特区也是一个重要的投资目标，商业集团阿曼万方（Oman Wanfang）计划在该经济特区投资107亿美元。2019年4月，中国宣布计划在迪拜建立两处价值30亿美元的贸易设施。中国对中东地区计划建设的一些大型城市同样十分感兴趣。2018年11月，科威特与中国签署了一项协议，计划联合开发科威特拟议中的巨型城市和经济中心"丝绸之城"（Silk City），双方还将商谈成立一只价值100亿美元的联合投资基金。

43. 然而，尽管与上述计划相关的国事访问、谅解备忘录以及大型公告纷然而至，但这些项目实际进展有限，《中国全球投资追踪》（China Global Investment Tracker）的数据显示，中东和北非地区获得的中国直接投资在中国"一带一路"倡议海外直接投资中所占比重不足6%。此外，中国在该地区近一半的投资集中在油气领域，其中大部分投资与中国石油天然气集团有限公司（CNPC）在2017年和2018年收购的阿布扎比油田有关。这些对碳氢化合物的投资进一步巩固了油气行业作为中国与中东之间关键纽带的地位。作为世界上最大的石油进口国，中国约40%的能源进口来自中东地区，使中国成为该地区大多数国家的最大贸易伙伴。阿曼向中国出口的商品总值约占其国内生产总值的20%，超过了该地区其他所有国家，因此中阿贸易关系是世界上最紧密的贸易关系之一。

44. 这些能源关系对中国和中东的发展都至关重要，不仅推动了中国的工业化进程，还推动了大宗商品价格的上涨，确保中东石油生产国积累了巨额财富。然而，无论是中国的"一带一路"倡议，还是其他地区的多样化计划，都要面临石油流动本身价值有限的现实。

除了"一带一路"倡议与石油贸易外，中国和中东之间的其他经济项目同样取得了发展，而且拥有进一步发展的潜力。中国企业在该地区建筑业和基础设施建设方面的影响力日益增强。尽管近年来中国建筑行业在中东地区的投资有所放缓，但授予中国企业的建筑合同数量仍在继续增长。过去10年，前往该地区的中国游客数量大幅增加，为埃及和阿联酋的旅游业带来了希望。迪拜作为该地区的关键枢纽，长期以来推动与中国建立经济联系。自 2006 年以来，中国四大国有银行均在迪拜金融中心拥有地区特许经营权。根据官方声明，在迪拜的中国侨民数量过去五年增加了 53%，目前约有 23 万名中国公民居住在迪拜，有 4000 家中国公司在那里运营。此外，迪拜还是中国以外最大的中国产品贸易中心——龙城（Dragon Mart）的所在地。2018 年，中国国家主席习近平对阿联酋进行国事访问之前，总部位于迪拜的开发商艾马尔集团宣布在中东建设中国最大城镇的计划。

45. 独联体。俄罗斯是中国在"一带一路"倡议建设中的重要伙伴，俄罗斯的大多数"一带一路"倡议项目集中在能源领域，同时高速公路和铁路建设项目也在建设当中。独联体的其他国家也是中国—中亚—西亚经济走廊的重要组成部分。在俄罗斯，能源项目占主导地位。作为共建"一带一路"倡议的国家，俄罗斯是中国与相关国家建立伙伴关系的绝佳案例之一。许多项目是通过中国和俄罗斯共同运作的，而非仅仅由俄罗斯单方面运营。截至目前，在"一带一路"倡议框架下，俄罗斯与中国在北极地区的液化天然气（LNG）生产和配套运输基础设施的开发已经成为两国的主要接触点。丝路基金目前持有亚马尔液化天然气项目近 10% 的股权（项目总价值约为 270 亿美元；中石油持有另外 20% 的股份）。该基金还将参与与俄罗斯成立的一家新合资企业的活动，该合资企业将管理一支破冰船队，为从北极到亚洲的货运提供服务。

46. 目前，俄罗斯正努力推动将"北方航道"改造为具有全球商业效益的交通走廊，并有可能将其融入中国的"21 世纪海上丝绸之路"（"一带一路"的海上部分）。2018 年，"北方航道"运输量达到 2000 万吨，预计 2019 年达到 2600 万吨，到 2024 年翻两番。俄罗斯计划在 21 世纪 20 年代中期之前投资约 90 亿美元，提高北海航道产能（普京总统"五月命令"的一部分）。这条航道将欧洲和亚洲之间的距离缩短了近 40%。然而，由于基础设施不足、航行时间有限，以及必须使用特殊船只，北海航道的吸引力仍然比不上位于其南部的苏伊士运河。

47. 俄罗斯还启动了从哈萨克斯坦到白俄罗斯的高速公路建设项

目，这条公路是新亚欧大陆桥（"丝绸之路经济带"的一部分，"一带一路"倡议陆上部分）的重要组成部分。其始于中国连云港，沿着中国最长的公路连霍高速公路，一直延伸到哈萨克斯坦与中国接壤的霍尔果斯，然后穿过俄罗斯，进入西欧。理想情况下，该高速公路将允许卡车在 11 天内往返中国和欧洲，如果采用海运方式的话，则将需要 30 ~ 50 天，而铁路运输只需要大约 15 天。俄罗斯计划到 2024 年在高速公路建设上投资约 100 亿美元。

预计俄罗斯对交通基础设施的投资，其中包括与"一带一路"倡议相关的投资，将在 21 世纪 20 年代中期之前，推动潜在国内生产总值增长率提升 0.3 ~ 0.4 个百分点。

48. 哈萨克斯坦：通往西方的入口。为了参与中国提出的"一带一路"倡议项目，哈萨克斯坦将国内基础设施建设项目"光明之路"与"丝绸之路经济带"进行对接。此次对接不仅着眼于实现交通基础设施的互联互通，还启动了中哈两国产业合作的统筹规划。"光明之路"（价值近 140 亿美元，开始于 2015 年）将于 2019 年完成。在其框架内，一个项目是建设连接中国与哈萨克斯坦的门户。该项目由一个跨境自由贸易区、一个陆港、一个覆盖面积为 450 公顷的经济特区以及一个新城组成。"光明之路"项目起到了反危机的作用，该项目使哈萨克斯坦能够承受油价大幅下跌的压力，并在 2015 ~ 2016 年保持近 1% 的国内生产总值增长。第二阶段的"光明之路"项目建设（2020 ~ 2025 年）将在 9 月启动。

49. 乌克兰：处于边缘位置。乌克兰目前仍处于"一带一路"倡议建设的边缘位置。这一情况可能是由于该国一直处于与俄罗斯的地缘政治对峙状态，因此在经俄罗斯领土向亚洲转运货物方面一直面临诸多限制。同时，乌克兰不属于欧盟成员国，这使邻国保加利亚和罗马尼亚变得更具吸引力。

50. 撒哈拉以南非洲地区。撒哈拉以南非洲国家在"一带一路"倡议下获得了大量投资和建设项目，基础设施项目集中于交通和能源网络领域，缓解了基础设施对非洲经济增长的关键制约，然而融资问题仍然是该地区国家面临的一大挑战，多数国家对中国债务的依赖程度越来越高。撒哈拉以南非洲地区目前由 30 多个国家组成，该地区生产总值相当于英国国内生产总值的 11%，地区人口占英国总人口的 1/4 以上。如果在该地区成功推进"一带一路"倡议，"一带一路"倡议下数十亿美元的投资就将为撒哈拉以南非洲地区带来巨大回报，缓解基础设施赤字、促进出口、加强一体化，并改善地区人口状况。21 世纪，中国作为撒哈拉以南非洲地区出口目的地的重要性显著提高，从 2000 年占该地区出口总额不到 5% 上升到 2017 年的 15% 以上。中国已经成为参与"一带一路"建设的许多撒哈拉以南非洲地区经济体的主要出口伙伴，出口额占安哥拉、冈比亚、加蓬、几内亚、塞拉利昂以及毛里塔尼亚出口总额的 30% 以上。

51. 投资和基础设施。中国是共建"一带一路"国家吸引外资的重要来源国。自 2013 年"一带一路"倡议提出以来，已经有 50 多个投资项目提上议程，总价值达 304 亿美元，几乎占过去 5 年流入非洲地区外国直接投资总额的 1/5。其中约 2/3 投资进入能源和金属领域，凸显了"一带一路"倡议初期对大宗商品的关注；超过 20% 的投资流向该地区最大经济体尼日利亚。在中国对共建"一带一路"国家的对外建设和基础设施建设投资中，有 1/4 以上投向南亚，总额达到 1194 亿美元（2018 年占该地区 GDP 的 7.5%）。中国投资的重点为基础设施运输项目（例如尼日利亚、埃塞俄比亚以及赞比亚的主要铁路项目）以及能源项目（例如安哥拉和赞比亚的大型水电项目）。尼日利亚再次成为最大的单一受援国，中国在尼日利亚的投资总额几乎占所有建设项目价值的 1/5，尽管中国在赞比亚、安哥拉、埃塞俄比亚和肯尼亚同样开展了大规模的建设活动。

52. 收益、协同效应和主要受益者。在发展撒哈拉以南非洲地区的公路、铁路、港口、大坝和能源网络方面，中国提出的"一带一路"倡议项目有助于缓解该地区令人生畏的基础设施赤字问题，并为提高当地人民的生活水平提供支持。事实上，世界银行估计，如果该地区缩小与其他地区发展中国家在基础设施方面的差距，那么撒哈拉以南非洲地区的人均国内生产总值将以每年 1.7% 的速度增长。此外，基础设施建设方面的投资能够提供重要的协同作用，包括支持减少贸易壁垒的举措，并通过《非洲大陆自由贸易协定》促进区域贸易发展。《非洲大陆自由贸易协定》规定成员国在 5 年内削减 90% 的关税，撒哈拉以南非洲地区相对全球其他自由贸易区的规模要小得多，反映了高关税和非关税壁垒区域内的基础设施瓶颈，预估到 2022 年《非洲大陆自由贸易协定》可以将非洲大陆间的贸易总额提升到比 2010 年高 50% 以上的水平。

53. 融资问题。然而，实现上述目标，还需要许多参与国进行重大改革，以确保贸易往来更加便捷，解决边境官僚主义、腐败滋生以及政治动荡等问题。此外，撒哈拉以南非洲地区对中国贷款的依赖程度越来越高。在预算不断恶化、公共债务不断增加以及有关方面对该地区可持续公共财政的根本担忧更加广泛的背景下，该地区的债务问题集中表明了潜在的财政风险。

54. 中东欧国家。中东欧国家在 2012 年启动的"中国—中东欧倡议"框架下与中国展开合作，但鉴于中东欧国家能够获得欧盟结构基金，由中国支持的基础设施项目在该地区并没有取得较大进展。相反，该地区的重点是促进中国的绿地投资以及对中国的出口。双方都做出了强有力的合作承诺，但取得的进展相对较小。"16 + 1 合作"框架是"一带一路"倡议的先导。

55. 中东欧国家在 2012 年建立了"16 + 1 合作"框架（后来发展为"17 + 1 合作"框架），包括阿尔巴尼亚、波黑、保加利亚、克罗地亚、捷克、爱沙尼亚、希腊、匈牙利、拉脱维亚、立陶宛、北马其顿、黑山、波兰、罗马尼亚、塞尔维亚、斯洛伐克、斯洛文尼亚以及中国。中国一直在寻找通往西欧的门户，而中东欧国家也一直渴望成为该门户之一。然而，这一举措招致欧盟方面的批评，称中国正寻求"分裂"并"征服"欧洲。多年来，中国与中东欧国家的期待差异越来越明显。作为欧盟成员国的中东欧国家对基础设施建设的兴趣相对较小，原因在于这些国家能够获得欧盟的结构基金。中东欧国家最感兴趣的是绿地投资以及进入中国市场。另外，中国更加注重资本和建设能力的出口以及对技术的采购。与最初的目标相比，双方关注重点的不同是导致中国外国直接投资和贸易收益相对较低的原因之一。2019 年 2 月，欧盟议会议员投票通过了新的外商投资审查方案，或将进一步限制中国的投资，影响其收购战略性技术和基础设施领域企业的能力。

56. 近年来出现的情况是，中东欧地区的欧盟国家能够很好地获得廉价资本。这些国家的基础设施投资大多来自欧盟拨款，如果中国企业希望参与相关项目，就需要遵循欧盟法律（包括高透明度要求）下的竞争性招标条款。相比之下，中国在中东欧非欧盟国家的基础设施投资规模非常可观。但是在这一方面，中国的介入引发了越来越多关于债务问题的担忧。

57. 总的来说，中国是一个强大的合作伙伴，中国与中东欧国家成功合作的空间很大。同时，中东欧国家的情况各不相同，原因在于欧洲经济合作委员会在很大程度上只是双边关系的保护伞。这一情况表明，到目前为止，中国与中东欧国家合作的成功取决于良好的国内管理和治理。根据过去七年的经验，欧洲经济合作委员会（即中国—中东欧国家领导人会议）正在进行转型。2019 年，希腊加入其中。正如位于华沙的智库东方研究中心（OSW）指出的一样，在 2019 年杜布罗夫尼克举行的中国—中东欧国家合作组织峰会上，中国似乎已经接受了与中东欧地区欧盟国家的合作，在中国与欧盟广泛合作的框架下，上述两方面的合作日益得到协调。东方研究中心认为，这将减少中东欧地区的欧盟国家在与中国合作方面的摩擦，并提高在贸易问题上的谈判地位，从而确保中东欧地区的欧盟国家受益。对于中国来说，在中美贸易出现摩擦的背景下，这是一个改善与欧盟关系的折中方案。

58. 拉丁美洲。"一带一路"倡议可能是减少现有基础设施投资缺口的关键项目，但有关方面要确保"一带一路"倡议符合项目所在国的优先发展方向。"一带一路"倡议推动进行基础设施投资。自 2017年 6 月巴拿马批准加入"一带一路"倡议以来，已经有 19 个国家通过谅解备忘录或合作协议的形式参与"一带一路"倡议的建设，巴拿马成为首个加入"一带一路"倡议的拉美国家。尽管拉美地区最初并未包含在 2013 年规划的"一带一路"倡议蓝图中，但考虑到中国与美国当时关系已经恶化的背景，中国外交部部长王毅于 2018 年 1 月向拉美和加勒比地区国家发出正式邀请，此举对中国具有重要的战略意义。如果中美关税纠纷持续或进一步加剧，那么中国与该地区国家更加紧密的联系以及对该地区基础设施和供应链的投资将进一步加强中拉贸易关系。此外，中拉双方合作还有可能开启替代贸易模式，使中国的对美出口与拉美国家的对美出口相互交织，就像东盟的对美出口与中国的对美出口相互交织一样。另外，考虑到中国很大一部分贸易经巴拿马运河（整个美洲最重要的贸易枢纽）运输，该地区对中国的重要性更进一步。

59. "一带一路"倡议为拉丁美洲地区带来了什么？除了进行更紧密的联系和获得潜在的贸易收益外，拉美国家同样感兴趣的一个方面是，"一带一路"倡议可能需要重新定义该地区的基础设施项目。人们普遍认为，拉丁美洲的经济增长受到基础设施不足的限制，在大多数拉美国家，基础设施建设仍然是一个亟须重视的领域。拉丁美洲和加勒比地区经济委员会的数据显示，与 2012 ~ 2020 年建议的每年 6.2%（或每年约 3200 亿美元）的投资水平相比，拉丁美洲和加勒比地区国家的当前基础设施投资水平仍然较低。

60. "一带一路"倡议出现的时机尤为重要。过去几年，拉美和加勒比地区的经济增速逐步放缓，2018 年同比增速降至 1.0%。财政赤字虽然自 2015 年以来已逐步减少，但与全球金融危机前相比仍处于非常高的水平，这表明拉美地区国家留给基础设施支出的财政空间有限。同时，全球经济增速的整体放缓给外商直接投资流入带来压力，经济合作与发展组织的数据显示，拉丁美洲和加勒比地区主要经济体的外国直接投资流入同比下降 6%，降至 1370 亿美元，这是 2009 年以来的第二低水平。在此背景下，"一带一路"倡议为基础设施项目投资开辟了一条新的、便捷的、急需的渠道，能够对拉美地区的经济增长和社会福利产生持久影响。汇丰全球研究认为，"一带一路"倡议与地区国家基础设施建设项目的合作，将在缩小地区投资差距方面发挥关键作用。

61. "一带一路"倡议只是一个宏大发展项目中的一小部分。最近，中国已经在拉丁美洲进行了大量投资。凯文·加拉格尔（Kevin Gallagher）、马格里特·迈尔斯（Margaret Myers）等于 2019 年汇编的"中国—拉丁美洲金融数据库"显示，中国国家开发银行与中国进出口银行在 2005 ~ 2018 年共向拉丁美洲和加勒比地区国家提供了 89 笔贷款，总额约为 1410 亿美元。这些贷款中约有 88% 用于能源和基础设施项目。现在有理由认为，在"一带一路"倡议的框架下，用于基础设施建设的投资将出现显著增长。有趣的是，根据《中国全球投资追踪》，该地区四个较大的经济体（巴西、墨西哥、阿根廷和哥伦比亚）尚未签署"一带一路"倡议，但仍有大量中国投资和建设活动，重申中国与该地区的关系并非仅由"一带一路"倡议来界定。

62. 尽管如此，中国与拉丁美洲地区国家的合作仍处于非常初级的阶段，大多数项目处于评估和讨论的过程中。同时，如何将各国基础设施发展需求与"一带一路"倡议的总体目标结合起来也是需要关注的问题之一。在中美关系的现实背景下，拉丁美洲和加勒比地区与中国的贸易仅在 2018 年出现正增长。如果"一带一路"倡议相关活动增加从中国的进口量，就或将再次扭转这一新趋势，从而导致经常账户恶化。但是从更广泛的国际收支角度来看，来自中国与"一带一路"倡议相关的外国直接投资可以提供缓冲，从而减轻相关项目对汇率的影响。在进行可行性研究的同时，仍然要严格评估外债尤其是公共债务上升的风险，否则基础设施建设将以经济和金融不稳定为代价。

63. 西欧。"一带一路"倡议在西欧地区的发展仍处于萌芽阶段，但在希腊这样的国家，该倡议开始显示明显效果，在投资短缺的情况下，"一带一路"倡议可以提供相关机会。"一带一路"倡议拥有巨大的潜力，但其推进仍然伴随着一些担忧。截至目前，匈牙利、波兰、保加利亚、希腊、葡萄牙、意大利等 11 个欧盟成员国已经正式加入"一带一路"倡议。欧盟港口似乎吸引了众多中国公司的注意。超过 70%的货物通过海运越过欧洲边境，港口是进入欧盟的门户，能够提供 150万个工作岗位，处理价值 1.7 万亿欧元的货物。其中一个引人关注的项目是，2008 年中国远洋运输公司获得了希腊比雷埃夫斯港一份为期 35年的租约，以运营该港口的三个码头中的两个。该项目的初始投资为35 亿欧元（占希腊国内生产总值的 2%）。过去 10 年，比雷埃夫斯港的年吞吐能力从 68 万标准箱增加到 2017 年的 415 万标准箱，增幅超过500%。如今，比雷埃夫斯港是地中海第二大集装箱港口和欧洲最大的客运港口。

64. 中国的参与还不止于此。建立连接比雷埃夫斯港与西巴尔干半岛和北欧的新铁路线项目，可能彻底改变欧盟的贸易路线。匈牙利以及塞尔维亚和中国已经签署了一项在布达佩斯和贝尔格莱德之间修建一条铁路的三方计划，该计划由中国进出口银行提供贷款。葡萄牙也加强了与中国的关系，中国在该国的投资约为 60 亿欧元（占葡萄牙国内生产总值的 3%）。2019 年 5 月，葡萄牙完成了在中国债券市场上的首次主权债务发行（"熊猫债券"），融资 20 亿元。早些时候，意大利签署了一份谅解备忘录，成为七国集团（G7）中首个加入"一带一路"倡议的经济体，中意双方合作包括 29 个项目，价值约为 70 亿欧元。欧盟作为一个整体也加强了与中国的关系。近日，中欧共同投资基金（CECIF）得以成立，旨在促进中国与欧盟之间的投资合作，并促进"一带一路"倡议与欧洲投资计划（"容克计划"）之间的协同作用。早在 2015 年，中国就已初步承诺为"容克计划"出资约 100 亿欧元。2018 年 7 月，欧洲投资银行集团旗下的欧洲投资基金与中国"丝绸之路基金"签署了谅解备忘录。

65. 最近，汇丰全球研究讨论了欧元区总投资的短板所在。目前，欧盟国家经济刚刚达到危机前的水平，复苏速度比美国慢，拖累了欧盟潜在的经济增长。由于许多国家几乎没有可用的财政空间，"一带一路"倡议为欧洲带来了明显的机遇。但是，对于"一带一路"倡议背后的中国发展及其对欧洲国家国内市场的影响，仍然存在一些保留意见。法国总统埃马纽埃尔·马克龙（Emmanuel Macron）在 3 月与中国达成了几笔商业交易，但法国仍未加入"一带一路"倡议，马克龙表示，牢固的中欧伙伴关系必须建立在"公正而公平的"的贸易基础上，并且应该是"双赢的"。德国总理安格拉·默克尔（Angela Merkel）也表达了类似的担忧。

中国在中东的角色正在转变

Camille Lons；Jonathan Fulton；Degang Sun；Naser Al – Tamimi *

原文标题： China's Evolving Role in the Middle East

文章框架： 由于中国在中东地区的经济影响力日益增强，中国不得不加强与该地区的接触；中国与中东的关系围绕能源需求和2013年提出的"一带一路"倡议展开；中国已与15个中东国家签署伙伴关系协议；中国似乎在中东仍处于学习模式；中国与中东的接触可能会对欧洲的经济和安全利益产生重要影响；欧洲人应该认识到自己与地区参与者接触的价值。

观点摘要：

1. 尽管中国在该地区还是一个相对较新的国家，在应对当地政治和安全挑战方面极为谨慎，但由于中国在中东地区的经济影响力日益增强，中国不得不加强与该地区的接触。在美国对该地区的长期主导地位显示出衰落迹象之际，欧洲的政策制定者正越来越多地讨论中东安全架构的未来以及中国在该架构中可能扮演的角色。然而，许多政策制定者对中国在中东的立场和目标知之甚少，也不知道这些因素在中长期内会以何种方式影响地区稳定和政治动态。鉴于中国的发展已使欧洲周边地缘政治竞争加剧，因此，在开始考虑中东问题时，欧洲政策制定者应将中国考虑进来。

2. 中国与中东的关系围绕能源需求和2013年提出的"一带一路"

---

* Camille Lons，欧洲对外关系委员会学者。Jonathan Fulton，扎耶德大学阿布扎比校区政治学助理教授。Degang Sun，复旦大学国际问题研究院研究员。Naser Al-Tamimi，英国杜伦大学国际关系专业博士，政治经济学家，主要研究中东问题。来源：欧洲对外关系委员会（英国智库），2019年10月21日。

倡议展开。2015 年，中国正式成为全球最大的原油进口国，其中近一半的原油供应来自中东。作为连接亚洲、欧洲和非洲的贸易路线和海上通道的重要战略枢纽，中东对"一带一路"倡议的未来发展具有重要意义。"一带一路"倡议旨在将中国置于全球贸易网络的中心。目前，鉴于海湾国家在能源市场的主导地位，中国与该地区的关系主要集中在海湾国家。

3. 乔纳森·富尔顿（Jonathan Fulton）认为，中国政府的两份重要文件，即 2016 年的《中国对阿拉伯国家政策文件》和 2015 年的《推动共建丝绸之路经济带和 21 世纪海上丝绸之路的愿景与行动》，反映了经济合作与发展在中国与中东国家交往中的中心地位。这些文件提出的合作框架重点集中在中东能源、基础设施建设、贸易和投资领域。它们几乎没有提到安全合作——这与中国政府的说法相符，即中国在该地区的参与不会推进地缘政治目标。中国在互利协议的基础上，提出与所有国家（包括那些彼此不和的国家）进行中立的接触。中国对中东地区的多极化秩序怀有一个愿景，即不干涉别国内政，与别国建立伙伴关系。在这种秩序中，中国通过"发展和平"而不是西方推崇的"民主和平"来促进稳定。

4. 中国与敌对双方不断加深的接触，可能会将其拖入与核心目标无关的争端。虽然中国目前显然很乐意保持一种更为疏远的角色，但它已经初步显示出在中东深化政治和安全介入的迹象。中国将在这方面走多远，会达到什么样的最终目标，仍有待观察。

5. 迄今为止，中国已与 15 个中东国家签署伙伴关系协议，参与了阿拉伯海和亚丁湾的反海盗和海上安全任务，并在 2011 年和 2015 年分别在利比亚和也门开展大规模撤侨行动。它加强了在叙利亚和也门等危机中的斡旋努力；在说服伊朗签署《联合全面行动计划》方面发挥了重要作用；并任命两名特使前往冲突中的中东国家。

6. 中国一直非常谨慎，避免过多介入相关事务。虽然中国在联合国安理会与俄罗斯合作保护叙利亚政权，但这源于中国坚持不干涉原则的愿景，而不是它在叙利亚冲突中的直接利益。鉴于最近发生在霍尔木兹海峡的一系列事件加剧了伊朗与其地缘政治对手之间的紧张关系，中国可能被迫发挥更大的安全作用，以保护对其能源安全至关重要的航行通道。在最近的事件之后，中国一直保持非常谨慎的态度。中国似乎很可能会一如既往地继续执行反海盗和维和行动——但这些声明令人震惊，因为就在几年前，这还是不可想象的。

7. 中国似乎在中东仍处于学习模式。然而，尽管该地区相对于其外交政策重点而言仍处于边缘地位，但在中国国内，围绕是否有必要加大参与力度以保护中国经济利益的争论正日益增加。

在这方面，"一带一路"倡议促进进行全球贸易和实现互联互通。尽管如此，就目前情况而言，美国仍是中东地区不可或缺的力量——正如富尔顿所主张的那样。

8. 中东国家也面临类似的困境。中国在发展中国家进行投资、建设基础设施和提供公共服务的能力，引起中东国家的高度关注和期待。海湾国家积极参与"一带一路"建设，积极吸引中国企业入驻。正如纳赛尔·塔米米（Naser Al－Tamimi）所主张的那样，许多国家认为，在美国明显削减开支之际，中国不仅在经济上，而且在政治上是实现其多样化战略的有力工具。美国对伊朗最近在海湾地区发动攻击的反应——尤其是不愿以武力回应——削弱了阿拉伯君主制国家对美国安全保障的信心。这促使它们寻找其他合作伙伴，以作为对冲策略的一部分。

9. 从中长期来看，中国与中东的接触可能会对欧洲的经济和安全利益产生重要影响。在严重的地区动荡中，欧洲人认识到必须进行这一转变，密切关注中国在该地区经济和安全影响力的演变，并找到与中国在中东事务上接触的新途径。这样做有助于说服中国支持建立一个稳定的多边框架，这一框架旨在保护欧洲利益。

10. 即使中国对其在中东的政治和安全介入仍持谨慎态度，中国在中东的经济影响力也可能对欧洲产生重要影响。通过进行直接投资和提供发展支持，中国正在成为该地区的一个重要的发展参与者。它对该地区的经济重要性有可能超过美国和欧洲。中东国家——尤其是那些受冲突影响的国家——需要中国的资金发展关键基础设施，而这种援助可能对它们产生深远的影响。

11. 中国对发展项目可行性的标准与西方不同，包括良好治理、经济基础设施和法治等。中国认为经济发展和提供公共产品对和平稳定很重要。在中东国家更广泛地接受5G网络中，还有许多未知因素。鉴于美国已经在这方面表现出担忧，欧洲人应该在未来几年密切关注这一问题。

在这种背景下，欧洲可以采取更多行动，重新聚焦中国进行的建设性努力，例如，一些欧洲发展机构已经在非洲国家尝试与中国合作。将这些伙伴关系扩展到中东，可以帮助欧洲人理解中国进行的发展实践，并促进完善欧洲的治理标准。此外，欧洲人可以向中国参与者提供他们在该地区寻求的专业知识、经验和人脉，以换取经济支持。如果各方以这种方式发展建设性关系，那么中国可能会支持欧洲在中东的稳定倡议。这种合作也将提供一个机会，来塑造中国与该地区的政治接触模式。

12. 2019年早些时候，就在沙特记者贾马尔·哈苏吉（Jamal Khashoggi）被杀几个月后，沙特王储穆罕默德·本·萨勒曼（Mohammed bin Salman）似乎利用他的亚洲之行，影响美国和欧洲国家进行有关向沙特出售武器的辩论。他不只是寻求与亚洲大国建立多样化的伙伴关系，他的目标是对西方的批评做出强有力的回应。

13. 欧洲人应该认识到自己与地区参与者接触的价值。同俄罗斯，甚至是特朗普治下的美国一样，中国仍未达到中东国家的预期，从而给欧洲人提供了推进自身立场和维护自身利益的空间。作为这一目标的一部分，加强对中国区域项目的监督，有助于欧洲人了解中国如何在该地区建立影响力。欧洲国家应寻求与中国在中东接触的新途径。在某些方面，双方都想追求同样的东西，即稳定的地区秩序，并且可能具有推进实施共同政策以实现这一目标的空间。实际上，欧洲国家无法抗衡中国在该地区的经济主导力量，但它们或许能够继续努力建设一个更稳定的中东，同时抵消中国进行区域扩张产生的影响。鉴于中国希望与中东冲突保持距离，欧洲可以成为一个有价值的合作伙伴，因为其拥有长期的合作关系、人际网络，文化相近，以及对中国尚未介入的地区的深刻了解。欧洲人应该考虑如何与中国建立一种建设性的伙伴关系，即在中国继续在中东不断加强存在之际，将中国与一个多边合作秩序联系起来。

中国对美国在中东的主导地位的影响

Camille Lons；Jonathan Fulton；Degang Sun；Naser Al – Tamimi *

原文标题： China's Challenge to US Dominance in the Middle East

文章框架： 中国提出"一带一路"倡议，标志着中国在中东的角色发生变化；中国仍然是中东石油和天然气的主要买家；这些海湾君主制国家一直是中国企业基础设施建设合同的主要来源；《中国对阿拉伯国家政策文件》中的"3"尤其有趣；中国以战略伙伴关系作为对"1 + 2 + 3"合作格局的补充；随着中国与中东地区的经济和外交接触不断增加，安全合作似乎很快就会接踵而至，而且在这方面已经出现了一些新的举措；中国与中东进行经济、外交和安全接触的特点，构成了比乍看之下更深入、更广泛、更先进的政策的一部分；"一带一路"消除了中东地区领导人对国内发展的担忧，同时也表明中国增加对该地区投资的意愿。

观点摘要：

1. 2013 年，中国提出"一带一路"倡议，标志着中国在中东的角色发生变化。"一带一路"将中国与欧亚大陆和印度洋地区国家连接起来，是中国重要的外交政策举措。由于中东地区对"一带一路"倡议至关重要，因此中国对该地区的态度在经济、外交和安全方面正变得更加复杂。《推动共建丝绸之路经济带和21 世纪海上丝绸之路的愿景与行

* Camille Lons，欧洲对外关系委员会学者。Jonathan Fulton，扎耶德大学阿布扎比校区政治学助理教授。Degang Sun，复旦大学国际问题研究院研究员。Naser Al – Tamimi，英国杜伦大学国际关系专业博士，政治经济学家，主要研究中东问题。来源：欧洲对外关系委员会（英国智库），2019 年 10 月 21 日。

动》和《中国对阿拉伯国家政策文件》反映了这一点。

2. 《推动共建丝绸之路经济带和 21 世纪海上丝绸之路的愿景与行动》对中东问题只字未提，但宣布了与共建"一带一路"国家发展相关的五大合作重点：政策沟通、设施联通、贸易畅通、资金融通、民心相通。《推动共建丝绸之路经济带和 21 世纪海上丝绸之路的愿景与行动》没有提到安全和军事合作，这无疑支持了中国的说法，即"一带一路"是一个以发展为中心的倡议，而不是地缘政治计划的一部分。这些合作重点与中国过去的做法一致，为未来几年中国与中东关系的发展提供了路线图。

3. 为配合习近平主席首次中东之行而发表的《中国对阿拉伯国家政策文件》勾勒了中国对中东地区的愿景："中方愿本着互利共赢原则开展中阿务实合作，特别是在共建'一带一路'过程中，对接双方发展战略，发挥双方优势和潜能，推进国际产能合作，扩大双方在基础设施建设、贸易投资便利化以及核能、航天卫星、新能源、农业、金融等领域的合作，实现共同进步和发展，让合作成果更多惠及双方人民。"中阿积极构建"1 + 2 + 3"合作格局，"1"代表能源；"2"代表基础设施建设和贸易投资；"3"代表核能、卫星和新能源。《中国对阿拉伯国家政策文件》已经表明中国与阿拉伯国家接触的趋势。

4. 中国仍然是中东石油和天然气的主要买家。中东向中国出口的石油占中国进口石油的 40% 以上，中东也是中国液化天然气的主要供应地。未来几年，中国可能会越来越依赖该地区的能源，因为中国预计会大量消耗能源，与此同时，中国国内产量增加幅度较小。在这方面，多样性对中国很重要。中国长期以来对从海湾地区进口能源采取一种较为平衡的方式。考虑到海湾君主制国家与美国的密切关系，中国担心美国可能会向它们施加压力，以切断流入中国的石油。这种担心增加了外界对伊朗重要性的认知，从沙特进口的石油从 2018 年 8 月的每日921811 桶增加到 2019 年 7 月的每日 1802788 桶。中国政府可能对这种程度的单一能源依赖感到担忧。对中国来说，另一个需要考虑的问题是，美国在保护中东航道方面的核心作用对中国的石油进口的影响。这种脆弱性在中美贸易摩擦期间变得更加明显。

中国对美国在中东的主导地位的影响

5. 这些海湾君主制国家一直是中国企业基础设施建设合同的主要来源，比如卡塔尔的卢塞尔体育场（2022 年世界杯的主要举办地），以及沙特的延布炼油厂和麦加—麦地那高速铁路。包括重大基础设施项目在内的海湾远景发展方案为中阿进一步合作提供了机会。中国企业在整个中东地区都很活跃，这些企业往往专注于实现"一带一路"互联互通目标的项目。港口和工业园区是合作的关键，因为它们创造了一条连接中国与海湾国家、阿拉伯海、红海和地中海的经济链。中国在 2018 年夏天首次描述了这一被称为"园港互联、双轮两翼"的合作，这将是中国在中东经济存在的一个主要特征。阿联酋的哈利法港、阿曼的杜克姆港、沙特的基赞港、埃及的赛德港和苏赫奈泉港都是这个合作的一部分。中国公司也可能在伊拉克、叙利亚和也门的重建项目中发挥重要作用。与此同时，中国与中东的贸易额近年来大幅增长，这使中国成为该地区最大的贸易伙伴。根据国际货币基金组织（IMF）的数据，2017 年中国与海湾国家之间的贸易额低于 1970 亿美元。2016 年，中国成为中东地区最大的外资来源国。将中国国内发展规划与"一带一路"建设对接起来的项目，在中国与整个中东地区的关系中也变得更加重要。

6. 《中国对阿拉伯国家政策文件》中的"3"尤其有趣。核能一度被广泛视为西方的强项，但韩国与阿联酋签订的建造巴拉卡（Barakah）核电站的合同表明，该领域的竞争已经变得更加激烈。中国公司也试图进入中东核能市场。沙特是一个重要的潜在客户，因为它长期以来把探索商业核反应堆作为确保国内能源来源稳定的方法。中国核工业建设集团有限公司与沙特一家公司签署了一份谅解备忘录，计划利用气冷核反应堆淡化海水。作为"数字丝绸之路"的一部分，卫星是中国在中东的另一个优先项目。中国的北斗卫星导航系统已经在整个中东地区使用，它可以用于电信、海上安全和精准农业方面。巴林、埃及、科威特、沙特和阿联酋的电信公司都与华为合作建设 5G 网络。中国公司也积极参与中东地区的太阳能、风能和水力发电项目。在海湾君主制国家尤其如此，"沙特阿拉伯 2030 愿景"（Saudi Arabia's Vision 2030）等也已将能源来源的多样化放在首位。

· 153 ·

7. 中国以战略伙伴关系作为对"1 + 2 + 3"合作格局的补充。中国与中东和北非国家签署的战略伙伴关系协定几乎都是在过去 10 年中达成的（1999 年与埃及签署的协定是唯一的例外）。中国与阿尔及利亚、埃及、伊朗、沙特和阿联酋建立了全面战略伙伴关系，与吉布提、伊拉克、约旦、科威特、摩洛哥、阿曼、卡塔尔和土耳其建立了战略伙伴关系。伴随着"一带一路"的推广，这一系列外交活动表明，中国领导人越来越认识到中东对中国实现政治和战略目标的重要性。

8. 与美国相比，中国在该地区缺乏相对的安全承诺，这可能会给人留下这样的印象：中国在地区竞争中不偏袒任何一方，也不向任何伙伴倾斜。有学者认为，这种观点忽略了中国伙伴关系的等级性质，即中国优先考虑与全面战略伙伴的关系。

9. 随着中国与中东地区的经济和外交接触不断增加，安全合作似乎很快就会接踵而至，而且在这方面已经出现了一些新的举措。中国人民解放军海军作为亚丁湾国际反海盗力量的一部分，开始访问阿拉伯半岛港口，这使中国人民解放军海军士兵有机会与阿拉伯同行发展关系。自 2006 年以来，中国还向黎巴嫩派遣了维和士兵。

10. 中国与中东进行经济、外交和安全接触的特点，构成了比乍看之下更深入、更广泛、更先进的政策的一部分。中国正在改变立场，整个中东地区的领导人都对此做出反应。为什么中国对中东的态度在改变？冷战结束后的国际秩序，从根本上改变了中国对中东的态度。自1990 年"沙漠风暴行动"以来，美国一直是中东地区军事力量的主导者。由于美国已经建立了一个维持它所青睐的中东地区安全架构，其他国家要么在这个架构内行事，要么挑战它。中国通过战略对冲在该地区建立了自己的存在——与该地区的经济往来稳步增加，与所有国家建立关系，并避免在政策上挑战美国在该地区的利益。

11. 这种做法让人们普遍认为，中国专注于自己的经济项目。随着"一带一路"架构的形成，这种认知越来越难以维持。中国的基础设施项目是对整个地区国内发展计划的补充，而中国提供大量投资、贸易和援助正值西方对中东感到厌倦之际。中国不是在"搭便车"，而是在提供有助于中东发展与稳定的公共产品。然而，更重要的是，中东国家对美国从该地区撤军的看法：中东地区的许多领导人认为，唐纳德·特朗普（Donald Trump）当选美国总统标志着美国在该地区的强大存在的回归——美国将在支持海湾国家和以色列的同时，打击对该地区秩序（尤其是伊朗及其代理人）的挑战者。

12. 从那以后，特朗普政府的地区政策——或者说缺乏政策——让人们的预期落空。在退出《联合全面行动计划》（Joint Comprehensive Plan of Action，JCPOA）的过程中，美国对伊朗施加压力，但由于缺乏明确的替代政策，伊朗变得更加大胆——2019 年夏季霍尔木兹海峡的航运中断就证明了这一点。在伊朗击落一架美国无人侦察机后，特朗普再次威胁要对伊朗进行报复，但随后取消了计划中的打击行动，这种变化强化了这样一种看法，即美国对稳定海湾的承诺（自 1981 年"卡特主义"宣布以来一直保持不变）已经减弱。

13. 除了海湾地区外，特朗普宣布从叙利亚撤军，也表明尽管美国在中东的军事存在势不可挡，但美国的存在有所下降。特朗普回应了他的前任巴拉克·奥巴马（Barack Obama）对中国"搭便车"的指责，他在推特上写道："中国 91% 的石油途经海峡，日本的这一比例为62%，许多国家也是如此。所以为什么我们要保护其他国家（很多年）的航线，却得不到任何补偿？所有这些国家都应该在一向危险的旅程中保护自己的船只。"在这种情况下，中国在海湾安全和贸易中发挥更大作用的举措可能会产生重大影响。

14. 美国呼吁结束"搭便车"行为，但并不接受中国对该地区项目的参与。这并不特别令人惊讶：美国认为，中国在中东影响力的扩大是对美国主导地位的挑战。特朗普政府警告其中东伙伴与中国建立更深层次关系的后果。美国国务卿迈克·蓬佩奥（Mike Pompeo）和时任国家安全顾问约翰·博尔顿（John Bolton）都告诉以色列官员要在中国和美国之间做出选择。美国官员强烈反对华为将 5G 系统引入中东市场，理由是接入华为的网络可能带来潜在安全隐患。

15. 面对美国前后不一致的政策，以及中国实力和影响力增强，中东领导人接受中国在本国项目中的参与。"一带一路"消除了中东地区领导人对国内发展的担忧，同时也表明中国增加对该地区投资的意愿。

目前，西方国家（尤其是美国）正饱受"中东疲劳症"之苦。在目前阶段，我们很难确定这是一种旨在使它们的区域外战略伙伴关系多样化的对冲策略，还是标志着横跨中东与东亚的重组的开始。然而，很明显，中国将成为一个积极的合作伙伴，并以明确的方式在该地区建立更强大的存在。

中国对中东的态度：和平与发展

Camille Lons；Jonathan Fulton；Degang Sun；Naser Al – Tamimi *

原文标题： China's Approach to the Middle East：Development before Democracy

文章框架： 中东和北非地区旷日持久的战争为中国提供了一个通过解决冲突来提升大国地位的重要机会；中国的区域伙伴关系不同于西方联盟中的盟友关系；中国与中东和北非地区的关系是其全球伙伴关系网络的重要组成部分；海湾地区是中国战略伙伴关系的焦点，因为那里有大量的中国利益；中国在中东和北非地区几乎没有军事资产；作为中东和北非地区最大的外国投资者，中国认为该地区是一个潜在的市场；中国在中东和北非地区推行了与西方民主和平概念形成对比的发展和平概念。

观点摘要：

1. 习近平就任中国国家主席以来，提出了"一带一路"倡议；成立了亚洲基础设施投资银行（AIIB）和丝路基金；加强了上海合作组织和金砖国家的合作；积极参与二十国集团活动、亚洲相互协作与信任措施会议以及其他论坛。这些努力旨在推动亚洲、非洲和欧洲国家的新一轮一体化发展；加强它们在经济上的相互依存，以提升中国在国际上的地位；赢得民心。

---

* Camille Lons，欧洲对外关系委员会学者。Jonathan Fulton，扎耶德大学阿布扎比校区政治学助理教授。Degang Sun，复旦大学国际问题研究院研究员。Naser Al – Tamimi，英国杜伦大学国际关系专业博士，政治经济学家，主要研究中东问题。来源：欧洲对外关系委员会（英国智库），2019 年 10 月 21 日。

2. 正如宁夏大学教授李绍先所说的那样，在冷战结束后的许多年里，中国将中东和北非地区（MENA）视为一个"混乱而危险的埋葬帝国的墓地"。与亚洲相比，中东和北非地区由于严重的政治不稳定而四分五裂，无足轻重。然而，自2013年以来，中国在中东和北非地区的影响力逐渐增强。因此，中国在中东和北非地区的立场，转向涵盖所有利益的多维接触——尽管是以谨慎的方式进行。未来几年，中国将逐步增加在中东和北非地区的政治和经济存在，而经济合作仍将是这一努力的核心。

3. 在新时代，中国作为一个正在发展的大国，在中东和北非地区有着广泛的利益。其中第一个主要利益是，中国有意维持可预见的大国关系，以增强政治影响力。中国主张中东和北非地区的多极化而非单极化。中国试图通过调解该地区的争端，尤其是叙利亚战争（它通过在联合国安理会的否决权影响了这场战争）以及导致2015年《联合全面行动计划》出现的分歧，增强相对于其他大国的政治影响力。通过行动上的果断和政策上的灵活性，中国希望向人民证明，在外交上，中国是一个受人尊重的世界强国——它可以在中东和北非地区以及世界舞台上同欧洲、俄罗斯和美国保持战略平衡。

4. 中国的第二个主要利益关系到中国对国家主权和领土完整的原则性支持。中国在中东和北非地区积极贯彻这一政策，主要是通过在联合国安理会的地位，以确保国际社会更广泛地遵守这些原则。中国的第三个主要利益与商业联系有关，包括能源、贸易和投资。中东和北非地区地处非洲、亚洲和欧洲的十字路口，是"一带一路"倡议的交汇点。根据中国海关总署的数据，2018年，中国进口了约4.62亿吨石油（其中近一半来自中东和北非地区），是11个中东和北非地区国家（包括伊朗和10个阿拉伯国家）的最大贸易伙伴。截至2019年中，中国已与21个中东和北非地区国家（包括18个阿拉伯国家）签署了共建"一带一路"项目协议。出于经济和更广泛的战略原因，中国希望将中东和北非地区纳入"一带一路"倡议，这使中国大大增加了与该地区的接触。

5. 最后，中国在中东和北非地区存在外交利益。2016年，阿拉伯国家联盟（以下简称阿盟）通过《多哈宣言》支持中国在南海问题上的立场，即冲突各方应在没有外国或常设仲裁法院等国际组织参与的情况下，通过双边方式解决争端。为了维护这些利益，中国采取了四项措施：斡旋外交；加强与中东和北非地区关键国家的政治伙伴关系；部署维和人员；深化经济合作。

6. 中东和北非地区旷日持久的战争为中国提供了一个通过解决冲突来提升大国地位的重要机会。2017年10月，习近平主席强调，中国正日益走近世界舞台的中央，因此，中国有责任和希望为中东和北非地区的冲突解决做出更大贡献，并通过双边和多边合作在该地区创造公共安全产品。中国已经任命了非洲事务特使（苏丹）、中东和平进程特使（以色列—巴勒斯坦）、阿富汗冲突特使和叙利亚战争特使。与欧洲和美国的特使相比，中国特使通常更务实、更有耐心，他们在棘手问题上寻求渐进的解决方案。中国参与中东和北非地区问题的调解，往往采取谨慎的方式，虽然参与这一进程，但不发挥决定性作用。中国选择参与而非主导，跟随而不是领导，提出建设性意见，而不是设定议程，在复杂的战争中寻求缓和而不是全面解决。

7. 中国在四个方面发挥调解者的作用。第一是在苏丹和南苏丹等地进行多方面干预。第二是积极参与《联合全面行动计划》执行和巴以冲突等争端。第三是进行有限的调解，比如利比亚内战、叙利亚冲突、也门战争、沙特阿拉伯与伊朗的争端，以及海湾国家对卡塔尔的封锁——在所有这些情况下，中国的影响力都非常有限。第四是进行间接参与，例如通过联合国参与索马里危机，西撒哈拉问题，伊朗与英国和美国的海上争端，黎巴嫩逊尼派、什叶派和马龙派之间的宗派冲突以及针对"伊斯兰国"、"基地"组织及其分支的军事行动。

8. 中国的区域伙伴关系不同于西方联盟中的盟友关系：前者寻求基于非正式政治契约的灵活政治合作，而后者往往根据防御条约以外部敌人为目标。2013年以来，中国逐步构建了一个包括大国、邻国、发展中国家以及非洲联盟、阿盟等地区组织的多维度全球伙伴关系网络。中国认为层次分明的伙伴是相互联系、相互促进的。

9. 中国在中东和北非地区的关系是其全球伙伴关系网络的重要组

成部分。这些关系——横跨东地中海、海湾地区、马格里布地区和红海——根据重要性可分为四大类。第一类包括与阿尔及利亚、埃及、伊朗、沙特阿拉伯和阿拉伯联合酋长国的全面战略伙伴关系。第二类是与以色列的全面创新伙伴关系和与土耳其的战略合作关系。第三类是与几个中等国家的战略伙伴关系，涉及伊拉克、摩洛哥和苏丹。第四类是与较小国家的战略伙伴关系，涉及吉布提、约旦、科威特、阿曼和卡塔尔。

10. 海湾地区是中国战略伙伴关系的焦点，因为那里有大量的中国利益。中东和北非地区的政府普遍欢迎与中国建立伙伴关系，因为它们称，中国将它们视为平等伙伴，而不是次要伙伴或殖民代理人。加上不干涉别国内政、不结盟、拒绝发动代理战争的政策，中国与冲突各方即伊朗和沙特阿拉伯、阿拉伯国家和以色列、阿尔及利亚和摩洛哥，都保持着良好的关系，因为中国的伙伴关系不会伤害或激怒第三方。随着特朗普政府开始脱离中东和北非地区，中国在该地区扮演低调角色越来越难。

11. 中国在中东和北非地区几乎没有军事资产。根据斯德哥尔摩国际和平研究所的数据，2014～2018 年，美国向该地区提供了 54% 的武器，俄罗斯提供了 9.6%，法国提供了 8.6%。相比之下，中国的份额很小——不到 5%。然而，近年来，中国与中东和北非地区的相关合作有所增加。中国制造的无人机被引进沙特阿拉伯，并被部署在埃及和伊拉克以用于反恐。中国国防部称，中国已经在吉布提的奥博克后勤基地部署了大约 1000 名士兵，执行反海盗任务。截至 2019 年 7 月，中国已向索马里及其附近海域派出 32 批护航编队，以保障红海和阿拉伯海的安全。

12. 联合国称，中国在该地区的维和部队是联合国安理会常任理事国中规模最大的。2015 年，习近平主席宣布，中国将向联合国和平与发展信托基金捐款 10 亿美元，并将为其他联合国成员国培训 2000 名维和人员。截至 2018 年 4 月，中国已向联合国在中东和北非地区及其附近的维和行动派遣 1800 多名官兵和警察：西撒哈拉（西撒特派团，10 人）、苏丹达尔富尔（达尔富尔混合行动，371 人）、黎巴嫩（联黎部队，418

人）、南苏丹（联南苏团，1056 人），以及以色列—巴勒斯坦（联合国停战监督组织，5 人）。

13. 此外，中国军队还参与了联合国安理会批准的行动，例如，2013 年，中国海军舰艇护送联合国运送化学武器的船只离开叙利亚，前往塞浦路斯进行销毁。中国经常部署军事力量，帮助中国公民从黎巴嫩（2006 年）、利比亚（2011 年）和也门（2015 年）等中东和北非地区国家撤离。最后，中国不仅依赖西方私人安保承包商和当地安全部队，还向饱受战争蹂躏的国家和地区派遣私人安保承包商，以保护中国侨民和中资基础设施。

14. 作为中东和北非地区最大的外国投资者，中国认为该地区是一个潜在的市场，即使目前不具有一定的安全环境。中国商务部统计，2018 年，中国与 22 个阿拉伯国家的贸易额达到 2443 亿美元；中伊（伊朗）贸易额近 360 亿美元；中以贸易额达 139 亿美元；中土贸易额达 216 亿美元。2017 年，中国与阿拉伯国家签署了价值 330 亿美元的投资合同。如今，有 100 多万名中国侨民在中东和北非地区经商、求学或朝圣。中国参与伊拉克战后重建，继续在黎巴嫩、利比亚、苏丹、叙利亚等国寻求商机。

15. 中国在中东和北非地区推行了与西方民主和平概念形成对比的发展和平概念，认为造成地区不安全的根本原因是经济停滞、高失业率、基础设施落后、人口快速增长和人才流失，而不是民主缺失。因此，当俄罗斯和西方国家在伊拉克、黎巴嫩、利比亚、巴勒斯坦、叙利亚和也门的冲突中扮演重要角色时，中国可能会在这些国家进行战后重建时深入介入。

16. 中国认为，对所有中东和北非地区国家来说，发展比民主更重要，这一观点反映在中国以发展为导向的治理方式上。中国认为，国际社会应该向中东和北非地区国家提供急需的经济援助，而不是向它们输出不合适的民主制度。尽管方法不同，但中国和西方大国在该地区可能有相似的最终目标，并可能找到方法来实现这些目标。它们当前的目标是发展，这将为西方在中东和北非地区建立民主制度的长期目标奠定基础。

17. 中国对饱受战争蹂躏的中东和北非地区国家的发展援助与其在该地区的总体影响力呈正比。自 2015 年以来，中国已向联合国驻索马里维和部队提供了 1 亿美元。自 2018 年以来，中国已向黎巴嫩、约旦、叙利亚和也门的人道主义重建提供了约 8500 万美元；向巴勒斯坦提供了 1400 万美元，用于人道主义援助；向阿拉伯国家提供了 1.4 亿美元，用于能力建设；向阿拉伯国家提供了 4200 万美元，用于培训执法人员。中国政府认为，通过经济和社会重建，中东和北非地区的各国政府可以消除暴力和激进主义。中国改革开放的经验告诉我们，经济和社会发展是中东和北非地区转型国家的绝对必要条件。

18. 中国对西方的联盟政治、势力范围和经济制裁持否定态度，对保护责任的概念持谨慎态度，反对政权更迭，并驳斥一些饱受战争蹂躏的中东和北非地区国家的政府是邪恶的或麻烦制造者的说法。中国强调，所有中东和北非地区国家都是包容性和全面解决冲突对话的伙伴。中国通过坚持这些标准来提升地位。

19. 作为一个正在发展的大国，中国与中东和北非国家的接触是试验性的和初步的。中国政府的目标不是在中东和北非地区寻求与美国展开地缘政治竞争。它通过维持稳定的大国关系和扩大在中东和北非地区的商业利益来做到这一点。因此，中国会避免与欧盟、俄罗斯和美国等直接争夺控制权。中国和俄罗斯联合否决了联合国安理会关于叙利亚战争的七项决议草案，但中国没有与俄罗斯结成全面联盟。与俄罗斯不同，中国没有在冲突地区建立军事基地，也不寻求在中东和北非地区建立势力范围。

20. 中国对中东和北非地区的独立政策感到满意，认为，其他大国应该放弃冷战思维，建立一个以分担负担和公共产品为基础的新的安全秩序，从而促进可持续的和平与发展。由于寻求与其他大国建立伙伴关系，中国可能会加强与欧盟的合作，寻求缓解巴以、利比亚、叙利亚和也门的冲突，并解决伊朗核问题。中国和欧盟都强调有必要坚持《联合全面行动计划》；支持巴以冲突的两国解决方案；支持政治解决方案，反对任何国家企图在叙利亚战争中主导安全事务，并强调它们认为联合国在解决利比亚和也门冲突中应该发挥核心作用。今后几年，中国的"一带一路"倡议项目和欧洲大国的经济投资将为中东和北非地区国家提供有利于促进地区和平稳定的发展援助。双方将建立伙伴关系，解决中东和北非地区的难民问题。

21. 由于老牌大国对中东和北非地区事务的兴趣减少，中国将探索维护自身商业利益的途径，并在中东和北非地区构建和谐合作关系。中国在该地区的地位可能会在未来几年发生很大的变化。

海湾阿拉伯国家合作委员会的中国政策：对冲不确定性

Camille Lons；Jonathan Fulton；Degang Sun；Naser Al – Tamimi *

原文标题： The GCC's China Policy：Hedging against Uncertainty

文章框架： 在过去 20 年里，海湾阿拉伯国家合作委员会的 6 个成员国（巴林、科威特、阿曼、卡塔尔、沙特阿拉伯和阿拉伯联合酋长国）通过更多地关注东亚，使其外交政策多样化；在地区层面，海湾国家（尤其是沙特阿拉伯和阿联酋）担心，美国与伊朗之间达成的新的核协议将使伊朗变得更加自信；作为一个经济大国，中国对海湾国家的作用越来越重要；在海湾地区，中国承包商的表现超过了韩国同行；中国已经是世界上最大的能源消费国，考虑到未来几十年经济的增长，中国将越来越依赖对石油和天然气的进口；沙特阿拉伯与中国的经济关系以能源为基础；海湾地区与中国的经济利益也在更广泛的地理区域内融合；海湾国家希望投资中巴经济走廊，它是"一带一路"的旗舰项目；海湾国家意识到，中国的经济增长最终可能转化为在中东和北非地区日益增强的军事实力；中国支持俄罗斯最近针对海湾地区提出的集体安全概念；海合会成员国与美国之间强大的军事联系，可能会限制它们对中国在中东增强军事影响力的支持。

---

* Camille Lons，欧洲对外关系委员会学者。Jonathan Fulton，扎耶德大学阿布扎比校区政治学助理教授。Degang Sun，复旦大学国际问题研究院研究员。Naser Al – Tamimi，英国杜伦大学国际关系专业博士，政治经济学家，主要研究中东问题。来源：欧洲对外关系委员会（英国智库），2019 年 10 月 21 日。

观点摘要：

1. 在过去 20 年里，海湾阿拉伯国家合作委员会（GCC，以下简称海合会）的 6 个成员国（巴林、科威特、阿曼、卡塔尔、沙特阿拉伯和阿拉伯联合酋长国）通过更多地关注东亚，使其外交政策多样化。作为"向东看"政策的一部分，它们把重点放在了中国、日本、韩国和东盟。造成这种变化的主要原因有两个。第一，中国在过去 30 年中引人关注的经济增长促使该国能源需求急剧增长。在此过程中，海合会成员国成为中国在中东和北非地区（MENA）经济活动的重心。海湾国家打算进一步加强这些经济联系。第二，海合会成员国对它们与美国关系的发展轨迹越来越不确定，特别是考虑到"9·11"事件后美国与沙特阿拉伯之间的紧张局势加剧。尽管在唐纳德·特朗普的领导下，美国与海合会之间的关系得到了显著改善，但作为基础的不成文的"石油换安全"架构已变得越来越复杂，有时甚至相互矛盾。美国页岩气贸易的繁荣可能最终会让美国有机会结束对海湾石油进口的依赖。

2. 在地区层面，海湾国家（尤其是沙特阿拉伯和阿联酋）担心，美国与伊朗之间达成的新的核协议将使伊朗变得更加自信。另一个使它们担心的问题是，美国未能阻止伊朗实施核计划。它们对美国即将脱离甚至放弃中东的担忧是真实存在的——在特朗普和他的前任任期内都是如此。在这方面，海合会成员国有意避免过度依赖美国。因此，海湾国家（尤其是沙特阿拉伯和阿联酋）正沿着平行线路努力：增强独立军事能力，并与中国等关键外部参与者积极加强经济和军事联系。从长远来看，这可能会促使一些海湾国家加强与中国的军事和安全联系，或接纳中国的军事设施，包括海军基地。

3. 作为一个经济大国，中国对海湾国家的作用越来越重要。近年来，中国在海湾地区的利益范围不断扩大——从对碳氢化合物贸易的关注，到对能源、工业、金融、交通、通信和其他技术的广泛投资。在海合会的经济多样化计划中，中国日益成为一个重要的利益攸关方。在截至 2018 年的 10 年里，中国与海合会成员国之间的贸易额翻了一番，达到近 1630 亿美元，预计未来几年还将进一步增长。中国现在是海合会最大的经济伙伴，也是科威特、阿曼、沙特阿拉伯和阿联酋最大的贸易伙伴。

4. 如今，在海湾地区，中国承包商的表现超过了韩国同行。中东地区商业杂志《中东经济文摘》项目数据的分析显示，自2013年"一带一路"倡议提出以来，中国企业在当地开展了价值380亿美元的项目建设。这几乎是2007~2012年的两倍。2018年，该地区是中国建设项目在全球的第二大投资目的地。2018年，中国对中东和北非地区近2/3的投资流向海合会成员国。

5. 中国已经是世界上最大的能源消费国，考虑到未来几十年经济的增长，中国将越来越依赖对石油和天然气的进口。2018年，中国近30%的石油进口（每天290万桶）来自海合会成员国（其中一半以上来自沙特阿拉伯）。因此，海合会成员国中较强的两个国家（沙特阿拉伯和阿联酋）仍将是中国中东经济政策的基础。阿联酋与中国的伙伴关系带有经济性质，尤其是因为阿联酋渴望成为该地区参与"一带一路"倡议的主要门户。据估计，中国60%的与欧洲和非洲的贸易要经过阿联酋。

6. 沙特阿拉伯与中国的经济关系以能源为基础。中沙能源关系最近的发展趋势可能会产生重要的长期影响。首先，沙特阿拉伯将自2012年以来首次增加在中国能源市场的份额。这是因为沙特阿拉伯国家石油公司（Saudi Arabian Oil Co.，以下简称沙特阿美石油公司）与中国企业达成了新的协议，增加了对中国的原油供应量。这些交易使中国成为沙特阿拉伯最大的石油出口市场，在历史上首次超过美国和日本。沙特阿拉伯可能很快取代俄罗斯，成为中国最大的原油供应国。

7. 海湾地区与中国的经济利益也在更广泛的地理区域内融合。沙特阿拉伯希望，中国政府对红海地区日益增加的关注涉及更大的努力，以塑造该地区和西印度洋海上贸易的未来。中国的存在与科威特、阿曼、卡塔尔和沙特阿拉伯在该地区修建新港口或增加现有港口吞吐量的宏伟计划不谋而合。这些计划可能在一定程度上解释为什么阿联酋寻求大力投资"一带一路"项目（尤其是在非洲之角），从而保持其在该地区的领先经济地位。尽管阿联酋渴望吸引中国的投资，但它也对中国企业在该地区港口的发展持谨慎态度，因为这可能威胁到迪拜作为地区贸易中心的地位。

8. 与此同时，海湾国家希望投资中巴经济走廊，它是"一带一路"的旗舰项目，例如，沙特阿拉伯向巴基斯坦提供了约160亿美元与该项目相关的贷款和投资。其中包括一项 100 亿美元的投资，用于在瓜达尔（位于阿拉伯海沿岸的巴基斯坦城市）深水港建造一座炼油厂和石化综合体。尽管这一支持具有重大的政治意义，但这些项目与沙特阿美石油公司雄心勃勃的计划相吻合。沙特阿美石油公司计划将其能源组合多元化，并将业务拓展至中国、印度和其他亚洲市场——这些市场是全球能源需求增长的核心地带。

9. 海湾国家意识到，中国的经济增长最终可能转化为在中东和北非地区日益增强的军事实力，使中国能够在该地区采取更为强硬的政策，以实现战略目标。尽管中国在过去 10 年努力实现石油来源多样化，但石油进口总量的约 2/3 仍依赖中东和非洲。因此，中国的大部分贸易和能源进口仍依赖曼德海峡、霍尔木兹海峡、马六甲海峡和苏伊士运河等海上通道。此外，在其他中东和北非地区国家（如伊拉克、利比亚、叙利亚和也门），与冲突后重建相关的项目最终可能耗资数千亿美元。中国企业有机会获得这些合同中的很大一部分。

10. 随着中国实力的增强以及对中东和北非地区石油的依赖程度上升，未来几十年，中国可能会利用军事力量来保护这些至关重要的利益。海湾国家对中国在该地区发挥越来越大作用的前景表示欢迎，尽管它们希望确保中国继续进行投资以维护它们的利益。它们希望中国最终能提供一个可能取代美国的安全方案——无论是通过单边形式还是多边倡议实现。

11. 中国日益增强的经济和军事实力，以及在联合国安理会的常任理事国席位，确保全球影响力只会随着时间的推移而增加。这就是海合会成员国将中国视为重要的政治支持来源的原因，尤其是当它们正在启动多样化项目和进行有选择性的经济改革，同时在人权和民主化等问题上抵制西方的压力之际。2018 年，沙特记者贾马尔·哈苏吉（Jamal Khashoggi）在沙特驻伊斯坦布尔领事馆被杀，中国对此保持沉默，这让海湾国家更加相信，它们的某些立场与中国（而不是与西方的长期合作伙伴）一致。

12. 中国支持俄罗斯最近针对海湾地区提出的集体安全概念，该概念呼吁建立一个"普遍和全面的"安全体系，该体系"在所有安全领域，应以尊重所有地区和其他相关方的利益为基础，包括军事、经济和能源领域"。中国、海湾国家和俄罗斯共同致力于维护国家主权独立和不干涉别国内政，致力于促进经济发展而不是进行民主改革。中国在很大程度上避免直接参与中东和北非地区的争端，并与该地区所有国家建立了良好的关系。海湾国家对中国的伊朗政策表示关注。尽管中国支持《联合全面行动计划》，但对伊朗采取了谨慎态度。所有的经济指标都表明，中国并没有在伊朗进行大量投资（尽管伊朗政府的说法与此相反）。

13. 更广泛地说，如果沙特阿拉伯等海湾国家对美国捍卫其利益失去信心（或许是由于美国未能阻止《联合全面行动计划》），那么它们将更有可能启动自己的核计划或获得先进的弹道导弹。

14. 虽然海湾国家希望从中国在中东和北非地区扮演的更重要角色中获得经济和政治利益，但它们知道，在这一点上应与美国实现平衡。海合会成员国的决策者认为，中国不具备军事和后勤能力（或许还有政治意愿）来提供一个可靠的替代方案，以便取代美国在海湾地区的安全保障地位。美国在该地区部署了数万名士兵，并在所有海合会成员国（除了沙特阿拉伯以外）以及阿富汗、伊拉克、约旦、土耳其和叙利亚设有基地。在海湾国家看来，尽管美国与海合会的关系越来越不确定，但美国军方提供的安全保障，对于维持海湾地区的和平与稳定，以及在未来几年捍卫其更广泛的地区利益，仍然至关重要。

15. 事实上，海合会成员国与美国之间强大的军事联系，可能会限制它们对中国在中东增强军事影响力的支持——至少在短期内如此。此外，沙特阿拉伯和阿联酋是少数几个从美国购买终端高空区域防御系统和"爱国者"导弹的国家。最重要的是，海湾国家不希望与中国（或俄罗斯）进行过多的军事合作，认为这样损害它们与美国的军事关系。美国可能会向中东和北非地区的盟友施压，要求它们限制与中国的接触，尤其是在军事事务上。事实上，一些海湾国家的领导人担心，中美关系的变化可能会让他们陷入不得不选择立场的尴尬境地——就像他们在围绕中国科技巨头华为的争端中可能不得不做的那样（这可能会给中东经济带来负面影响）。

巴基斯坦重新关注反恐，以保护中国的投资

Helen Blackwell *

原文标题： Pakistan Refocuses on Counter – terrorism to Protect China's Investments

文章框架： 在中国对中巴经济走廊（CPEC）沿线持续动荡局势日益感到不安之际，打击恐怖主义已成为巴基斯坦新的优先事项；在建设中巴经济走廊项目的过程中，巴基斯坦俾路支省和部落地区的中国公民将大大增加；对中国而言，中巴经济走廊是"一带一路"倡议的重要组成部分；对巴基斯坦来说，中巴经济走廊带来的经济投资对改善不稳定的经济形势至关重要；此前，巴基斯坦在中巴经济走廊一带的反恐努力一直以军事打击为重点；军方可能仍处于核心地位，建设新的安全部门将成为减少中国安全担忧的具体举措。

观点摘要：

1. 中国已经再次公开声明，相信巴基斯坦有能力应对中巴双边基础设施建设项目面临的安全威胁，越来越多的迹象显示，巴基斯坦政府致力于在寻求实现经济发展的同时采取军事行动，以解决安全问题。在中国对中巴经济走廊（CPEC）沿线持续动荡局势日益感到不安之际，打击恐怖主义已成为巴基斯坦新的优先事项。中巴经济走廊项目包括燃煤电厂、高速公路以及淡水设施，其进展一直受到密切关注。鉴于巴基斯坦目前面临的经济挑战和中国投资的重要性，巴基斯坦正在采取重大措施，打击可能针对中巴经济走廊的恐怖主义活动。巴基斯坦的措施具

---

* Helen Blackwell，英国国际战略研究所南亚项目研究助理。来源：英国国际战略研究所（英国智库），2019 年 9 月 19 日。

有双重作用：一方面巴基斯坦正在组建第二个安全部门保护中巴经济走廊；另一方面巴基斯坦增加了对中巴经济走廊项目所在的欠发达地区的资助。

2. 中巴经济走廊是中国"一带一路"倡议的重要组成部分，迄今为止已投资 190 亿美元，拟建 42 个基础设施子项目，其中 11 个已经建成，11 个正在建设中。中巴经济走廊的资金主要来自中国企业、中资银行以及中国政府的贷款。在中巴经济走廊的工作人员中，中国公民占很大比例，据估计，在 3 万名工作人员中，有 1 万人是中国员工。在建设中巴经济走廊项目的过程中，巴基斯坦俾路支省和部落地区的中国公民将大大增加。

3. 中巴经济走廊对中国和巴基斯坦重要。对中国而言，中巴经济走廊是"一带一路"倡议的重要组成部分：中国在该项目上投入大量资金，该项目具有重要的地缘政治意义，通过中巴经济走廊，中国可以进入印度洋地区。即便中巴经济走廊面临安全威胁，中巴经济合作也还在继续，中国已公开重申相信巴基斯坦有能力应对安全威胁。瓜达尔港遇袭两周后，中国国家副主席王岐山在访问巴基斯坦期间，敦促巴基斯坦确保中巴经济走廊的安全。相关举措对中国来说是不同寻常的，中国通常不会公开批评巴基斯坦。

4. 对巴基斯坦来说，中巴经济走廊带来的经济投资对改善不稳定的经济形势至关重要。在担任反洗钱金融行动特别工作组主席期间，中国能够对巴基斯坦的经济施加影响。在 2019 年 10 月全体会议上，反洗钱金融行动特别工作组就将巴基斯坦保留在"灰名单"上，还是将其降级到"黑名单"上做出决定。被拉入"黑名单"预计将导致巴基斯坦每年损失 100 亿美元。为确保中国对巴基斯坦采取积极的经济措施，巴基斯坦有必要遏制针对中国的恐怖袭击。

5. 反恐措施。此前，巴基斯坦在中巴经济走廊一带的反恐努力一直以军事打击为重点。2016 年，巴基斯坦成立了一个由 1.5 万名准军事人员组成的特别安全部门来保护中巴经济走廊项目。然而，瓜达尔港受到的袭击表明，目前的措施可能还不足以确保中巴经济走廊安全，因为袭击者能够设法进入一个高度军事化的地区进行袭击。在瓜达尔港遇袭之后，高度重视中巴经济走廊安全的巴基斯坦陆军宣布，将设立第二个安全部门确保中巴经济走廊安全。此举有可能是先前计划的一部分。预计会有更多的细节被披露，上述安全部门的建立是需要时间的。中国政府表示，巴基斯坦已经成立中巴经济走廊项目和中方人员安全特别委员会。这很可能与巴基斯坦在阿富汗和解进程中所发挥的作用存在一定程度的联系——2019 年 7 月 2 日俾路支解放军被美国列为恐怖组织，此举有助于巴基斯坦聚合国际力量打击俾路支武装分子。

6. 除了上述措施外，巴基斯坦军方还在 6 月宣布了一项自愿削减预算的计划，以消除该国的经济危机。巴基斯坦总理伊姆兰·汗（Im-ran Khan）很快表示，多余的资金将用于支持促进俾路支省和部落地区发展。几周后公布的 2019 ~ 2020 年预算显示，拨给促进经济发展的资金总额从 30 亿美元增至 53 亿美元，尤其是拨给各省的赠款和转移资金较多。这与巴基斯坦将中巴经济走廊的重点转向发展方面相辅相成：在中国同意后，中巴经济走廊将在更大程度上造福巴基斯坦普通民众。在中巴经济走廊建设背景下，巴基斯坦政府对俾路支省给予更多关注，显然是基于减轻这些地区的人民对经济的不满。巴基斯坦军方发言人阿西夫·加福尔（Asif Ghafoor）表示，经济繁荣减少了对恐怖主义的刺激。如今，军方可能仍处于核心地位，建设新的安全部门将成为减少中国安全担忧的具体举措。

欧盟新战略在印度的前景

Garima Mohan [*]

原文标题： Prospects for the New EU Strategy on India

文章框架： 欧盟新战略强调的领域是基础设施建设与互联互通，这也是欧印合作的巨大潜力所在；印度没有明确的互联互通战略，但它是少数几个没有签署"一带一路"倡议合作文件、没有出席分别于 2017 年和 2019 年召开的"一带一路"国际合作高峰论坛的国家之一；欧盟新战略强调推进欧印双方合作的两种方式；尽管欧盟新战略概述的领域看起来较为准确，但它尚未具体说明将使用哪些工具推动欧盟与印度在基础设施领域和互联互通领域的伙伴关系的发展。

观点摘要：

1. 欧盟新战略强调的领域是基础设施建设与互联互通，这也是欧印合作的巨大潜力所在。欧盟和亚洲的基础设施发展潜力巨大。到目前为止，中国的"一带一路"倡议一直是该领域最引人关注的参与者，部分人士可能会认为，该倡议是欧亚基础设施建设领域的唯一参与者。鉴于对"一带一路"倡议项目的担忧，以及"一带一路"倡议的推进不可避免地增强中国的政治影响力，欧盟以及印度方面都希望成为欧亚地区互联互通的参与者，并为较小国家提供替代性选择方案。欧盟发布的欧亚互联互通战略首次尝试提供"一带一路"倡议替代方案，即承

---

* Garima Mohan，德国马歇尔基金会亚洲项目研究员。来源：法国国际关系研究所（法国智库），2019 年 9 月 19 日。

诺在对等性和公平竞争的基础上，对互联互通领域进行可持续的透明投资。

2. 印度没有明确的互联互通战略，但它是少数几个没有签署"一带一路"倡议合作文件、没有出席分别于2017年和2019年召开的"一带一路"国际合作高峰论坛的国家之一，原因涉及贷款问题以及对相关项目可持续性的怀疑。与此同时，印度参与了其他国家提出的基础设施建设项目。印度和日本在包括"亚非增长走廊"倡议在内的一系列项目上进行合作。印度和日本还确定了在斯里兰卡、孟加拉国、缅甸和肯尼亚的联合基础设施项目。此外，印度还计划加强与周边地区以及优先地区（东盟、印度洋等）在互联互通方面的伙伴关系和增加投资。从官方声明可以明显看出，欧盟和印度对互联互通项目有着共同的愿景，即合作项目应该是可持续的（无论是经济上的还是财政上的）、透明的，并且应该遵守既定的国际标准和治理原则。因此，互联互通建设项目自然应该成为欧盟与印度合作的重点领域。

3. 欧盟新战略强调推进欧印双方合作的两种方式。首先，该战略希望欧盟增加对印度基础设施建设项目的投资。印度自身的基础设施需求巨大，进行基础设施建设往往是改善该地区环境的第一步。欧盟希望在印度的交通、能源和数字领域进行投资，特别是在标准制定和技术方面。同时，欧盟还希望通过欧洲投资银行（EIB，最近在印度设立了办事处）支持气候适应性基础设施项目。事实上，欧盟已经为印度的地铁项目、绿色出行倡议以及其他支持建设智慧城市的倡议提供了资金。欧洲建筑业也对上述相关项目非常感兴趣。欧盟的能源技术部门或将成为印度良好的合作伙伴之一，特别是在印度利用可再生能源建设全球最大的能源转型项目之际。这能够满足印度的需求，是印度发展的优先事项，正如2019年7月5日印度公布的国家预算所显示的一样，对基础设施投资被列为优先事项，尤其是铁路基础设施。其次，欧盟希望与印度在第三国的基础设施建设项目上展开合作，特别是在南亚地区。对于印度来说，这是一个可喜的进展。如上所述，印度已经开始与日本等志同道合的伙伴进行合作，在南亚地区提供可靠的"一带一路"倡议替代方案，当然，印度和日本也欢迎欧盟更多地参与其中。

4. 尽管欧盟新战略概述的领域看起来较为准确，但它尚未具体说明将使用哪些工具推动欧盟与印度在基础设施领域和互联互通领域的伙伴关系的发展。在印度启动欧盟互联互通战略，将是一个良好开端，可以提高人们对欧盟在基础设施发展方面地位和能力的认识水平。这有助于将欧盟定位成互联互通的重要参与者和潜在伙伴。尽管许多印度民众认为印度和欧洲的做法具有相似之处，也了解它们对"一带一路"倡议的相关质疑，但总体而言，欧盟在这一领域并不是一个重要的参与者。日本和中国在该地区的投资众所周知，但并没有多少人知道欧洲投资银行这样的机构，以及上述为印度和南亚邻国交通项目提供巨额资金的事实。欧盟可以通过建立对话机制或工作组（类似于欧盟—印度海上安全工作组），以作为改变上述状况的第一步。对话机制可用于讨论宏观问题和相关概念，如基础设施建设项目的国际标准，以及确定印度和欧盟可以在第三国进行合作的具体项目。欧盟已经在与美国和日本等伙伴进行讨论，寻求与之合作实施互联互通战略的途径。欧盟也应该考虑将印度列入实施互联互通战略的名单。

绿色"一带一路"倡议：评估挑战规模、障碍和行动工具的最新进展

Sébastien Treyer *

原文标题：Greening the Belt and Road Initiative：Recent Advances in Assessing the Scale of the Challenge，the Obstacles and the Tools for Action

文章框架：中国政府在支持应对气候变化和生物多样性方面发挥关键作用，并将"一带一路"倡议作为一个有助于实现联合国 2030 年可持续发展目标的全球性项目；截至目前，关于"一带一路"倡议对环境影响的透明度，尤其是在东道国经济脱碳方面的透明度，还依赖少数美国研究中心的研究；2015 年，126 个共建"一带一路"国家的碳排放总量占全球碳排放总量的 28%；中方专家对"一带一路"倡议面临的风险和机遇进行内部讨论，特别是针对环境问题进行了相关讨论。

观点摘要：

1. 当前，中国政府在支持应对气候变化和生物多样性方面发挥关键作用，并将"一带一路"倡议作为一个有助于实现联合国 2030 年可持续发展目标的全球性项目。

推动"一带一路"倡议成为可持续发展的动力，不仅是中国面临的挑战，也是世界面临的挑战。这意味着要迅速开展绿色"一带一路"倡议的集体学习，并与《巴黎协定》的要求和可持续发展目标保持一

---

* Sébastien Treyer，可持续发展与国际关系研究所科研院长。来源：可持续发展与国际关系研究所（法国智库），2019 年 9 月 23 日。

致。第二届"一带一路"国际合作高峰论坛于 2019 年 4 月举行，在"一带一路"国际绿色发展联盟和《"一带一路"绿色投资原则》框架下，启动了多项国际倡议，补充了绿色"一带一路"倡议的规划。确保上述新举措能够真正对原有规划产生影响，就需要在第一个五年期计划实施之后，对"一带一路"倡议项目的环境影响进行评估。中国专家和机构最近发表的几个研究报告已经开始填补这一缺口。

2. 截至目前，关于"一带一路"倡议对环境影响的透明度，尤其是在东道国经济脱碳方面的透明度，还依赖少数美国研究中心的研究。世界资源研究所（WRI）于 2018 年发布的一项研究结果证实，化石能源在"一带一路"倡议项目第一波投资展望（2014～2017 年）中所占比重仍然很高（化石能源投资占"一带一路"能源投资的 60%～90%），与"一带一路"倡议启动前相比没有显著下降（2007～2014 年，煤炭投资占 66%，可再生能源投资占 24%）。因此，在上述两个时期之间，共建"一带一路"国家的融资净增加额中的绝大部分被用于能源部门，以确保对化石能源的投资，而《巴黎协定》框架内的国家自主贡献模式表明迫切需要对可再生能源进行投资。

3. 在 2019 年 4 月启动的绿色"一带一路"倡议中，没有提及相关重大问题，也没有提及将"一带一路"倡议与《巴黎协定》和联合国 2030 年可持续发展目标对接可能面临的挑战。绿色"一带一路"倡议基本上重新承诺执行现有的绿化原则，但没有探寻在第一波投资之后出现差距的原因。

2018 年，中国环境与发展国际合作委员会与中国政府部门合作建立的国际专家咨询委员会发布的一份研究报告解释了第一波投资对环境影响较大的关键类别：东道国政府对环境的要求水平较低；项目的复杂性及其跨国性质不仅使环境评估程序复杂化，而且由于数据较为分散，确保透明度的努力也变得复杂化；不利于绿色投资的风险评估框架。这份报告并没有就如何落实绿化原则提出相关方案。因此，人们热切期待下一个关于同一主题的研究，特别是包括三项个案（巴基斯坦、马来西亚、斯里兰卡）的研究。

4. 在此背景下，由清华大学金融与发展研究中心等于 2019 年 9 月发布，并由中国金融学会绿色金融专业委员会主任马骏签署的报告是非常引人关注的进展。该报告强调，2015 年，126 个共建"一带一路"国家的碳排放总量占全球碳排放总量的 28%，国内生产总值占全球国内生产总值的 23%。如果这些国家继续沿用传统发展模式（"基准情景"），而全球其他国家及地区均实现 2℃ "温升情景"所要求的减排目标，那么到 2050 年，共建"一带一路"国家的碳排放总量在全球碳排放总量中的占比将显著提升，届时全球碳排放总量将高达 2℃ "温升情景"碳排放总量的 2 倍。关于如何应对这一挑战，该报告作者强调，存在三种特定的障碍。这三种障碍分别是：许多共建"一带一路"国家缺乏针对减少碳排放量和应对气候变化的具体政策与监管规定；共建"一带一路"国家的多数高碳资产属于公共部门资产，因此，在私营部门中"防范搁浅资产"的机制难以抑制这些国家的高碳投资；不少高碳基础设施项目的跨境投资已被公共机构去风险化。该报告作者提出了克服这些障碍所需的一系列条件，即提升"一带一路"投资对碳排放影响的透明度、全球所有投资者采用绿色投资原则、增强东道国在绿色金融和环境监管方面的能力，以及中国的对外投资不应与东道国的环境标准挂钩，而应与中国的环境标准挂钩。

5. 最近，中国科学院等出版的著作强调"一带一路"倡议基础设施项目对生物多样性的潜在重大影响，原因在于部分与生物多样性相关的领域与相关基础设施项目相关。这些著作不仅建议将生态影响降到最低水平，而且在适当情况下，对这些基础设施项目的建设方案是否切实可行表示质疑。中方专家对"一带一路"倡议面临的风险和机遇进行内部讨论，特别是针对环境问题进行了相关讨论，相关讨论最近在实证和量化的基础上向国际社会开放，开启了集体学习的进程。

中国国务院总理李克强在莫斯科：
中俄关系的重要时刻

Eric Li *

原文标题： Li Keqiang in Moscow：An Important Moment for Russia – China Relations

文章框架： 中俄两国的广泛合作有助于推动俄罗斯经济的薄弱环节实现发展；从地缘政治和地缘经济角度来看，中俄两国正从仅维护政治和军事利益以应对西方社会的影响，转向积极建设国家之间日益重视的互联互通项目。

观点摘要：

1. 冷战后，俄罗斯和中国的经济关系主要集中于能源领域，俄罗斯是一个主要的能源供应国，而中国是世界上最大的能源消费国之一。目前，全球局势已经发生很大变化。美国决定以牺牲全球贸易体系为代价，采取激进手段捍卫贸易利益，提高了中俄两国加强经济关系的必要性。中俄两国之间的贸易往来持续增加，特别是非能源部门的贸易增速显著。2018 年，中俄两国的服务贸易规模翻了一番。中国正在向俄罗斯企业广泛开放能源领域以外的市场，涉及服务业、农业、金融业以及技术等领域。中俄两国在非能源领域的经济活动有所增加，或将使俄罗斯中小企业受益匪浅。中俄两国的广泛合作有助于推动俄罗斯经济的薄弱环节实现发展，当前中小企业在俄罗斯整体经济中所占的比

---

* Eric Li，成为资本创始人兼执行董事。来源：瓦尔代国际辩论俱乐部（俄罗斯智库），2019 年 9 月 20 日。

例十分有限。

2. 从地缘政治和地缘经济角度来看，中俄两国正从仅维护政治和军事利益以应对西方社会的影响，转向积极建设国家之间日益重视的互联互通项目。值得注意的领域是与"一带一路"相关的国际融资领域。中俄合作对中方实现通过建设广泛的基础设施，大幅加强欧亚大陆国家之间的经济联系的愿景至关重要。在国际金融领域，从奥巴马政府到特朗普政府，美国一直在积极地利用其在全球金融体系中的主导地位以及美元作为储备货币的角色来实现在全球的政治目标和国家利益。此举可能会破坏全球金融体系的运转机制和美元作为储备货币的地位。中国和俄罗斯可能是仅有的两个既独立又有政治意愿的大国，寻求为自己和世界制定急需的替代方案。中俄两国国家领导人于9月18日签署的《中俄总理第二十四次定期会晤联合公报》细化了两国在"一带一路"倡议和跨境融资方面进行合作的相关环节。

"一带一路"倡议和太平洋岛国债务风险

Roland Rajah；Alexandre Dayant；Jonathan Pryke *

原文标题：Ocean of Debt? Belt and Road and Debt Diplomacy in the Pacific

文章框架：澳大利亚较为温和的基础设施贷款计划仍有可持续发展的空间；希望向太平洋地区提供更多贷款的大国的兴趣激增；如果注意确保债务的可持续性，那么债务可以在发展筹资方面发挥有益的作用；很多有关中国在太平洋地区贷款活动的政策论述缺少客观的经济分析；中国和太平洋岛国政府的互动最近展现了一些更加谨慎的迹象；澳大利亚也希望成为太平洋地区的一个重要贷款国；中国贷款条款所暗示的宏观债务动态对太平洋地区相当有利。

观点摘要：

1. 澳大利亚较为温和的基础设施贷款计划仍有可持续发展的空间。不过，如果澳大利亚想在太平洋地区做更多事情，那么它应该扭转目前援助预算总体停滞的局面。与此同时，太平洋地区的国家也有机会来推动外部发展伙伴提供更有利的融资。然而，必须注意避免过度的地缘政治援助，这种援助优先考虑短期胜利，而非优先考虑国内改革和善政的需要。

2. 希望向太平洋地区提供更多贷款的大国的兴趣激增。随着兴趣的激增，太平洋地区再次成为更强大的参与者之间进行地缘战略竞争的

---

* Roland Rajah，洛伊国际政策研究所国际经济项目主任。Alexandre Dayant，洛伊国际政策研究所研究员。Jonathan Pryke，洛伊国际政策研究所分析师。来源：洛伊国际政策研究所（澳大利亚智库），2019 年 10 月 20 日。

竞技场。中国已经将贷款的注意力扩展到太平洋地区的国家,这些国家现在正式被纳入庞大的"一带一路"倡议中。这引发了人们对债务可持续性的担忧。澳大利亚政府采取新型债务融资举措,以作为更广泛的"升级"太平洋政策的一部分。

3. 如果注意确保债务的可持续性,那么债务可以在发展筹资方面发挥有益的作用。鉴于太平洋地区国家的面积小且结构脆弱,这些国家显然是风险最高的国家。其中几个太平洋地区国家也是世界上对中国负债较多的国家。因此,太平洋地区是全球关于"一带一路"倡议债务可持续性影响叙事的关键部分。

4. 在地缘政治的竞争中,以及在更强大的参与者急于在太平洋地区赢得影响力之际,很多有关中国在太平洋地区贷款活动的政策论述缺少客观的经济分析。一些分析人士对"中国债务陷阱"的说法不屑一顾,认为这种担忧"毫无依据"。而其他人士继续对"掠夺性"放贷行为发出警告。因此,本报告旨在根据现有证据进行更系统的调查。我们发现这幅图景更为微妙。有证据表明中国没有在太平洋地区(至少到目前为止还没有)进行过备受质疑的债务活动,因此没有理由指责中国进行"债务陷阱外交"。

5. 中国和太平洋岛国政府的互动最近展现了一些更加谨慎的迹象。于2019年4月在北京举行的第二届"一带一路"国际合作高峰论坛上,中国国家主席习近平强调了未来在"一带一路"倡议项目中确保债务可持续性的必要性。太平洋地区国家领导人对承担更多中国债务所持态度变得更加谨慎。六个太平洋地区国家目前是中国的债务国——库克群岛、斐济、巴布亚新几内亚、萨摩亚、汤加和瓦努阿图——尽管自2016年以来只有巴布亚新几内亚和瓦努阿图接受了中国的新增贷款。

6. 不过,其他迹象表明中国对太平洋债务可持续性的影响问题只会变得日益重要。首先,巴布亚新几内亚和瓦努阿图有几个非常庞大的贷款项目正在筹备中。其次,目前对中国负有债务的六个太平洋地区国家政府都在2018年底正式签署了"一带一路"倡议,加入了约130个国家的行列,成为此倡议的一部分。这表明这些政府仍希望获得中国的进一步融资。中国贷款项目也可能延伸到该地区的更多国家,因为太平洋地区各国政府希望最大限度地利用外部资金。最近，所罗门群岛和基里巴斯都宣布将终止与中国台湾的"外交关系"。

7. 澳大利亚也希望成为太平洋地区的一个重要贷款国。虽然澳大利亚长期以来是该区域的主要援助提供者，但澳大利亚的发展筹资只以赠款而非贷款的形式提供。2018年11月，澳大利亚政府启动了"升级"太平洋政策。这包括一项价值20亿澳元的澳大利亚太平洋地区基础设施融资机制，其中包括15亿澳元贷款和5亿澳元赠款，以及另外10亿美元的通知即付资本，用于澳大利亚出口融资和增加澳大利亚出口融资的汇款，用于资助海外基础设施项目。这些举措尚处于实施初期。尽管如此，有人担心在寻求与中国贷款直接竞争之际，澳大利亚可能只会增加太平洋地区现有的债务可持续性问题。

8. 这项分析回顾了关于中国在太平洋地区债务实践的证据，以及这些债务在多大程度上导致该地区债务可持续性风险增加。我们的分析借鉴国际货币基金组织（IMF）的宏观经济监测工作，并将其与洛伊国际政策研究所的太平洋援助地图的最新数据相结合，太平洋援助地图是一个独特的数据集，跟踪太平洋地区的官方融资流。我们专注于将中国的做法与其他在太平洋地区运营的官方融资机构的做法进行对比，特别是作为国际良好榜样的世界银行和亚洲开发银行（ADB）。然后，我们进行了一项简单的定量研究，以核查未来与中国贷款相关的债务可持续性问题的风险，以及澳大利亚政府成为太平洋地区主要基础设施贷款机构的计划。最后，我们从此项分析中得出重要的政策结论。

9. 在全球范围内，中国官方发展融资绝大多数以贷款而非赠款的形式提供，其中只有少数是优惠贷款。中国官方发展融资的核心来源是国家政策性银行，即中国进出口银行和中国国家开发银行。越来越多的中国商业银行也在成为"一带一路"倡议框架下的主要海外贷款机构。

10. 全球发展中心（CGD）于2018年的一项重要研究发现，根据"一带一路"倡议的债务融资项目，8个国家面临债务风险。世界银行在2019年进行了一次类似的调查，发现有12个国家可能在"一带一路"倡议中期出现债务脆弱性增加的情况。值得注意的是，全球发展中心或世界银行的研究均未包括太平洋地区国家。出于这个原因，我们稍后将为太平洋地区提出一项类似的前瞻性措施。

11. 中国通过与传统发展伙伴形成鲜明对比，增强了作为太平洋地区各国政府发展伙伴的吸引力。外界认为中国的援助速度更快，更能满足当地政治精英的需求，附加条件也更少。中国在太平洋地区的援助活动主要是基础设施建设项目，项目主要由贷款而非赠款推动。太平洋地区国家是世界上最容易受到潜在债务可持续性问题以及潜在的"债务陷阱"外交影响的国家。因此，太平洋地区是"一带一路"倡议的全球债务可持续性问题的关键部分。

12. 如果适当关注债务的可持续性，那么就会发现债务可以在发展筹资方面发挥有益作用。然而，太平洋地区国家面临一系列结构性挑战，这些挑战大大提高了它们面对潜在债务问题的脆弱性。其中大部分挑战来自太平洋地区不利的经济地理环境，包括远离主要的国际经济中心；国家内部分散（跨越农村地区和一个国家的不同岛屿）；以大多数关键指标（如人口、土地和国内生产总值）衡量，规模非常小；依赖一系列不确定的收入来源（主要是商品收入、援助、汇款和旅游收入）；面对重大自然灾害和气候变化影响的高度脆弱性。

13. 世界上较小的 25 个国家中有 9 个太平洋国家。汤加、萨摩亚和瓦努阿图属于中等太平洋地区国家，其人口只有 10 万 ~ 30 万人。巴布亚新几内亚是个例外，人口将近 900 万人。就偏远程度而言，按经济规模衡量的太平洋地区国家平均距离世界其他地区 11500 公里，比加勒比岛屿距离世界其他地区的平均距离多 40%。瓦努阿图是世界上面临自然灾害风险最高的国家。汤加位列第二。另外 3 个太平洋地区国家进入了此风险排名的前 10，其中包括巴布亚新几内亚。

14. 困难的经济地理反过来又推动出现巨大的发展筹资需求，随着各国政府致力于满足当地居民的需求，这对潜在不可持续的财政政策和债务累加造成了可预见的压力。太平洋地区在某种程度上是世界上最依赖援助的地区。2017 年，太平洋地区获得了相当于国民总收入 5.2% 的援助。相比之下，撒哈拉以南非洲的此项比例为 3%。即使拥有了这些援助，太平洋地区仍然面临预估资金缺口。

15. 结构性疲弱和不稳定性增长进一步削弱了太平洋地区国家可持

续偿债的能力。太平洋地区国家的经济地理环境恶劣且基础薄弱，长期以来，它们甚至难以维持适度的经济增长速度。太平洋地区的经济增长波动性大于增长速度。加速增长往往是短暂的，而且往往是由大规模基础设施建设带来的短暂刺激效应所推动的。这意味着许多投资难以产生足够的回报，以证明投入是合理的——即使是投资通常被认为有助于增长的经济基础设施，如道路、港口和发电设施。这也意味着太平洋地区国家摆脱债务负担的空间有限。同时，频繁的负面冲击可能带来短期偿债问题，如果出现较大冲击，则可能从根本上改变该地区债务可持续性的前景。

16. 过去 10 年，太平洋地区的债务可持续性风险一直在增加。虽然目前没有一个太平洋地区国家被国际货币基金组织视为陷入债务困境，但随着时间的推移，债务风险已经明显增加。到 2017 年，所有太平洋地区国家均被认为面临较高债务风险。自 2011 年以来，在国际货币基金组织评级的 6 个太平洋地区国家中，4 个国家的评级显示风险在增加：巴布亚新几内亚、瓦努阿图、萨摩亚和汤加。中国是这四个国家的重要债权国。这些国家的平均债务占国内生产总值的比重上升了 17 个百分点，而其他太平洋地区经济体的平均债务占国内生产总值的比重则下降了。

17. 国际货币基金组织对这四个太平洋地区国家的债务可持续性分析显示，债务风险增加的背后有多种驱动因素。其中最主要的是大型经济冲击（尤其是重大自然灾害）的影响，以及太平洋地区各国政府的政策回应，这些政府将促进经济复苏置于审慎的财政政策之上。例如，据估计，最近的热带旋风造成的损失分别占瓦努阿图国内生产总值的 60% 以上，占汤加和萨摩亚国内生产总值的近 40% 和 30%。经济管理不善也至关重要，特别是在巴布亚新几内亚，在主要商品价格下降导致经济脱轨之前，该国的巨额预算赤字使公共债务急剧增加。把因频繁自然灾害以及其他技术因素造成的影响进行的改革纳入评级范围，是国际货币基金组织太平洋地区债务评级最近发生变化的重要原因。总的来说，正如国际货币基金组织所评估的，太平洋地区债务风险显然在不断增加，受到多种因素的推动，而不仅仅是中国的贷款。

18. 显然，太平洋地区各国政府掌握着其希望承担多少债务的主要决策权，包括在遭受自然灾害和其他负面外部冲击之后的债务。尽管如此，从不同合作伙伴那里获得贷款是一个关键的制约因素。太平洋地区各国政府均有自己的融资机构，但机构自愿提供融资也是一个必要条件。因此，本部分探讨不同参与者在向太平洋地区提供官方融资方面的作用。

19. 我们首先追溯官方融资流入太平洋地区的总体情况及其构成，然后重点关注中国相对于其他融资国所发挥的作用。根据太平洋援助地图的数据，2011～2017 年，该区域每年平均获得 24 亿美元的官方融资，其中约 81% 是赠款援助，15% 是贷款，其余是其他类资金。总的来说，2017 年的官方融资相当于该区域国内生产总值的 7.5%。然而，这一数值低估了这些官方融资对许多太平洋地区经济体的重要性，因为巴布亚新几内亚和斐济的经济规模非常大，对援助的依赖程度远低于该地区的其他国家。如果每个国家的权重相等，那么，在 2017 年，太平洋地区国家平均获得的官方融资约相当于其 GDP 的 24%。

20. 然而，流入太平洋地区的官方资金的重要性在下降，减让性也在下降。尽管名义上基本持平，但官方融资流量相对于地区生产总值（GDP）的比重下降了 1.7 个百分点。重要的是，下降的原因完全在于传统双边捐助者（特别是澳大利亚）的赠款融资金额大幅减少，这反映出澳元赠款援助停滞不前和不利的汇率变动。总的来说，赠款占地区国内生产总值的比例大幅下降，从 2011 年的 8.2% 下降到 2017 年的 5.9%。与此同时，债务融资已从 2011 年占官方融资总额的 7% 上升到 2017 年的 16%。因此，流向太平洋的官方融资不仅重要性下降，而且也转向了不那么优惠的领域。

21. 中国是太平洋地区的主要贷款方。2011～2018 年，中国官方贷款承诺总额达 60 亿美元（约占地区生产总值的 21%）。大部分资金流入巴布亚新几内亚，该国是该地区最大的经济体，在这些流入资金的项目中，还包括中国于 2017 年宣布的一个价值 41 亿美元的公路项目，该项目尚未启动，仍在筹备中。除这一特殊贷款外，中国还将重点放在 2011～2017 年这段时间。中国承诺提供总价值约 17 亿美元的贷款项目。

然而，尽管中国已成为太平洋地区一个主要的新贷款发放国，但它并不是该地区新增贷款的主要来源。在2011~2017年发放给该地区的所有官方贷款中，中国占37%。亚洲开发银行占41%。加上世界银行的贷款活动较少，中国和亚洲开发银行加起来发放的货款占向太平洋地区发放的所有贷款的53%，其成为太平洋地区新的官方贷款的主要来源。日本也提供了7%的贷款，加上国际货币基金组织和加拿大的小额捐款，这意味着，2011~2017年，传统债权人向太平洋地区提供了超过60%的官方贷款。

22. 从中国作为个别太平洋国家债权人的角色来看，情况也很相似。中国是汤加、萨摩亚和瓦努阿图的最大债权国。然而，只有在汤加，所欠中国的债务占未偿还债务总额的一半以上。在其他地方，占主导地位的要么是传统的官方贷款人，要么是国内债权人。与此同时，中国并不是该地区的积极贷款国，该地区仍由传统债权人（尤其是亚洲开发银行）主导。除了汤加以外，中国目前还不是太平洋地区的主要债权国。

23. 迄今为止的分析表明，中国并非太平洋地区债务风险上升的主要原因。不断恶化的国际货币基金组织债务评级反映了一系列因素的综合作用，从现有债务存量和新增贷款流量来看，亚太地区的官方贷款继续由这两者和更普遍的传统债权人主导。这为反对"债务陷阱式外交"的指控提供了一个强有力的初步论据。然而，这并不一定足够。如果中国的项目质量特别差，贷款条款特别"昂贵"，或者中国一直在向债务风险已经增加的国家提供贷款，那么人们可能会认为中国的贷款做法是"掠夺性的"，或者存在其他问题。

24. 尽管对中国项目的评论较多，但对项目实际影响和质量的分析少得多。2014年的一项研究从关乎四个国家即库克群岛、萨摩亚、汤加和瓦努阿图的案例中，对中国援助的有效性及其决定因素进行了最好的分析。该研究对中国项目的质量给出了好坏参半的评价，有些项目的表现要比其他项目好得多。效率的关键决定因素是太平洋岛国政府对谈判所采取的方法以及对项目的全面监督。有证据表明，只要管理得当，中国企业就可以交付高质量的基础设施。

25. 尽管中国项目的质量参差不齐，但考虑到该地区艰难的经济地理环境，在许多太平洋国家进行基础设施投资是否可能带来更快的经济增长，这是一个根本性问题。世界银行指出，在太平洋地区，"基础设施的价值往往是直接改善当地居民的生计，而不一定能够产生可用于偿还债务的增长红利"。从纯粹的债务可持续性角度来看，中国投资项目的混合质量可以说不那么令人担忧，即使从更广泛的福利角度来看，这仍然至关重要（例如，由于资金浪费或质量较低的项目挤占了质量较好项目的空间）。如果预期的增长红利很少，那么涉及融资的基础设施项目的影响就更加类似于一般的赤字融资或政府消费支出，因为这些项目的主要问题是借款是否足够优惠。

26. 根据太平洋援助地图的数据，中国在太平洋地区的官方贷款绝大多数（97%）来自中国进出口银行提供的优惠贷款。这与全球形势明显不同，中国国家开发银行和中国各商业银行的市场贷款也发挥了相当大的作用。标准的进出口优惠贷款以人民币计价，利率为2%，宽限期为5～7年，15～20年到期。所有提供给萨摩亚、汤加和瓦努阿图的最大贷款都采用这些标准条款，其中包括20年期贷款。

27. 一个直接的影响是，中国贷款条款所暗示的宏观债务动态对太平洋地区相当有利。由于整个地区的名义生产总值增长率通常远高于2%的利率，即使是增长缓慢的太平洋地区经济体也有可能通过增长摆脱债务风险。中国的双边贷款条件也比市场所提供的更为优惠。在太平洋地区国家中，只有斐济和巴布亚新几内亚能够切实获得以市场为基础的融资。斐济政府的长期国内借贷成本比例目前约为6%，巴布亚新几内亚为11%。巴布亚新几内亚首次发行的5亿美元债券在获得外国货币援助方面也很有启发意义，其中10年期债券的利率为8.4%。

28. 尽管如此，遭受自然灾害和其他风险降低了太平洋地区经济体背负大量债务，特别是外币债务的能力。这就提出了一个重要问题，即按照国际标准，中国的贷款是否足够优惠。为了在不同的贷款期限组成部分之间建立一致的比较基础，经济合作与发展组织通过计算贷款的有效"赠款要素"来衡量总体优惠程度。根据经合组织的标准，如果贷款包含等于或大于贷款面值25%的赠款要素，则该贷款是优惠的，贴现率为 10%。遵循经合组织的方法，我们计算出，15～20 年的优惠进出口贷款将包含 48%～56% 的赠款要素，按照国际标准，这一优惠足以达到援助标准。

29. 与向信誉更高的国家（太平洋地区包括斐济和巴布亚新几内亚）提供的非减让性贷款窗口相比，多边开发银行贷款窗口更为有利，并允许进行更大规模的借贷。多边开发银行非减让性融资条件因全球现行利率和具体项目而异。在全球利率处于历史低位的情况下，按经合组织的方法计算，20 年期（加上 5 年宽限期）的多边开发银行非优惠贷款将包含 50% 的赠款成分，而中国进出口银行 20 年期的优惠贷款包含 56% 的赠款成分。

30. 虽然中国在太平洋地区的大多数双边贷款似乎是优惠的，但并不一定适合所有情况。对于那些债务可持续性已经令人担忧的国家，人们认识到这些国家需要获得更大的优惠。在这种情况下，世界银行和国际货币基金组织采用更为严格的减让性标准，有时会对接受财政援助的国家的非减让性借款加以限制，这样做既保护一国的债务可持续性，又防止其他债权人，无论是私人债权人还是官方债权人，从高度优惠的世界银行和国际货币基金组织"搭便车"。8 个太平洋地区国家，其中包括萨摩亚、汤加和瓦努阿图，目前受到世界银行对非优惠借款的严格限制。

31. 关于中国在太平洋地区的债务行为，最重要的问题是，中国在多大程度上向那些已经处于债务困境的国家提供贷款。为了分析这一点，我们将太平洋援助计划中所有贷款融资项目与国际货币基金组织在每次贷款协议签署时的债务危机风险相匹配，以研究太平洋地区主要官方债权人的广泛贷款模式。总体而言，大多数中国贷款似乎对借款国而言是可持续的。与其他主要债权人一样，中国贷款的最大份额（近一半）被投向债务危机风险较低的国家。与其他国家相比，中国向那些面临中度债务危机风险的国家提供的贷款比例较低，而向国际货币基金组织认为面临可持续债务状况的太平洋地区国家（特别是斐济）提供的贷款相对较多。总的来说，中国 90% 的双边贷款流向国际货币基金组织债务评级显示可以持续承担此类债务的国家。剩余 10% 的双边贷款发放给了债务风险较高的国家。中国一直是国际货币基金组织认定的债务高风险国家的主要贷款来源，货款占此类贷款的近 3/4。

32. 与世界其他地方不同，中国在太平洋地区的大多数融资似乎是优惠的，足以达到援助标准。这些中国贷款中的大部分流向能够吸收此类债务并且空间足够大的国家。为了对此举进行评估，我们进行了一项类似于全球发展中心和世界银行先前提到的"一带一路"债务研究的分析工作。除了研究未来中国贷款的潜在影响外，我们还纳入了澳大利亚新的双边基础设施贷款计划，以评估潜在的宏观债务影响。根据全球发展中心和世界银行的研究方法，我们预测了 13 个太平洋地区国家未来的债务占国内生产总值的比重，并将其与 50% 的国内生产总值预警阈值进行比较，以将其作为降低未来债务问题潜在可能性的简单预警指标。对于每个国家，我们都构建了一个中国贷款到 2024 年的情景。然后，我们将这些数据与国际货币基金组织预测的未来债务占国内生产总值的比例结合起来，以反映现有的政府政策和已经在进行的其他债务融资项目的相关情况。我们对经济增长不做任何调整，因为之前有人对基础设施投资能否持续推动太平洋地区的经济增长表示怀疑。没有哪个点是债务系统成为问题的唯一点。然而，使用 50% 的国内生产总值预警阈值提供了一个简单而透明的评估方法，使我们得到的结果可以与全球发展中心和世界银行的研究广泛地进行比较。与此同时，50% 的国内生产总值预警阈值通常与国际货币基金组织更复杂的评估结果一致。最后，由于一些技术原因，国际货币基金组织的评级机制并不适合作为单一预警指标。

33. 对于已经向中国借款的 6 个太平洋国家，我们构建了一个照常运转的情景，将未来的债务规划到 2024 年。这样做的前提是，中国维持目前的贷款水平，以在目前获得贷款的 6 个国家中施加影响。然而，我们对巴布亚新几内亚采取了略微不同的方式，我们的预测是基于已正式在建项目的执行情况，这些项目加起来比中国以前的贷款规模都要大。我们还研究了向中国提供的贷款是否会给其他太平洋地区国家带来债务问题，这些国家还没有从中国得到过双边贷款，但之后可能会获得，尤其是如果它们将与中国台湾断绝"外交关系"。我们设想一个情况，假设中国有意获得与它在第一批的6个太平洋地区国家（中国已向这些国家提供了贷款）中类似的影响力。在设想的情境中，我们就能想到中国提供的双边贷款总额将相当于上述每个国家国内生产总值的11.5%（即中国现有贷款者的5年平均比例）。

34. 最后，我们合并了来自澳大利亚可能的新的官方贷款融资。这包括澳大利亚太平洋基础设施融资基金下的15亿美元贷款，以及全民教育可赎回资本增加的10亿美元。在我们的方案中，我们将重点放在澳大利亚太平洋基础设施融资基金上，因为向太平洋地区提供全民教育的潜在贷款数额尚不清楚，而且不受任何正式定量目标或资金分配的限制。此外，鉴于全民教育是在商业基础上运作的，因此，它可能会被更有前景的基础设施项目替代，增加的资本将被用于建设这些项目，这些项目位于规模更大、增长更快的亚洲新兴市场，而非规模较小、增长缓慢的太平洋市场。因此，我们认为，全民教育将只在太平洋地区发挥小众融资作用。

35. 由于澳大利亚太平洋基础设施融资基金还处于运行的早期阶段，我们的分析基于以下假设。首先，澳大利亚太平洋基础设施融资基金将提供十年内的融资，这意味着其中一半将在自我们分析开始至2024年支付。其次，澳大利亚不会向任何已被判定处于债务高风险的国家提供贷款，也不会向债务占国内生产总值比重超过50%的国家提供贷款，而且贷款将根据每个经济体的规模平均分配。最后，尽管澳大利亚太平洋基础设施融资基金也将向私营部门提供贷款，但我们假设澳大利亚太平洋基础设施融资基金下的全部贷款作为主权贷款（即向政府、政府控制的实体或政府提供担保的实体提供）。

36. 在目前向中国借款的6个国家中，有4个国家即瓦努阿图、萨摩亚、汤加和斐济实际上已经达到了50%的预警阈值，除斐济以外，在一切如常的设想中，其将远远超过这一阈值。瓦努阿图尤其令人担忧。巴布亚新几内亚的债务也将急剧增加，超出了我们的预警阈值。这主要是因为2017年达成的一项41亿美元的公路项目协议，该协议尚未落实，如果该项目以目前的规模推进，则将产生重大债务影响。对于中国这一潜在新借款人来说，中国的贷款空间似乎更大。在我们的情景分析中，只有瑙鲁和基里巴斯会超过债务预警阈值。在瑙鲁，这反映了其已经具有很高的债务水平。基里巴斯最近与中国建立了外交关系，债务处于中等水平。然而，国际货币基金组织预计，这一比例将大幅上升，以满足其应对气候变化的巨大融资需求。因此，关键的问题是，来自中国的贷款将被用于这一目的，还是会单纯增加这一预期债务。包括所罗门群岛在内的其他国家由于现有及预计债务水平相对较低，似乎有更大的余地可持续性地吸收大量额外贷款。

37. 来自澳大利亚新双边贷款的结果表明，澳大利亚太平洋基础设施融资基金下的目标资金有可持续交付的余地。这是因为澳大利亚太平洋基础设施融资基金的贷款规模相对较小，15 亿美元的贷款总额仅相当于该地区目前国内生产总值的 3.6%（而且可能会在未来 10 年左右发放）。然而，我们的结论取决于两个因素。首先，我们假定全民教育贷款规模相对较小。如果事实证明并非如此，那么其对太平洋地区债务可持续性的影响将更为显著。其次，尚不确定澳大利亚向巴布亚新几内亚提供的贷款能否持续下去。这在很大程度上取决于澳大利亚的双边贷款是否会至少部分地取代来自中国的大量贷款。巴布亚新几内亚的真实债务状况也存在相当大的不确定性，国际货币基金组织的数据排除了国有企业和政府的不确定债务，这些企业面临数额巨大的无资金准备的养老金债务。因此，巴布亚新几内亚的债务情况可能比表面上要严重得多。如果澳大利亚对巴布亚新几内亚的可持续贷款被证明受到严重限制，那么在不加剧债务可持续性风险的情况下，全额发放计划中的新贷款几乎是不可能的。

38. 我们的研究结果表明，如果中国在太平洋地区的双边贷款业务一如既往，那么将很快引发潜在的债务可持续性问题。因此，如果中国想反驳批评人士对其使该地区陷入"债务陷阱"的指责，就需要对自己的方式进行重大调整。中国开始对"一带一路"倡议对债务可持续性的潜在影响更加谨慎，并采取一系列初步措施来应对这一问题。中国支持建立国际货币基金组织债务管理培训中心，帮助共建"一带一路"国家提高债务管理能力。中国财政部与主要多边金融机构达成共识，建立新的合作平台。2017 年，中国承诺遵守《二十国集团可持续融资业务指导原则》，并于 2019 年承诺遵守《二十国集团高质量基础设施投资原则》，这两份文件均包含与债务相关的条款，包括遵守世界银行和国际货币基金组织对债务可持续性已成为焦点国家的政策。现在需要中国采取具体行动落实这些承诺。中国财政部效仿国际货币基金组织和世界银行，发布了新的"一带一路"倡议债务可持续性分析框架，以指导对欠发达国家的"一带一路"倡议融资活动。然而，"一带一路"倡议债务可持续性分析框架仍是一种"非强制性政策工具"，对于中国金融机构应如何改变行为以应对已识别出的债务可持续性风险，该框架几乎没有提供指导。

39. 为了弥补这一缺陷，中国应采取类似于多边开发银行的正式贷款规定。这些规定可能要求中国的政策性银行，尤其是中国进出口银行，在向欠发达国家提供主权贷款时使用"一带一路"倡议债务可持续性分析框架，并要求向面临更大债务风险的国家提供更多融资优惠，例如，在被认为风险较低的国家，标准的进出口优惠贷款条款可能是适当的。对于那些风险稳健的国家，可以提供更多的优惠贷款，包括从财政部获得更多的利息补贴。中国也可以采取其他方式，如将中国进出口银行贷款与商务部的赠款相结合，或将中国进出口银行贷款替换为商务部无息贷款（一种现有工具）。对于高风险国家，中国最好只通过商务部提供资助。

40. 实施此类正式的贷款规定将为中国带来一定的优势。如果只适用于中国的政策性银行和商务部，那么实施起来就会相对简单，只需要进行少量的额外协调工作。这种方法将涵盖可能被视为中国发展融资的大部分领域，从而使中国处于与传统发展融资机构更为相似的地位。这也将鼓励中国、国际货币基金组织和其他官方债权人之间进行更大的合作与协调，更多的信息共享也可能有助于缓解围绕"一带一路"倡议的地缘政治紧张局势。理想情况下，"一带一路"倡议债务可持续性分析框架的分析结果应该公开，以提高整体透明度。

41. 如果未来出现债务问题，那么临时债务重组（中国在全球的做法）也不总是行之有效。未来债务重组的不确定性本身就会破坏审慎管理机制。汤加就是一个例子，中国曾两次同意推迟偿还债务，但在某种程度上，这可能会在未来几年造成短期偿债问题。为了减少这些问题，中国应该为其债务重组方式制定一个明确的政策框架，并与其他官方债权人密切合作。理想情况下，中国应该加入长期存在的官方债权人"巴黎俱乐部"（Paris Club Group）（中国目前的身份是观察员），或者建立某种新的机制。从我们的情景预测中得出的重要结论是，中国不可能在不加剧目前活跃的大多数国家的重大债务可持续性风险的情况下，继续以过去的规模在太平洋地区扮演主要贷款人的角色。即使是提供更多的优惠贷款，如果规模与过去一样，则也可能会出现问题。尽管中国已开始向太平洋地区提供更多的赠款与融资，但起点较低。如果中国想在反驳批评者指责因其陷入"债务陷阱"的情况下，继续成为该地区的主要融资国，那么就需要做出巨大转变，提供远远超过贷款的赠款。

42. 与中国一样，澳大利亚需要避免向已经面临债务高风险的国家提供贷款，而是提供更多的优惠融资。澳大利亚太平洋基础设施融资基金似乎采纳了类似的规则，澳大利亚太平洋基础设施融资基金的设计文件表明，该基金不会向那些已被国际货币基金组织评估为债务高风险的国家提供贷款。在其他可能存在不可持续借贷的情况下，它还将遵循世界银行和国际货币基金组织的债务限额政策。与此同时，澳大利亚出口信贷机构对经合组织出口信贷机构可持续贷款规则给予承诺，并已经遵守这些规则。

43. 保护太平洋地区国家的债务可持续性也将要求澳大利亚提供尽可能优惠的贷款，因为太平洋地区许多国家基础设施项目的债务风险很高，而且经济可行性往往有限。这进一步表明，鉴于商业性质，澳大利亚出口信贷在该地区的作用应保持相对较小的范围，并应将重点放在亚洲。

这将使澳大利亚太平洋基础设施融资基金在太平洋地区发挥主要作用。根据澳大利亚太平洋基础设施融资基金的设计文件，它的融资条件将包括纯贷款、只提供赠款或两者兼而有之（有效地将两者结合起来，创造出更优惠的贷款）。对于主权贷款，澳大利亚太平洋基础设施融资基金纯贷款的条款将以多边开发银行的非优惠贷款条款为基准。如上文所述，鉴于目前全球利率较低，这将意味着有大约50%的赠款——技术上远远高于经合组织的优惠贷款的最低限额。然而，这意味着澳大利亚太平洋基础设施融资基金贷款可能比中国进出口银行提供的同等优惠贷款利率略高，这取决于用于个别项目的具体贷款条款。例外情况是贷款与赠款混合使用，尽管澳大利亚太平洋基础设施融资基金的设计表明这并非在所有情况下都适用。

44. 澳大利亚太平洋基础设施融资基金已经表明，关键的差异化在于对高标准的强调。这意味着确保进行审慎的项目选择和设计、竞争性的公开采购，提高透明度和进行良好的治理，以及提供强有力的环境和社会保障。对于经合组织捐助方而言，这种承诺是适当且必要的，也是多边开发银行坚持的高标准。然而，尽管多边开发银行在确保质量方面做得很好，但这通常是以牺牲速度和进行及时响应为代价的——这造成了一个中国能够填补的关键缺口。

45. 澳大利亚太平洋基础设施融资基金的意图可能是在保持高标准的同时，以比多边开发银行更灵活的方式运作。然而，至少在中短期内，它这样做的前景是不确定的，因此，必须完善体制。与此同时，使用类似于多边开发银行已经提供的非优惠贷款的条件，可能会阻碍澳大利亚太平洋基础设施融资基金与中国融资的有效竞争。这值得考虑更多的减让性筹资条件，包括更多地与赠款相结合。更优惠的筹资条件显然有助于保持债务的可持续性。即使澳大利亚太平洋基础设施融资基金将自己限制在"高质量"项目上，其资助的基础设施可持续促进太平洋地区更快增长的能力有限，这意味着高度优惠的融资仍然至关重要。

46. 所有这些都意味着，澳大利亚应该重新考虑总体援助预算规模。在 21 世纪初的一系列大幅削减之后，澳大利亚的全部援助预算在名义上已陷入停滞。如今，澳大利亚在太平洋地区推进更多愿景的目标受到有限的援助预算的限制，有限的援助预算是希望避免削减其他重要的发展优先事项（比如医疗和教育，或者对太平洋地区以外国家的援助），必须避免过分依赖非减让性贷款而造成债务不可持续性问题。如果澳大利亚想推进这一愿景，那么其中一项限制需要放松。增加总体援助预算将是最可取的选择。最后，中国自身可能会开始向太平洋地区提供更多的赠款与融资。在这种情况下，停滞不前的援助预算将日益使澳大利亚处于地缘战略的不利地位。

47. 很明显，太平洋地区国家的政府在自身借款政策是否可持续，以及如何明智地利用有限的债务空间，以最优条件进行最优项目方面，处于主导地位。主要优先事项是完善各自国家的财政和基础设施管理机构，发展伙伴也可以为这些机构提供有效的技术支持、能力建设和与政策相关的预算支持，以进行改革。太平洋地区国家也有机会利用当前大国之间的竞争来为自己谋取利益，例如推动更多的让步（包括更多的拨款）、更好的项目管理和对地方优先事项的更多响应。

48. 然而，这同样需要慎之又慎，例如，在编写本报告时，巴布亚新几内亚新成立的政府似乎正在指望从澳大利亚和中国获得大量的一般预算资金支持。这种支持将在国内关键时刻立即提供财政援助，帮助政府重组债务结构，摆脱目前对"昂贵"的市场融资的依赖。然而，这是否最终证明对巴布亚新几内亚有利，将取决于它是否利用这一机会推进改革，使财政和经济机制走上更可持续的道路，而不是避免进行艰难的改革，为当前的财政"挥霍"提供便利。同样，外部参与者也有责任避免过分受地缘政治驱动的财政援助，因为这种援助有可能把短期利益放在首位，而影响对可持续发展至关重要的改革和更好的治理。在大国竞争日益激烈之际，与潜在的"债务陷阱"相比，无意中制造长期"治理陷阱"的风险同样令人担忧。

49. 本报告中提出的证据表明，中国在太平洋地区国家并没有从事有问题的债务实践，至少目前没有。如果中国想继续在太平洋地区国家扮演重要角色，同时又要反驳批评者提出的"债务陷阱"指控，就需要对自己的方式进行重大调整。相比之下，澳大利亚相对温和的基础设施贷款计划仍有更大的空间以保持可持续发展，尤其是在该国已通过贷款规则保护借款国的可持续性的情况下。然而，如果澳大利亚想做得更多，就需要扭转目前整体援助预算停滞的状态。与此同时，太平洋地区国家有机会从外部伙伴那里争取更有利的融资。然而，各方都需要谨慎行事，以避免接受过于具有地缘政治意味的援助，这种援助有可能将短期利益置于国内改革和良好治理的需求之上。

对于"一带一路"倡议的思考：
缅甸对华经验

U Myint[*]

原文标题： "Thinking，Fast and Slow" on the Belt and Road：Myanmar's Experience with China

文章框架： 前任和现任缅甸政府在大型基础设施方面采取不同的方式与中国接触；缅甸的决策者在基础设施和投资项目上与中国合作伙伴进行看似两极分化的互动；中缅经济走廊与中国"一带一路"倡议息息相关；缅甸与中国的关系必须基于平等伙伴关系和相互尊重的原则。

观点摘要：

1. 前任和现任缅甸政府在大型基础设施方面采取不同的方式与中国接触。在 2011 年暂停了由中国支持的水电站项目后，缅甸现在似乎成为"一带一路"倡议的纽带和积极参与者。这种前后不一致的政策可能会在缅甸公众以及执行官员中引起困惑和焦虑，他们通常不会参与或咨询有关投资或基础设施项目的决策。过去与中国来往的经验也可能引起公众和官员怀疑。然而，现任缅甸政府正寻求通过采取切实可行的外交解决方案来解决水电站项目争议。缅甸已经同意建设中缅经济走廊，因为其比以往更具有资格制定实施条款。该地区其他国家的经验为缅甸与中国进行接触提供了一些切实可行的途径。其中最为重要的是，

　＊　U Myint，加州大学伯克利分校经济学博士，缅甸工商联合会经济顾问，缅甸前总统吴登盛的首席经济顾问。来源：东南亚研究所（新加坡智库），2019 年 10 月 29 日。

确保在项目协议最终敲定之前，向负责执行的官员以及在"一带一路"项目中有一定利害关系的公众通报情况，并征求他们的意见。强有力的政府所发挥的作用也是必要的，以确保重要项目的执行是出于国家利益，而不会因某些领域或利益偏离正轨。

2. 近年来，缅甸的决策者在基础设施和投资项目上与中国合作伙伴进行看似两极分化的互动。从某种意义上说，他们的决定反映了一种考虑到受这些项目影响的社区和广大人民关切的实际逻辑。2011 年，缅甸突然单方面叫停位于克钦邦耗资数十亿美元的密松水电站项目，而现任政府最近签署的一些协议旨在使缅甸融入"一带一路"倡议，这些协议清晰地展示了缅甸对中国在该国投资项目态度的转变，也说明了决策者的实际逻辑。

3. 2011 年 9 月 30 日，缅甸时任总统吴登盛（U Thein Sein）领导的联邦巩固与发展党（USDP）宣布叫停密松水电站项目，在缅甸与中国的基础设施协议中按下了"暂停"键。吴登盛于 2016 年 3 月结束总统任期，关于该项目是否应该恢复，以及是否可以开展其他项目，成为缅甸热议的问题。在当今缅甸，由民主选举产生的全国民主联盟（NLD）在与中国的经济交往中似乎按下了"快进"键。2018 年 9 月，中缅双方签署了关于中缅经济走廊（CMEC）的谅解备忘录。2018 年 11 月，缅甸签署了一项相关协议，将在若开邦南部的皎漂港开发深海港口，并建立一个经济特区。这条 1700 公里长的走廊将把中国云南省省会昆明与缅甸的主要经济中心曼德勒和仰光，以及皎漂经济特区连接起来。同时，中缅经济走廊还将连接该国最不发达和最发达的地区。

4. 一些人认为，中缅经济走廊引发一系列问题，这些问题比密松水电站项目带来的威胁更大。虽然缅甸政府并不以对复杂问题采取大胆行动或做出坚定决策而著称，但中缅经济走廊可能是个例外，尤其是它与中国"一带一路"倡议息息相关。那么，缅甸作为"一带一路"倡议新的参与者，应如何借鉴亚洲和全球其他地区的经验与教训？

5. 有观点认为，缅甸公众基本不了解"一带一路"倡议，对"一带一路"倡议了解的人仅仅局限于从事政策研究或与中国打交道的政府官员和精英。缅甸存在的"一带一路"倡议信息鸿沟，与其说是缺乏获取信息的渠道（其实这些信息可以在互联网上找到），不如说是由于民众对于缅甸参与"一带一路"倡议项目的了解程度不够。虽然缅甸国家级报刊报道了中国高级官员访问缅甸，与缅甸高级官员就"一带一路"倡议进行会谈，但讨论内容的细节通常不被报道。显然，这种局面必须改变。"一带一路"倡议不仅需要基层官员的参与，也需要专家、专业人士、研究人员、民间社会组织和公众的参与，并在有必要时或在他们受益或受"一带一路"倡议影响的领域征求意见，例如，如果我们更多地了解中国在中巴经济走廊和皎漂经济特区的重要性，那么我们将能够确定缅甸如何从中国基础设施投资的大幅增长和中国西部日益扩大的经济腹地中获益。

6. 今后几年，缅方可以采取多种措施和途径，加快中缅经济走廊建设，以更好地参与"一带一路"倡议，实现互利共赢，缅方可以利用中方对"中缅经济走廊"计划的支持，为基础设施升级提供必要资金，支持民族和解与和平进程，使中缅经济走廊成为缅甸参与"一带一路"倡议的重要组成部分。鉴于存在一些风险及其他因素，民众对大型基础设施项目进行相当多的讨论和辩论。这些风险以及其他国家的经验与教训，都应该在缅甸与中国的"一带一路"项目谈判中加以考虑。

7. 显然项目需要更加公开和更为透明，以恢复对"一带一路"项目执行的信心。所有官员、专家、专业人士以及民众等，都需要全面了解缅甸参与"一带一路"倡议的具体情况。在制定和执行项目时，必须征求和考虑他们的意见。由于中缅经济走廊项目途经缅甸多个少数民族地区，因此最好颁布相关法律，以确保少数民族的经济权利不受项目的影响。在缅甸，这样的法律已经在2015年以《维护原住民族利益法》（Rights of National Races Law）的形式存在。欧盟强调与中国建立更公平贸易安排的必要性，共同致力于改革世界贸易组织（WTO），给予产业补贴特别关注。同样，缅甸需要与中国进行谈判并规划更公平的贸易安排，由于缅甸仍然是最不发达国家之一，其可以向世贸组织最不发达国家小组委员会寻求帮助，以解决相关问题。

8. 与其他"一带一路"项目一样，中缅经济走廊也有一定的成本和收益。标准的经济成本—收益原则是，如果一个项目的收益大于成本，就继续进行。最重要的是衡量成本和收益，以及明确哪方受益，哪方承担成本。在缅甸媒体界的协助下，著名学者和专家就这一问题进行了讨论和辩论。然而，过去几年政府与媒体关系的下滑，可能会阻碍负责任的调查性媒体的发展，这些媒体为公众提供了有效的分析和诸如中缅经济走廊之类大型和复杂项目的信息。笔者希望缅甸政府给予媒体记者必要的自由和空间，以为缅甸公众提供客观的信息，为中缅经济走廊的顺利实施提供帮助。

9. 如今的发展还涉及以往的诸多因素，在关注它们的基础上，我们能够适应目前的形势。沿着古丝绸之路进行贸易往来，是一项跨越数千英里（1 英里相当于 1609.344 米）、充满不确定性的冒险活动，且那里居住着与世隔绝的部落和民族社区。古丝绸之路是非凡的成就。古代的商人之所以能够成功，是因为他们具备进入新领域的创业精神，愿意承担风险，更重要的是，他们有能力与沿途的居民建立良好的个人联系。他们这样做可以学习和分享知识、技能、想法和经验。这种共享合作解决共同面临的问题以及共同努力改善通道的精神与"一带一路"倡议契合。缅甸政府已做出正式承诺，将积极参与"一带一路"建设，与中国加强互利合作。

10. 2019 年 5 月，缅甸政府提出与中国就"一带一路"倡议相关项目协议进行谈判的条款。其中允许缅甸做以下事情：向国际金融机构寻求资金以实施这些项目；进行国际招标以确保项目的国际投资；选择对双方都有利的项目。这些条款有助于解决本报告所强调的缅甸与中国正在进行的"一带一路"建设的关键问题。此外，2019 年 5 月做出的"每一个项目的细节都将在做出执行决定时公布"的承诺，将提高透明度和完善问责制，深受缅甸人民和该国发展伙伴的欢迎。

11. 最重要的是，缅甸如今面临复杂的国内局势，必须以相当大的耐心、谨慎和努力加以应对。中国与缅甸交往历史悠久，已意识到这些制约因素，近年来在多个领域向其提供援助和便利。在此背景下，在全球和地区经济前景不确定的情况下，缅甸与中国的关系必须基于平等伙伴关系和相互尊重的原则。在当前寻求民族和解、和平、稳定和繁荣的过程中，必须以相互尊重的平等伙伴身份进行合作。也就是说，中缅双方要在"一带一路"建设中实现互利共赢，必须相互尊重、平等合作。值得一提的是，缅甸政府在 2019 年 5 月关于"一带一路"倡议的新闻发布会上明确表示，缅甸政府意识到有必要防止出现不良后果。缅甸必须继续努力，与他国积极交流意见和想法，适当考虑良好和可行的意见和建议。缅甸还必须考虑东盟伙伴和其他主要区域参与者，以及来自联合国和该国在世界舞台上的传统双边和多边发展伙伴目前提供的道义和物质支持。

12. 目前，政府显然需要通过善政、法治、改善基本公共服务（诸如教育、卫生、交通、清洁水源以及电力供应）、环境保护以及制定和实施公平、包容和可持续的经济政策，为私营部门提供便利和支持，以造福广大公众。这些措施为私营部门主导的经济增长提供了有利的环境。因此，我们设想中缅两国政府进行合作，为各自的私营部门建立有利环境，以加强互联互通，分享技能和知识，共同促进贸易和投资，这些努力将使缅甸能够在未来十年乃至更长的时间内，在"一带一路"倡议框架下从发展的停顿状态走向实现快速发展。

中国的"数字丝绸之路"和印度

C. Raja Mohan[*]

原文标题：China's Digital Expansion and India

文章框架："一带一路"倡议继续吸引全球决策者、商界人士和学术研究人员的关注；"数字丝绸之路"的影响可能与"丝绸之路经济带"和"21世纪海上丝绸之路"的影响同样重要；随着中国加大对"一带一路"倡议的推广力度，分析人士越来越倾向于将其视为某种具有历史独特性和巨大变革意义的举措；中国在历史上也建设了诸多基础设施项目；印度政府似乎忽视了"一带一路"倡议的数字领域；许多发达国家感受到"一带一路"倡议产生的影响，尤其是"数字丝绸之路"；中国已与16个国家签署了加强"数字丝绸之路"建设的合作协议；在涉及印度及其周边地区之际，中国的数字项目建设给印度的政策制定者带来了至少三方面的挑战。

观点摘要：

1. "一带一路"倡议继续吸引全球决策者、商界人士和学术研究人员的关注。"一带一路"倡议获得了前所未有的关注。中国赋予"一带一路"倡议重要意义。"一带一路"倡议被视为中国经济转型的体现，其与中国资本市场未来几十年的发展轨迹息息相关。"一带一路"倡议是一项国际性倡议，在此之前，中国在国内互联互通和交通、通信、能源等基础设施现代化方面进行了大量投资。20世纪90年代末，时任中国国家主席江泽民提出实施西部大开发，强调将中国欠发达的西

* C. Raja Mohan，新加坡国立大学南亚研究所所长。来源：新加坡国立大学南亚研究所（新加坡智库），2019年10月9日。

部偏远地区与东部经济发达地区连接起来的重要性。中国开始将这些地区连接起来。在东部沿海地区建设的大量港口，以及在全球海上互联互通中日益重要的地位，使中国具备了在世界其他地区发展港口及相关基础设施的能力。20 世纪 90 年代末，中国在"走出去"战略下积极鼓励进行资本输出。在习近平主席于 2013 年提出"一带一路"倡议之前，中国在其他国家的大批港口建设以及在第三国的基础设施项目已经开始发展。瓜达尔港、中亚能源管道、中巴经济走廊、斯里兰卡汉班托塔港、中缅伊洛瓦底江走廊等早在"一带一路"倡议提出前就已启动。

2. 如同"一带一路"倡议，"数字丝绸之路"也应该被视为下列情形的外在反映：中国经济数字化，华为、阿里巴巴、腾讯等主要科技公司的崛起，经济快速发展，互联网的深度渗透，以及对人工智能、大数据分析、机器人、量子计算、纳米科学、新材料和空间技术等新技术研发的大量投资。"数字丝绸之路"的影响可能与"丝绸之路经济带"和"21 世纪海上丝绸之路"的影响同样重要。

3. 随着中国加大对"一带一路"倡议的推广力度，分析人士越来越倾向于将其视为某种具有历史独特性和巨大变革意义的举措。可以肯定的是，"一带一路"倡议的规模确实是前所未有的，这得益于中国政府所能提供的财力和政治资源。"一带一路"倡议的未来发展必然取决于中国资本市场的可持续性，以及中国对在国际体系中与其他经济大国之间不断深化的矛盾进行调和的能力。在此阶段，有必要指出的是，"一带一路"倡议有许多先例，最明显的是西方在过去几个世纪的经验。欧洲崛起和现代资本主义诞生见证了殖民列强在海上与非西方世界地区建立联系，这些地区为工业产品提供原材料和市场。我们今天所熟悉的东方许多港口城市，即从亚丁到香港，从孟买到新加坡和上海，都是欧洲扩张的产物。殖民时代还见证了苏伊士运河和巴拿马运河等大规模基础设施项目的发展，这些项目改变了传统的地理环境。随着欧洲大国获得大片领土，出于对行政、安全和经济方面的考虑，它们在这些地区发展互联互通和基础设施项目。19 世纪，随着美国和俄国等大型经济体扩大领土控制范围，铁路和公路连接规模急剧扩大。美国向南（格兰德河）和向西（太平洋海岸）扩张；俄国向南部的高加索地区和阿姆河流域以及西部的太平洋海岸挺进。大英帝国在印度不断巩固地位，公路和铁路将该地区中心地带与边缘地区融为一体。

4. 当然，中国在历史上也建设了诸多基础设施项目，比如修建大运河及其数百年来的翻修工程。在近代，中国的民族主义者把基础设施和互联互通项目视为国家统一和实现现代化的关键。如果说历史上印度民族主义者认为次大陆的铁路是英国霸权的推动者，那么中国民族主义者则认为没有铁路是国家落后的根源之一。印度还熟知 20 世纪 50 年代中国在新疆和西藏进行的基础设施建设，20 世纪 60 年代在尼泊尔的公路建设，以及 20 世纪 70 年代通往巴基斯坦的喀喇昆仑公路建设。

5. 几十年来，印度对中国的许多此类举措持反对态度。自 2017 年以来，印度对"一带一路"倡议的强烈批评达到高潮。然而，印度政府似乎忽视了中国"一带一路"倡议的数字领域。更有趣的是，印度为中国公司深入的数字渗透打开了市场。

6. 外国对基础设施投资所带来的机遇（经济发展和社会现代化）与风险（实力和主导地位）之间的紧张关系，继续推动非西方世界的政治走向。值得注意的是，许多发达国家感受到"一带一路"倡议产生的影响，尤其是"数字丝绸之路"。盎格鲁－撒克逊国家以及日本不是在与"数字丝绸之路"竞争，就是在与其对抗。在时间和空间上，如何调和发展和支配之间的紧张关系，中国可能与它们有所不同。

7. 一段时间以来，"丝绸之路"在网络和空间领域的概念出现在中国叙事中。2015 年，"数字丝绸之路"正式亮相中欧论坛。2017 年 5 月 15 日，习近平主席在首届"一带一路"国际合作高峰论坛上发表演讲，呼吁国际社会要坚持创新驱动发展，加强在数字经济、人工智能、纳米技术、量子计算机等前沿领域合作，推动大数据、云计算、智慧城市建设，连接成 21 世纪的数字丝绸之路。2019 年 4 月，在第二届"一带一路"国际合作高峰论坛上，习近平主席在讲话中强调，我们要顺应第四次工业革命发展趋势，共同把握数字化、网络化、智能化发展机遇，共同探索新技术、新业态、新模式，探寻新的增长动能和发展路径，建设数字丝绸之路、创新丝绸之路。此外，中国政府支持各国企业合作推进信息通信基础设施建设，提升网络互联互通水平。

8. 一项分析认为，在将"数字丝绸之路"描述为一个集体性的国际倡议时，中国尝试将其服务于五个主要目标：削减工业产能，促进中国企业的全球发展，支持人民币国际化，建设跨国网络基础设施，以及推动互联网化的"包容性全球化"。中国领先的互联网公司和国家机构都是这项事业的合作伙伴，例如，阿里巴巴集团董事局主席马云一直在寻求推广世界电子贸易平台，该平台将为电子商务发展消除世界各地的壁垒。中国科学院"地球大数据科学工程"A类战略性先导科技专项正式启动，将为共建"一带一路"的多个项目提供遥感数据。

9. 迄今为止，中国已与16个国家签署了加强"数字丝绸之路"建设的合作协议。据中国门户网站"中国一带一路网"报道，中国有6000多家互联网企业和1万多件科技产品进入海外市场。中国企业正在影响的领域包括5G技术、空间和卫星服务、电子商务和智慧城市等。中国数字产品服务的低成本，以及政府与互联网公司之间的稳固联盟，使中国的数字推广在世界大部分地区颇受欢迎。在印度及南亚和印度洋附近的地区，中国的"数字丝绸之路"技术项目和投资有了显著的增长。

10. 在涉及印度及其周边地区之际，中国的数字项目给印度的政策制定者带来了至少三方面的挑战。

首先，给中美之间在数字问题上展开争论带来影响。在21世纪初，美国科技公司与中国的合作关系似乎达到了顶峰。然而，在这十年里，经济和技术关系的紧张局势开始加剧，并在特朗普政府的强力反击中达到顶峰。美国已开始让过去40年融合的两个经济体出现脱钩。美国向"一带一路"倡议发起政治挑战，并与中国的科技公司（尤其是在两国贸易摩擦中处于中心地位的数字公司）正面交锋。越来越多的人认为，围绕5G技术和华为的冲突的结果，取决于美国能否保持对中国的技术优势，否则就将机会拱手让给中国。作为21世纪最重要的外交政策议题之一，印度在中美之间的小心谨慎将面临越来越大的压力。随着做出选择的压力开始增加，印度政府同时寻求与中国和美国建立良好关系的努力将变得更加困难。出人意料的是，在印度、中国和美国的三角关系中，技术问题占据重要位置。印度政府做出的选择将对信息技术和电信行业产生深远影响。印度的信息技术和电信行业在很大程度上依赖中国的硬件，而在软件方面与硅谷有着深厚的联系。在中美出现贸易摩擦的背景下，印度重新制定数字经济政策将举步维艰。

其次，除了 5G 和中美出现贸易摩擦之外，还有更大的数字治理政治问题将对印度构成挑战。因为处理中国的"数字崛起"关系到印度对民主和多元化的承诺。印度倾向于在中国和西方对这些问题的极端立场中间徘徊。可以肯定的是，在数字治理问题上，西方内部已不再绝对统一。这种分歧不仅存在于西方国家之间，也存在于西方国家内部。但在更广泛的辩论中，印度常常在强调国家控制的必要性和根据民主规范限制国家控制的重要性之间摇摆不定。在多边论坛上，印度经常在信息和通信技术问题上附和俄罗斯和中国，但也偶尔偏向西方立场。尽管印度将继续平衡相互冲突的政治需要，但它可能不会表现出支持中国"网络主权"框架的意向。对中国来说，网络主权是国家主权在网络空间的自然延伸和体现。对内而言，网络主权是指国家独立自主地发展、管理、监督本国互联网事务，不受外部干涉。

最后，限制中国在印度周边的力量是一个挑战。尽管从未如此直白地表述过，但自 20 世纪中期以来，这一直是印度的主要外交政策目标。在基础设施和互联互通方面，印度要么以主权为由反对中国的"一带一路"倡议（喀喇昆仑公路、中巴经济走廊），要么与中国的项目竞争（尼泊尔公路建设、斯里兰卡港口建设）。随着中国成为大国及对印度周边地区经济影响力的增强，印度的担忧迅速加剧，印度对"一带一路"倡议的批评也反映出这一点。然而，印度似乎完全忽视了数字动态及其对南亚的影响。

11. 印度国内相关机构并不是没有进行过警告。在过去二十年里，印度情报机构经常警告称，让中国科技公司进入印度市场非常危险。中国产品的低廉价格和印度电信公司的商业利益（它们正为印度市场的大繁荣做准备）使天平朝着有利于中国的方向倾斜，而且这一趋势继续发展。一个看不到市场后果的国家（印度）似乎更没有做好准备应对中国在南亚和印度洋沿岸进行的数字化推进。尽管印度一直大谈"睦邻友好"，强调互联互通，但它已逐步将数字领域让给中国。尽管印度在信息技术和空间技术领域拥有相当大的优势，但印度政府似乎无法利用它来实现在周边地区的外交政策目标，例如，与中国同印度的南亚邻国进行空间合作的重大进展相比，印度的"南亚卫星"计划收效甚微。现在，印度应该重新审视在周边地区进行数字外交所面临的挑战，认清当前的局限所在，并找到克服这些局限的方法。

日本"自由与开放的印度洋—太平洋"愿景和"高质量基础设施"原则

Alisher Umirdinov[*]

原文标题: Generating a Reform of the BRI from the Inside: Japan's Contribution via Soft Law Diplomacy

文章框架: "一带一路"倡议的理念和范围非常灵活,并且充满活力;"一带一路"倡议有 5 个合作重点,"设施联通"是重中之重;日本"自由与开放的印度洋—太平洋"愿景;"自由与开放的印度洋—太平洋"愿景和"一带一路"倡议在第三国市场的合作;中国也开始与共建"一带一路"国家在"一带一路"倡议项目中使用"高质量"一词。

观点摘要:

1. "一带一路"倡议的理念和范围非常灵活,并且充满活力。"一带一路"倡议由"丝绸之路经济带"和"21 世纪海上丝绸之路"两个主要部分组成。前者包括中国西部的国家,一直延伸至西欧,后者则代表太平洋、印度洋和地中海沿岸的国家。此外,一些专家还认为,"数字丝绸之路"构成第三条"丝绸之路",补充了"丝绸之路经济带"和"21 世纪海上丝绸之路"。对他们来说,这是三条"丝绸之路"中最重要的一条,因为它为其他道路创造了数字和通信基础设施,这将产生更深层次的全球互联互通。此外,中国还发起了通往北极的"极地丝绸

---

*　Alisher Umirdinov,名古屋经济大学副教授。来源:经济产业研究所(日本智库),2019 年 9 月 26 日。

之路"，开辟了应对全球变暖的航道。"一带一路"倡议有70多个伙伴国家，但没有正式成员。自推出以来，该倡议一直对每个国家开放。

2. 至2019年，中国"一带一路"倡议已推出六年。过去的几年足以催生一系列关于"一带一路"倡议的研究。尽管大多数研究已经分析了"一带一路"倡议的政治和安全方面，但幸运的是，国际经济法方面已经开始在最近的学术辩论中对其予以关注。同时，随着"一带一路"倡议相关项目的形成和中国政府政策文件的出台，构建"一带一路"倡议的理论框架并且对该倡议开展全面的法律调研变得更加容易。

3. 最引人关注的是，中国学者王贵国介绍了"一带一路"倡议及其与一般国际法的关系，后来又介绍了"一带一路"与国际经济法的关系。在王贵国于2016年在日本中央大学发表的论文中，他将"一带一路"倡议描述为市场全球化产物。香港中文大学法学教授夏竹立（Chaisse）和日本东京大学教授松下满雄（Matsushita）称"一带一路"倡议是中国为"建设新的主要商业中心"而推动的"泰坦尼克号工程"。受中国政府政策文件的启发，中国学者阐明了"一带一路"倡议的理论基础，并将其合法化，以实现更广泛的公众利益，并以"国际公共产品"的视角来看待"一带一路"倡议。浙江大学光华法学院的邹克渊和邱文弦认为，共建共享、互利共赢、共同参与"人类共同遗产概念"的内在要素在"一带一路"倡议中得到了很好的体现。考虑到"一带一路"倡议的宏伟计划，比如利用和应用大数据直接应对环境挑战，为没有接入互联网的30多亿人提供基础互联网接入，中国学者的观点并非完全没有根据。

4. 在2018年和2019年，学界也多次尝试在税收、国际私法，以及其他综合性和跨学科主题方面解读"一带一路"倡议。然而，最根本的问题仍然没有得到解决："一带一路"倡议是否会成为下一个深层次的自由贸易协定？如果不是，那么它与国际经济法的兼容程度如何？事实上，从一开始，中国的"一带一路"倡议政策，即《推动共建丝绸之路经济带和21世纪海上丝绸之路的愿景与行动》（以下简称《愿景与行动》）就将"一带一路"倡议描述为"国际合作和全球治理新模式"的提供者。因此，2016 年，王贵国预言，与之前的看法相反，"一带一路"倡议不会是传统意义上的自由贸易协定。最近，著名的国际经济法学者夏竹立和松下满雄得出了以下结论："一带一路"倡议不是一种新型的自由贸易协定，也不是世界贸易组织（WTO）和"跨太平洋伙伴关系协定"（TPP）的竞争对手；"一带一路"是在动荡的（贸易）时代内进行国际贸易和投资的全新途径。

5. 尽管他们提出了共同市场或新型自由贸易协定的可能性，但现在就对"一带一路"倡议的未来做出假设还为时过早。与他们的观点相反，有学者认为，"一带一路"倡议可以成为一种中国模式，以完善工业化国家所推动的贸易协定；"一带一路"倡议可以发展为一个法律框架，也可以继续作为一个开放论坛。这种观点认为，由于参与"一带一路"倡议的国家众多，并且利益广泛，中国有意将灵活性和适应力置于可预测性、可持续性和规则执行之上。还有学者将"一带一路"倡议描述为"国际经济合作的新方案"，与自由贸易协定的贸易自由化是不同的或独立的；"一带一路"倡议的目标与自由贸易协定不同：自由贸易协定追求贸易和投资自由的一体化市场，而"一带一路"倡议专注于建设特定的基础设施项目，以帮助各方促进货物和服务的快速运输，并最终增加彼此之间的互联互通。因此，虽然学者对于"一带一路"倡议与自由贸易协定在组织原则和互联互通方式的不同本质"团结一致"，但他们就该倡议是否与强大的自由贸易协定竞争还没有达成一致观点。

6. 有观点认为，从经济角度看，"一带一路"倡议在亚洲、非洲和欧洲的成功，迟早会改变贸易、投资和服务向中国倾斜的趋势，这一因素可能使中国改写或至少领导修订全球经济规则，以使其受益。如果这一时刻到来，"一带一路"倡议的概念就可能会逐渐消失，但它给中国带来的力量将与目前强大的自由贸易协定相抗衡。

7. "一带一路"倡议有 5 个合作重点，"设施联通"是重中之重。中国认为基础设施投资不足是发展中国家经济发展的瓶颈。因此，中国将加快基础设施互联互通作为"一带一路"倡议的重点领域和核心目标。如果成功实施，则将建成六条主要走廊，即新欧亚大陆桥、中国

—蒙古国—俄罗斯运输路线、中国—中亚—西亚经济走廊、中国—中南半岛经济走廊、中国—巴基斯坦经济走廊以及孟加拉国—中国—印度—缅甸经济走廊，此外，未来还应该将亚洲经济圈与欧洲经济圈联系起来。中国正积极为这些走廊沿线的铁路、公路、港口、航空运输、能源和通信设施筹集资金。在《愿景与行动》中，中国敦促各国"加快投资便利化，消除投资壁垒，推进双边投资保护协定和避免双重征税协定谈判，保护投资者合法权益"。中国现在正积极寻求与世界合作伙伴达成高水平的投资协定。

8. 中国一直在针对与"一带一路"倡议相关的重大经济问题采取战略性的非贸易政策。为了保持灵活性，中国在战略上避免了基于条约的法律框架，这种框架会增加繁重的义务。第二届"一带一路"国际合作高峰论坛的成果清单，生动展现了中国在推动"一带一路"倡议建设过程中所依赖的原则。

9. 虽然"一带一路"倡议吸引了全世界的目光，但很少有人真正关注中国的近邻和世界第三大经济体——日本。日本在2014年推出了"一带一路"倡议的竞争对手，所谓的"自由与开放的印度洋—太平洋"愿景（FOIP）。起初，日本对推广这一战略犹豫不决。尽管如此，从"全面与进步跨太平洋伙伴关系协定"（CPTPP）和"一带一路"倡议中学习经验，并随着美国在亚洲行动的重新开始，日本似乎最终决定以自己的"品牌"登上世界大舞台。笔者从高质量基础设施投资和第三方市场合作机制的视角，探讨了"自由与开放的印度洋—太平洋"愿景支持下的日本基础设施出口政策及其对"一带一路"倡议的挑战和协同效应。

10. 虽然外界知之甚少，但在首相安倍晋三（Abe Shinzo）的领导下，日本也开始制定区域互联互通战略。"自由与开放的印度洋—太平洋"愿景旨在"通过这一战略'促进亚洲和非洲互联互通'，并以东盟为两大洋的枢纽，促进整个地区的稳定与繁荣"。"自由与开放的印度洋—太平洋"愿景的真正设计者是日本首相安倍晋三，他于2016年中期在内罗毕举行的第六届东京非洲发展国际会议上提出了这一想法；当他首次提出这一愿景时，他将其描述为在整个地区促进法治和自由市场经济等共同价值观的一种方式。

11. 由于东盟成员国的反对，日本也软化了对"一带一路"倡议的态度。安倍晋三在会见马来西亚总理时，特意选择"愿景"一词，而不是"战略"。因此，2018 年 11 月，它被定位为合作与发展的优先政策，即"自由与开放的印度洋—太平洋"愿景。

12. "自由与开放的印度洋—太平洋"愿景包括三大支柱：第一，促进和建立法治、航行自由和自由贸易；第二，追求经济繁荣（改善互联互通）；第三，致力于和平与稳定。在"自由与开放的印度洋—太平洋"愿景的具体内容中，通过发展港口和铁路等基础设施来促进"互联互通"以实现经济繁荣，占有特殊地位。最初，它有两个要素。第一个要素是促进东盟的"互联互通"（东西方经济走廊、南方经济走廊等），东南亚内部的"互联互通"（印度东北部连通性促进项目和孟加拉湾工业增长区等），以及从东南亚到非洲西南部（蒙巴萨港等）的"互联互通"。第二个要素是加强经济伙伴关系（包括投资条约）和改善商业环境。但是，根据最新发布的"自由与开放的印度洋—太平洋"愿景手册，日本新增了"民心相通"，作为"自由与开放的印度洋—太平洋"愿景经济支柱的第三部分。这表明中国的"一带一路"倡议也在丰富日本的基础设施建设内容。

13. 日本早在中国的"一带一路"倡议之前就提出了通过基础设施获得市场准入来推动地区繁荣的想法。由于担心失去作为主要捐助国的地位，加上对"一带一路"倡议发展的关注，日本还制定了基础设施出口战略：高质量基础设施投资。该战略旨在明确消除第三国对"一带一路"倡议的担忧，即透明度、可持续性和社区参与项目。为了推行"自由与开放的印度洋—太平洋"愿景，在安倍晋三的领导下，日本政府于 2015 年 5 月启动了高质量基础设施伙伴关系，这是日本振兴战略的一部分。在 2016 年 5 月举行的七国集团领导人伊势志摩峰会上，将 2015 年的高质量基础设施伙伴关系升级为"扩大高质量基础设施伙伴关系"，为未来 5 年（2017～2021 年）印度洋—太平洋地区约 2000 亿美元的基础设施项目提供融资。通过探索国际基础设施市场促进经济增长的新领域，为日本的经济发展创造新的引擎，是加强合作伙伴关系的主要目标之一。

14. 与"一带一路"倡议与设施联通的关系不同，"自由与开放的印度洋—太平洋"愿景和高质量基础设施伙伴关系最具特色的部分是其采用的指导标准。日本政府非常热衷于在开放、透明、考虑到生命周期成本的经济效率以及财政稳健性（包括受援国的债务可持续性）的规则下，促进亚洲、非洲和拉丁美洲高质量基础设施发展。日本将高质量基础设施伙伴关系提升为自己的品牌，并作为国际标准推广，敦促七国集团、二十国集团和经济合作与发展组织（OECD）等制定促进高质量基础设施发展的规则。

15. 近年来，这一概念按以下顺序发展。从2014年二十国集团布里斯班峰会到2015年二十国集团安塔利亚峰会，再到2016年七国集团伊势志摩峰会，高质量基础设施伙伴关系提出了一系列原则，涉及治理、经济效率、适应力、创造就业机会、能力建设、社会和环境影响、经济和发展战略协调一致以及有效的资源动员。它特别强调项目生命周期内高质量基础设施的可持续性和可靠操作性，以及向当地社区转让专业知识和专有技术的可能性。此外，七国集团伊势志摩峰会原则非常具体地阐述了债务可持续性和财政前景。在七国集团伊势志摩峰会结束之后，即2016年9月4~5日，二十国集团领导人在中国杭州举行会晤，重申了促进投资的承诺，重点关注基础设施的数量和质量。他们特别强调高质量基础设施投资的重要性，目的在于确保经济效益，考虑生命周期成本、安全性、抵御自然灾害的能力、创造就业机会、能力建设以及按照双方商定的条款和条件转让专门知识和诀窍，同时解决社会和环境问题并与经济和发展战略的要求保持一致。

16. 以上是对日本在七国集团峰会上所取得成就的简要概述。尽管如此，在国际舞台上，高质量基础设施投资仍然是一个模糊的概念，应予以明确阐述。日本没有止步于举行七国集团伊势志摩峰会和参加二十国集团领导人杭州峰会，坚定地推进高质量基础设施投资。2018年二十国集团领导人在布宜诺斯艾利斯发表的宣言仅限于对这一方面的承诺，声称"我们期待2019年在高质量基础设施方面取得进展"。尽管如此，2019年6月的二十国集团领导人大阪峰会为日本提供了一个历史性的机会，在全球范围内传播和仔细校准高质量基础设施投资方面的内容。在战略上，日本利用这一时机推进高质量基础设施建设，并在峰会上通过了《二十国集团高质量基础设施投资原则》（以下简称《二十国集团原则》，作为峰会的首要文件），进一步巩固了自己的地位。

17. 正如本报告最初提到的，该文件列出了自愿和非约束性原则，以反映共同的战略方向和对高质量投资的渴望。与日本先前在七国集团伊势志摩峰会和二十国集团领导人杭州峰会上的努力相比，《二十国集团原则》意义非常深远并且雄心勃勃。在欧盟和美国的帮助下，日本以及"四方安全对话"（QUAD）的其他成员国（澳大利亚和印度）似乎可以在基础设施项目中加入一些至关重要的原则，比如"透明度"、"问责制"和"债务可持续性"。关于这个问题，第六项原则是最重要的。在这一原则的序言中，二十国集团领导人坚定地宣布："在项目的生命周期内，完善的基础设施治理是确保基础设施投资的长期成本效益、问责制、透明度和完整性的关键因素。各国应在公共和私营部门制定明确的规则、具备健全的机构和进行良好的管理，兑现各国的有关国际承诺，这将减轻与投资决策有关的各种风险，从而鼓励私营部门参与。需要在各级政府之间进行协调。能力建设也是确保知情决策和反腐败工作有效性的关键。此外，良好的私营部门实践，包括负责任的商业行为实践，可以支持改善治理。"

18. 值得注意的是，上述原则提出了以下四项重点。第一，二十国集团领导人一致认为，应确保采购的公开性和透明度，以确保基础设施项目物有所值、安全有效，因此投资不会偏离预期用途。第二，为了评估每个项目的财政可持续性，并确定资金有限的潜在基础设施项目，需要建立设计良好和运作良好的治理机构。第三，与提高透明度相结合，反腐败努力应继续维护与基础设施相关的投资的完整性。第四，支持投资决策和项目管理，对于获得充分的信息，数据是一个有利因素。

19. 在此有三点值得注意。

第一，《二十国集团原则》是在可持续基础设施投资领域制定国际"软法"的里程碑。为了解决陷入债务困境的问题，该文件要求（使用"应该"一词）建立开放、公平和透明的采购系统，有广泛的利益相关者的参与，为运作良好的政府机构提供便利，并在基础设施项目的所有阶段采取措施以减少腐败行为，以适当的信息和数据作为进行决策和项目管理的基准。除上述标准外，《二十国集团原则》还强烈要求捐助国使拟议的基础设施项目与国家战略要求保持一致，并考虑具体国家的情况。

第二，中国对《二十国集团原则》的立场是另一个关键点。到目前为止，二十国集团领导人峰会还没有国家间文件，中国从未在基础设施可持续性方面做出措辞强硬的承诺。中国愿意在二十国集团领导人峰会等全球论坛上采纳这些原则，反映出中国意识到国际社会对基础设施投资的看法。参与《二十国集团原则》谈判的日本官员称，中国最初对新原则持谨慎态度；然而，现在随着它认识到促进高质量基础设施投资带来的经济和财政效益，它对这一想法的接受程度有所提高。

第三，由于高质量基础设施投资得到其他国际利益相关者的广泛支持，这为今后加强这一"软法律"提供了机会。一些国际开发银行的报告将"高质量基础设施"描述为可持续基础设施的组成部分。通过强调透明度、开放、经济有效性和财政稳健，亚太经济合作组织（APEC）于2018年发布了修订后的高质量基础设施发展和投资指南。其他机构也提供了各种各样的指导文件，例如全球基础设施中心发布了"高质量基础设施"案例手册。经济合作与发展组织和国际货币基金组织（IMF）与二十国集团领导人大阪峰会一道，共同编写了参考说明，该参考说明与《二十国集团原则》保持一致，是2019年二十国集团/基础设施工作组议程的一部分。除了2017年的七国集团、二十国集团和经合组织部长理事会会议外，《联合国2030年可持续发展目标议程》重点关注高质量基础设施在17个可持续发展目标中的重要性。作为可持续发展的创新和实验性衡量工具，日本的高质量基础设施投资可以成为提升发展中国家基础设施贷款水平的有力工具。这样，日本对优质基础设施方面的"软法外交"就可以重塑促进基础设施互联互通的国际经济治理。因此，安倍晋三在2019年第二届"一带一路"国际合作高峰论坛期间正式认可了其中的一些原则。

20. "软法"因具有灵活、非正式和适应性强的特点，为主要国家之间就决策达成共识提供了一个相对宽松的环境。五年来，在包括日本在内的二十国集团成员共同努力下，国际"软法"制定了集体运输互联互通机制。多边开发银行的参考意见和采购惯例详细说明并具体化了其内容，规范性意义也有所增加。最重要的是，二十国集团成员成功地将中国带入了这个负责任的"软法"机制。正如在国际金融法中经常观察到的那样，"软法"的演进过程为将来将《二十国集团原则》转变为"硬条约法"开辟了道路。这种创新的"软法"的唯一问题在于执行。必须审查基础设施投资中关键新兴参与者对优质基础设施原则的应用情况，因为在没有约束力的情况下，中国愿意遵守在海外市场进行高质量基础设施投资原则的意愿，在增强高质量基础设施投资规范性方面起到重要作用。此外，由于日本的独特做法，高质量基础设施投资已经促使中国改变在第三国推广"一带一路"倡议的方式。

21. 中国希望在建设"一带一路"基础设施项目中得到发达国家的帮助，也希望在亚洲基础设施投资银行等与"一带一路"倡议有关的金融机构中得到相关帮助。此外，尽管著名的投资者提出了相互竞争的倡议，但仍有人呼吁中日双方建立一个有效的机制，就东南亚区域内的互联互通进行合作和对话。最初，日本在这方面的立场并不明确，它对"一带一路"倡议既没有兴趣，也没有回应。在 2017 年 7 月，日本宣布，如果"一带一路"倡议满足四个前提条件，那么它将考虑参与"一带一路"倡议相关项目。中国的"一带一路"倡议要实现与日本合作，必须具备以下条件：（1）具有开放性；（2）具有透明度；（3）促进经济可持续发展；（4）所涉发展中国家对有关项目具有财政承受能力。换句话说，日本已经明确表示，任何官方支持都将是有限的、有条件的，这取决于项目是否满足高质量基础设施投资原则。

22. 2018 年 5 月，中国国务院总理李克强访问日本后，中日双方提出了"第三方市场合作"概念，这是一个稍微中性一些的名字。日本政府考虑与中国在"一带一路"倡议上合作的决定，对于寻求更多市场的日本企业来说，可能具有经济意义，日本政府也将获得难得的机会，将中国置于更高的透明度和责任制之下。换句话说，与日本进行联合项目开发可能会鼓励中国接受更高的标准。此外，与中国在第三个国家的基础设施项目上进行选择性接触为获取信息开辟了道路，并鼓励中方更多地与高水平的国际标准保持一致。同时，这种合作还将考验"一带一路"倡议的批评者，他们现在有一个标准，即利用合作融资工具，让"一带一路"倡议更能被普遍接受。

23. 中国第三方市场合作协议被视为一种软法律工具。它旨在促进两国投资者之间的合作，并在第三方市场提供一个公平的竞争环境。正如一位中方人士所表达的那样，对中国而言，第三方市场合作旨在使中国的生产力与发达国家的技术相适应，与发展中国家的发展需求相结合。虽然中国学者认为第三方市场合作是中国发起的一种新的国际合作模式，但实际上这类软法律工具并不是全新的。中国第三方市场合作协议的覆盖范围远远超过其他任何国家的类似网络。迄今为止，中国已成功与 10 多个发达国家签署这类协议：最初是法国（2015 年）、加拿大（2016 年）、新西兰（2017 年）、比利时（2018 年）、葡萄牙（2018 年）、新加坡（2018 年）、日本（2018 年）、德国（2019 年）、意大利（2019年）、卢森堡（2019 年），最后是荷兰（2019 年）。中国也在努力通过第三方市场合作协议吸引国际知名组织，例如，欧洲复兴开发银行与中国国际承包商协会于 2018 年签署谅解备忘录。双方强调加强合作，并继续在第三方市场投资方面发挥协同作用，这个第三方市场是欧洲复兴开发银行开展业务的国家，也是参与"一带一路"倡议项目的国家。

24. 值得注意的是，中国的许多第三方市场合作协议不为广大公众所知，因此他们不可能分析相关规范内容。法国是第一个与中国签署第三方市场合作协议的欧盟成员国。在 2015 年 6 月 30 日中国和法国关于第三方市场伙伴关系的联合声明中，双方同意在公共当局的支持下发挥公司的主导作用，并遵守国际法、国际惯例和相关商业法规，以及法国、中国和第三国的法律法规。为了建立紧密、持久和全面的中法经济战略伙伴关系，三年后，第六次中法高级别经济财金对话的联合声明进一步在第三国市场和基础设施互联互通方面明确基本合作原则。双方强调，"……合作应重视市场规则、透明度、可持续经济发展，为所有投资者提供公开采购和公平竞争的环境，并遵守既定的国际准则和标准，履行各自的国际义务，遵守受益项目国家的法律，同时考虑到它们的政策和具体国情"。对中国决策者来说，探索第三方市场合作可以在不引起中国、法国和一些非洲法语国家利益冲突的情况下产生效益。然而，到目前为止，中法合作只集中在英国欣克利角，欣克利角是英国第一座核电站。

25. 意大利是七国集团中第一个通过与中国达成谅解备忘录来支持"一带一路"倡议的成员国，中意之间的合作也涉及与第三国的合作。更重要的是，它们强调公开、透明和非歧视性采购程序的重要性。"双方将共同探索在意大利和中国的合作机会，并讨论在第三国的合作。双方承诺采取有利于所有参与者和所有项目的合作模式，这些项目以财政、社会、经济、无害于环境和可持续发展的方式支持促进发展和满足人民需求方面的优先事项，使第三国受益"。同样，第二次中德高级别财金对话联合声明也回应了"基于透明度和可持续性的第三国合作"……这是企业和金融机构根据商业标准做出的决定。

26. 2019 年 4 月 29 日，瑞士和中国一致认为，"合作应由企业主导，以市场为基础，符合国际惯例和规范，符合受益国的法律和政策"。这种合作应该建立在经济可持续发展基础上：社会和环境可持续发展，互惠互利，达成共识，具有包容性、开放性和非歧视性的采购流程以及一个公平竞争的环境，并且符合有关国家的发展优先事项的要求和联合国 2030 年可持续发展目标。此外，中国与欧洲复兴开发银行等多边银行的协议也是本报告值得关注的内容。根据相关协议，"合作旨在为提升欧亚经济、社会、财政、金融和环境可持续性做出贡献，同时重视市场规则、透明度以及公开采购和所有投资者公平竞争的共同原则"。

27. 上述有关中国第三方市场合作的内容表明，欧盟正试图与中国达成复杂的协议。与意大利和瑞士签订的文件在两个方面值得注意。首先，关于中国第三方市场合作协议的谅解备忘录可能对中国有一些压力，促使中国注意第三国基础设施项目的财政和环境稳健性以及可持续性。其次，从法国开始，中国的第三方市场合作协议中的规范内容逐渐丰富。如果中国和法国最初提到"遵守国际法、国际惯例和相关的商业原则"，那么逐渐发展的国际组织和西方发达国家成功地在相关文件中加入了"透明度"、"公开采购"和"公平的竞争环境"这样强有力的原则。

28. 2018 年 5 月 9 日，日本同中国签订了第三国商务合作备忘录。与中意两国签署的谅解备忘录相比，中日备忘录看起来篇幅较短，仅有四段。首先，双方认为两国企业在海外具有很强的互补性，在第三国开展商务合作对各方均有好处。其次，为建立促进中日合作的运转机制，双方决定在中日高层经济对话框架下，设立中日第三国经济合作官民联合委员会。再次，双方达成一致意见，在第三国开展私营经济合作的基础上举办中日第三国商务合作论坛。最后，双方将就上述框架下可能制定的具体项目进行讨论。

29. 同中国与西欧国家签署的第三方市场合作协议相比，中日只能达成一些非常有限的"软法工具"。中日双方的第三方市场合作协议也具有自身特点。中方国有企业已经在第三方市场合作协议的推动下针对多个第三方国家签署联合项目协议，中日的第三方市场合作项目可能是中国在第三方国家首个规模最大的联合项目。对于中法两国在欣克利角的第三方市场合作项目、中国中车与德国西门子在一些关键项目上的第三方市场合作，目前，由于目标都还没有实现，那么中日第三方市场合作的规模之大、范围之广将是前所未有的。

30. 协议签署后 5 个月，中日双方于 2018 年 10 月成功在北京举办了首届中日第三方市场合作论坛。包括两国政界和工业界领导人在内的约 1500 人出席了论坛，双方共达成 52 项合作备忘录，涵盖公共部门和私营部门的广泛领域。其中，日本杰富意工程技术株式会社（JFE Engineering Corporation）与某中方企业达成共识，将在泰国进行智慧城市建设。日本贸易公司伊藤忠商事株式会社（Itochu Corporation）同意与中国国有企业中信集团扩大对德国海上风力发电项目的投资规模。日本国际合作银行（Japan Bank for International Cooperation）和中国国家开发银行决定启动一项联合资助第三国基础设施项目的计划。

31. 日本首相安倍晋三宣布，日本政府将与中国政府共同努力，促进联合项目的发展，同时确保第三方国家在开放、透明、经济效率和金融稳健等方面符合国际标准。随后，中国国务院总理李克强表示，希望中日两国在第三方国家开展合作的过程中，发挥互补优势，促进互利共赢,推动对各方均有好处的项目发展。同时,李克强总理还强调,中日双方要保持谨慎,避免对其他国家的其他倡议造成影响。中日第三方市场合作协议的鲜明特点在于强调两国私营部门要在第三方市场就具体项目开展合作,依靠相关合作机制的支持进一步推进相关项目。日本参与的联合基础设施项目,都需要在开放、透明、经济效率以及金融稳健方面符合严格的条件。同时,日方与中方在"一带一路"倡议相关项目中的合作,将为日本提议中国积极参与规则制定提供机会。

32. 此外,日本似乎开始通过参与"一带一路"倡议相关项目追求经济实用主义。因为正如石静霞(Jinhxia Shi)指出的一样,"所需投资的绝对规模意味着,中国投资者正越来越多地寻找外国合作伙伴,以共同促进相关项目的发展",这一举措在实践中正在取得进展。据报道,中国企业与他国企业合作的范围涵盖全球多个地区。中国和加拿大核能企业在罗马尼亚、阿根廷等第三方市场都进行了成功的合作。此外,中国企业与日本企业在中东市场上相互依赖,双方都希望能够在泰国等东南亚市场展开合作。Kanaoki Tsukio 表示,在 2018 年北京中日第三方市场合作论坛期间达成的 52 项备忘录中,有一部分已经开始实行,例如,中日企业第三方国家商务合作清单上所列的部分项目,包括中石化集团和丸红株式会社在哈萨克斯坦的一个石化项目以及中信集团和伊藤忠商事株式会社在德国联合开发的一个海上风能项目。此外,随着议价能力的增强,日本企业和中国企业或将"在优惠政策、基础设施互联互通、人力资源等方面获得更多支持"。

33. 中日两国在第三方市场的商务合作已经初见成效,例如,对于泰国东部经济走廊计划,东道国欢迎中日两国在其领土内开展合作,中日两国签署了谅解备忘录,双方大使馆还在曼谷举行了"中日在泰国东部经济走廊合作"的三边研讨会。一年后,在泰国政府的旗舰项目中,中日企业似乎已经开始就 5 个基础设施项目展开竞争。作为对中日第三方市场合作的案例展示,中日双方于 2019 年 4 月 2 日在泰国举行了首次商务合作研讨会。就这一主题而言,双方金融机构(日本国际协力银行、中国国家开发银行和中国进出口银行)在泰国开展符合全球开放标准、经济可行性、法律规范、透明度和债务可持续性的银行间融资项目至关重要。

34. 据《南华早报》报道，正如双方所预期的一样，泰国"成为主要受益者"，中日第三方市场合作包括多项以泰国为重点的项目（智慧城市开发、高铁等）。这将对所有各方都产生积极影响。首先，在 2018 年北京中日第三方市场合作论坛上，日本国际合作银行与中国国家开发银行达成协议，将共同为海外基础设施建设项目提供贷款，由此，日本将能够避免债务陷阱问题不在诸如泰国等东道国出现。其次，双方优势互补。日本企业在投资可行性研究、风险管理、企业社会责任等方面具有很强的实力，有助于增强企业的社会责任意识。另外，中日合作越频繁，双方彼此信任的程度就越高。日本等其他二十国集团国家应该积极参与中国企业在第三方市场的项目。

35. 为评估"一带一路"倡议基础设施互联互通与"自由与开放的印度洋—太平洋"愿景的协同效应，日本坚持以项目可融资性和可持续性作为基础设施建设的根基，例如，作为中日第三方市场合作的重要推动者和策划者，中方有关人士指出，这是双方首次公开宣布所有合作项目的细节。此举回应了国际学界对"一带一路"倡议项目透明度、资金来源、投资回报等的关切。此外，2019 年 4 月的第二届"一带一路"国际合作高峰论坛联合公报中多次明确提到"高质量"："我们将努力建设高质量、可靠、抗风险、可持续的基础设施。我们强调，高质量基础设施应确保在全周期内切实可行、价格合理、包容可及、广泛受益，有助于参与国可持续发展和发展中国家工业化。我们欢迎发达国家和国际投资者投资发展中国家的互联互通项目。我们重视项目在经济、社会、财政、金融和环境方面的可持续性，同时统筹好经济增长、社会进步和环境保护之间的平衡。"

36. 中国也开始与共建"一带一路"国家在"一带一路"倡议项目中使用"高质量"一词。笔者提出以下建议，供政策制定者参考，以确保"高质量基础设施投资"战略成功。

建议 1：推动中日第三方市场合作协议多极化，进一步丰富其内容。要想取得成功，中国"第三方市场合作协议"网络或将可以通过东道国和多边发展银行的加入，实现从软法到硬法的进一步发展，或者推动中日第三方市场合作协议内容具体化。换句话说，在中日第三市场合作机制的运转下，日本应该努力借鉴西欧国家的经验，丰富中日合作的内容。同中日就第三方市场合作达成的备忘录相比，中国与西方发达国家签署的谅解备忘录在规范的内容、新颖的方案以及透明度方面都表现突出。由此，日方或许可以明确四个条件，在发达国家发出可能实现复兴信号的情况下，发展中日第三方市场合作协议框架体系。基于在泰国的成功经验，中日第三方市场合作协议未来或许会发展为一份具有法律约束力的合作协议。从这个意义上讲，2020 年即将举行的第二届中日第三方市场合作论坛，将对推动中日第三方市场合作协议内容的多边化具有重要意义。

建议 2：与全球合作伙伴共同推广"高质量基础设施投资"。在这一点上，日本不间断地继续开展"高质量基础设施投资"外交的重要性应该被予以强调。在第三市场与捐助伙伴国合作，推动中国积极支持全面、可持续、基于国际规则的互联互通项目，致力于实现同一个目标，即加强大型基础设施互联互通项目的国际经济治理。欧盟的新中亚战略同样蕴含"高质量基础设施投资"，对该战略的采纳可视为欧盟与日本在"高质量基础设施投资"规则制定方面进行合作的重要成功，同时也是该战略在全球范围内进一步推广的成功。通过与法国以及其他欧盟国家等利益相关方的密切合作，日本应敦促中国分担全球债务重组的责任。

然而，正如有关方面所指出的，"这一理念（'自由与开放的印度洋—太平洋'愿景/'高质量基础设施投资'战略）在亚洲的推广情况十分糟糕，人们的理解程度仍然不高"。上述理念没有相关年度峰会，没有专门的介绍主页，甚至安倍晋三在北京中日第三方市场合作论坛上的演讲内容都没有被翻译为英文。安倍晋三在演讲中提出了中日合作的首要条件。此外，由于目前仍然没有官方文件公开承认"高质量基础设施投资"是"'自由与开放的印度洋—太平洋'愿景"的一部分，或者不是该愿景的一部分，因此上述两个概念之间的联系仍然模糊不清。日本在通过新的活动促进方式阐释"'自由与开放的印度洋—太平洋'愿景"/"高质量基础设施投资"战略之间的关系时，应该进一步在受援国家积极推广"高质量基础设施投资"战略，同时在受援国与其他捐助国合作的情况下积极推广该战略。我们应当承认日本在上述方面取得的成就。2019 年初访问中亚期间，日本外相河野太郎邀请中亚国家外长在该地区采纳"高质量基础设施投资"战略，接受捐助国提供的基础设施项目，此外，日本继续致力于进行"高质量基础设施投资"战略在非洲大陆的推广，如借第七届东京非洲发展国际会议（已经于2019 年 9 月在横滨成功举办）进行推广。

建议 3：发挥当地作用。与泰国东部经济走廊自上而下的运作方式相反，日本可以提供自下而上的合作方式，也就是说，在官方发展援助下激活日本的软实力。值得注意的是，日本是目前亚洲在法律援助和教育方面具有竞争力和优势的国家。日本已经在蒙古国、乌兹别克斯坦、越南、柬埔寨、老挝等的重点大学建立了卫星法律教育和研究中心，在共建"一带一路"国家培养了数百名年轻的法学家，取得了可喜的成绩，这些人员或将成为一股非常强大的执法力量。换句话说，大量来自东盟的日本大学法律系校友，特别是来自越南、柬埔寨和老挝的校友，将从国家利益出发，在筛选拟议的基础设施项目方面发挥至关重要的作用。日本应该更加积极主动地参与"一带一路"倡议，重点加强能力建设和特定法律领域的教育。

37. 本报告探讨了通过中日第三方市场合作改善"一带一路"倡议治理的可能性，以及该举措对"'自由与开放的印度洋—太平洋'愿景"/"高质量基础设施投资"战略潜在的贡献。笔者认为，对发达国家而言，面对中国提出的倡议，建设性的做法不是将其妖魔化，而是在公共和私营部门直接或间接地支持该倡议的发展，并与中方在第三方市场合作，遵守市场规则，满足高质量标准要求。"高质量基础设施投资"战略代表了二十国集团制定规则的集体意愿。因此，相关原则在影响国家选择基础设施项目的实施方案方面具有很大的作用。除了"高质量基础设施投资"战略之外，中国的"第三方市场合作协议"网络将进一步明确市场规则和特定国家的标准。

38. 来自日本等发达国家的资金支持在规模和速度上都无法与中国"一带一路"倡议相比。"一带一路"倡议与"'自由与开放的印度洋—

太平洋'愿景"相比，区别在于前者包含了中国完整的对外政策，而后者仅涵盖部分日本的对外关系战略。但是，日本"'自由与开放的印度洋—太平洋'愿景"/"高质量基础设施投资"战略具有经过深思熟虑得出的标准，对"一带一路"倡议设施联通项目构成挑战。相关举措和全球对"一带一路"倡议的反应，有助于"一带一路"倡议项目得以更好实施。中国国家主席习近平在北京举行的第二届"一带一路"国际合作高峰论坛上强调要进行"高质量、可持续、抗风险、价格合理、包容可及"的基础设施建设，清楚地表明中国领导人已经开始关注上述问题。然而，这种合作是否能够解决共建"一带一路"大型基础设施项目的治理问题，需要拭目以待。

39. 与世界贸易组织相似，"高质量基础设施投资"战略与第三方市场合作协议下的有效合作或将成为中国国内进行改革的有力工具。中国积极参与"一带一路"倡议建设，积极"控制与当地居民产生社会摩擦和法律责任的潜在成本和风险"，践行国际通行做法。因此，与其从外部施加压力，不如在中国国内创造一种认可高质量互联互通标准的需求，这也是日本推广"高质量基础设施投资"战略的决定性因素之一。

意大利新政府为制定更加平衡的
对华政策奠定了基础

Lucrezia Poggetti *

原文标题：Italy's New Government Lays the Foundation for a More Bal-
　　　　　anced China Policy

文章框架：欧洲—大西洋联盟和欧洲一体化是意大利在外交政策追求国
　　　　　家利益的支柱；参与"一带一路"项目的意大利港口当局
　　　　　和船东联合会要求更多地实现互惠互利。

观点摘要：

1. 意大利总理朱塞佩·孔特（Giuseppe Conte）领导的新一届政府在 2019 年 9 月 4 日宣誓就职就立即表示，不会继续走前任政府倡导的与中国全面合作的道路。在其上台后召开的第一次会议上，由反建制派"五星运动"党和中左翼政党民主党（PD）组成的新一届政府使用"黄金权力"法案（即审查战略性部门和关键基础设施的外国投资的特别权力），对 5G 网络的多项供应交易进行审查，其中包括两项涉及中国信息通信技术公司——华为（Huawei）和中兴通讯（ZTE）的交易。

2. 意大利新政府这样做凸显了上届政府的"犹豫不决"。内政部前部长兼副总理、联盟党领袖马泰奥·萨尔维尼（Matteo Salvini）曾表达过对安全的担忧，但并未与联盟伙伴一起采取行动，批准在 5G 交易中使用特别权力。新政府现在已采取行动，并对合同施加了未公开的

---

* Lucrezia Poggetti，墨卡托中国研究中心研究员。来源：墨卡托中国研究中心（德国智库），2019 年 9 月 17 日。

"条件和要求"。在与中国的合作中引入进行平衡评估的内容，可以帮助意大利在不承担过多风险的情况下寻求经济机遇，还可以帮助意大利很好地挽回其在欧洲其他国家和美国面前失去的信誉。

3. 意大利新政府在计划中明确表示，欧洲—大西洋联盟和欧洲一体化是意大利在外交政策中追求国家利益的支柱，这使加强意大利的欧洲和跨大西洋关系重新成为焦点。对意大利的对华政策而言，这意味着其与中国的合作将受到更广泛的欧洲和跨大西洋利益的限制，从而避免做出一些让人意想不到的举动，比如意大利在 2019 年 3 月与中国签署了"一带一路"倡议谅解备忘录。意大利在 5G 领域的迅速行动表明，其对中国采取了更为谨慎的态度，这应该会让欧盟和美国放心。

4. 与此同时，意大利新政府仍然保留上届对华友好政府的一些做法。"五星运动"党党魁、现任外交部部长路易吉·迪马约（Luigi Di Maio）是"一带一路"倡议谅解备忘录的签署人。迪马约任命意大利驻华大使谢国谊（Ettore Sequi）为外交部办公厅主任。谢国谊是中意两国签署"一带一路"倡议谅解备忘录的有力推动者。他们的新角色向中国表明，意大利仍有与中国合作的兴趣。

5. "五星运动"党的新联盟伙伴或许能提供一些平衡。来自中左翼政党民主党的保罗·真蒂洛尼（Paolo Gentiloni）重返欧盟，担任重要的经济事务专员。2017 年，他以政府总理的身份出席了在北京举行的"一带一路"国际合作高峰论坛，与此同时，他还与德国和法国一道，推动 2019 年生效的欧盟外商投资审查框架建立。

6. 本届政府保留的上届政府的一项积极政策是给予中国更多的关注。意大利的对华政策受到经济利益的支配。此外，意大利工业部门对中国的定位更加清晰。2019 年 4 月，意大利工业家联合会（Confindustria）发表的一份立场文件主张欧盟采取更具战略性和更有凝聚力的方式应对与中国相关的经济挑战。参与"一带一路"项目的意大利港口当局和船东联合会要求更多地实现互惠互利。随着政府和公众对中国的讨论越来越多，意大利有机会制定更具战略意义的对华政策。与欧盟委员会候任主席乌尔苏拉·冯德莱恩（Ursula von der Leyen）密切合作，将是一个非常好的开端。乌尔苏拉·冯德莱恩计划"界定欧盟与一个更加自信的中国的关系"。

意大利将文物送回中国对中欧关系的影响

Yi Wang; Peter Hays; Tao Wang *

原文标题：Italy's Repatriation of Cultural Relics to Beijing: Chinese Nationalism and Its Impact on Europe – China Relations

文章框架：意大利同意向中国归还文物；意大利成为首个接受"一带一路"基础设施建设资金的七国集团（G7）成员国和欧盟成员国；随着中国变得更加自信，公众舆论对中国外交政策的影响也可能逐步增加。

观点摘要：

1. 2019 年 3 月 23 日，在中国国家主席习近平首次正式访问意大利期间，意大利同意向中国归还 796 件文物。这是过去 20 年有关中国文物的最大单次归还数量。这些文物跨越中国五千年的历史，在 2007 年被非法出口到意大利。一旦送回，这些文物就将于 2019 年 4 月 24 日至 6 月 30 日在北京的中国国家博物馆展出。此次文物展览由文化和旅游部以及国家文物局联合主办，题为"归来——意大利返还中国流失文物展"。

2. 在习近平主席访问意大利期间，意大利打破此前欧盟的路线，与中国签署了双边协议，支持"一带一路"倡议。意大利成为首个接受"一带一路"基础设施建设资金的七国集团（G7）成员国和欧盟成

---

* Yi Wang，英国曼彻斯特大学中国研究院研究员。Peter Hays，英国曼彻斯特大学中国研究院院长，中国政治学教授。Tao Wang，英国曼彻斯特大学政治学博士研究生。来源：国际事务研究院（意大利智库），2019 年 10 月 17 日。

员国。西方媒体的相关报道聚焦意大利做出此举的国内驱动因素，尤其是在经济领域，同时质疑这些因素对未来欧盟与中国关系的影响。西方媒体关注中国投资意大利关键基础设施的战略意义，尤其是意大利东北部的里雅斯特（Trieste）等港口。

3. 相比之下，中国媒体对于习近平主席罗马之行的报道，则聚焦意大利支持中国的"一带一路"倡议。然而，有趣的是，意大利对"一带一路"倡议的支持并没有在中国引发太多的网上讨论。中国网民的关注点在于对中国文物的返还，中国文物被送回在网络上引发了长时间的讨论。数百条评论中夹杂着"欢迎回家"、"欢迎回来"和"谢谢你，意大利"等。归还的文物显然触动了中国人民的感情。微博上的一位评论者写道，"在这样的时刻，我的眼里总是常含泪水"。

4. 随着中国变得更加自信，公众舆论对中国外交政策的影响也可能逐步增加。欧洲国家一方面应该像其他国家一样，承认并如实反映它们过去对中国的侵略；另一方面也应该努力促进中国更好地理解欧洲进步的历史。毕竟，正是在这种开放的国际体系中，中国才发展到今天的水平。尽管这是一项挑战，但它很可能是消除当今中国对帝国主义侵略历史"记忆犹新"的唯一途径，有助于双方弥合"旧伤"，在未来建立更好、更平衡的关系。

欧盟"重返亚洲"战略将加强与中国的竞争

Xuechen（Iris）Chen *

原文标题: The EU's "Pivot to Asia" Will Increase Competition with Beijing

文章框架: 2019 年是中欧建交 44 周年，也是中欧战略伙伴关系建立 16 周年，中欧关系是全球舞台上最重要的关系之一；在过去几年里，欧盟对中国在欧洲的经济和政治"扩张"，尤其是对中国提出的"一带一路"倡议感到不满；自 2012 年以来，欧盟确实推行了自己的"重返亚洲"战略，与亚洲国家的政治和安全接触显著增加；欧盟一直在针对亚洲制定一个更具凝聚力和雄心的战略，这一战略超越了其对中国以及中欧贸易的传统关注；欧盟目前对中国态度的转变不仅源于双边竞争，而且源于欧盟在亚太地区扮演的新角色。

观点摘要:

1. 2019 年是中欧建交 44 周年，也是中欧战略伙伴关系建立 16 周年，中欧关系是全球舞台上最重要的关系之一。从经济层面看，欧盟和中国是世界上最大的出口国际组织和出口国，中欧两大经济体贸易额约占全球贸易额的 30%。从外交层面看，当前的中欧关系已经高度制度化，包括多层次的外交合作、年度首脑会议、定期部长级会议以及 60 多个部级对话机制。尽管双方的政治制度和世界观存在差异，但中欧双方都致力于发展战略伙伴关系，正如 2013 年双方签署的《中欧合作 2020 战略规划》中所描述的那样。

---

* Xuechen（Iris）Chen，欧洲亚洲事务研究所助理研究员。来源：国际政治研究所（意大利智库），2019 年 9 月 27 日。

2. 尽管如此，中欧成熟的经济和外交关系并没有直接推动两大经济体之间建立友好关系。在过去几年里，欧盟对中国在欧洲的经济和政治"扩张"，尤其是对中国提出的"一带一路"倡议感到不满。自2013年"一带一路"倡议提出以来，欧盟一直对该倡议的透明度、金融可持续性、开放性以及互操作性等问题表示关切和怀疑。此外，欧盟与中国之间的双边关系也因经济和政治治理方面的分歧、贸易不平衡、反倾销措施等领域的频繁冲突等而出现波折。引人关注但并不出乎意料的是，2019年3月，欧盟委员会及其高级代表发表了一份《中欧关系战略展望》报告，称中国为"系统性竞争对手"和"经济竞争对手"，但同时也是合作伙伴和谈判伙伴。欧盟在这份报告中的这种强硬语气是否意味着其会对中国采取越来越敌对的态度？尽管许多人认同中欧关系正处于十字路口，但目前的关系在朝着哪个方向发展？要找到这些问题的答案，主要应该考虑两个方面的因素。首先，最近欧盟与中国的接触应该在一个更广阔的背景下（即欧盟日益采取积极的亚太战略）进行研究。尽管大多数分析认为欧盟的新战略观是对中国在全球日益增强的经济和政治影响力的回应，但笔者的观点是欧盟对中国的态度更为强硬，是由欧盟在亚太地区日益增长的经济、地缘政治和战略利益决定的。其次，尽管欧盟在这份报告中对中国的态度较为强硬，但鉴于欧盟和中国之间的高度制度化的以及相互依存的关系，在可预见的未来，双方关系不太可能发生转变或恶化。

3. 自2012年以来，欧盟确实推行了自己的"重返亚洲"战略，与亚洲国家的政治和安全接触显著增加。除了与日本和越南等一些重要亚洲伙伴签署自由贸易协定外，欧盟还通过东盟地区论坛（ARF）、亚欧会议（ASEM）以及亚太安全合作理事会（CSCAP）增加了在区域对话和运作中的参与。此外，欧盟还通过反恐、打击人口贩卖、加强边境管理以及成立生化核放防御部队等方式加强区域合作。因此，欧盟作为亚洲政治和安全提供者的角色与"欧盟全球战略"（EU Global Strategy）一致，表明欧盟对全球政治的态度越来越务实，并渴望成为"全球安全提供者"。乌苏拉·冯·德兰（Ursula von der Leven）认为欧盟委员会制订的计划似乎正朝着这个方向发展：欧盟委员会是"地缘政治委员会"，准备提高欧洲相对于其他大国的地位，并在全球治理中采取大胆的行动。

4. 在这一背景下，欧盟的亚洲计划显然已成为一个更为全面的战略，其目标明确地体现在《连接欧洲和亚洲——对欧盟战略的设想》，以及欧洲理事会针对《加强欧盟与亚洲的安全合作》报告得出的结论中。这些文件突出了一种"欧洲方式"，在欧洲和亚洲之间寻求可持续的、基于规则和全面的联系，强调欧盟自身的经验和价值观。与以往实施的亚洲战略不同的是，上述两个文件不再将中欧关系列为欧盟的高度优先事项。事实上，这两份文件非常重视与亚洲地区其他伙伴的合作，如日本、韩国、印度以及东南亚国家。因此，欧盟一直在针对亚洲制定一项更具凝聚力和雄心的战略，这一战略超越了其对中国以及中欧贸易的传统关注。

5. 欧盟目前对中国态度的转变不仅源于双边竞争，而且源于欧盟在亚太地区扮演的新角色。考虑到欧盟和中国在经济结构、政治制度以及规范方面的分歧，欧盟有意增加其在该地区的地缘政治和安全足迹，这势必与中国的亚洲愿景发生冲突，加剧两大经济体之间的竞争。例如，在欧盟连接欧洲和亚洲的政策中，这一点显而易见。由于在可持续性、透明度以及法律方面的分歧，欧盟的欧亚互联互通战略正在与"一带一路"倡议展开竞争。然而，中国在亚洲地区事务中的关键地位促使欧盟与中国展开合作，因为没有中国的支持，欧盟成为亚太地区政治和安全提供者的目标就很难实现。

中亚：中国最喜欢的周边地区之一

Giulia Sciorati *

原文标题： Central Asia：One of China's Favourite Peripheries

文章框架： 中国与中亚的关系；自 2013 年 "一带一路" 倡议提出以来，中亚地区已成为中国全球贸易关系的重要组成部分；能源关系仍是中国在中亚地区最优先考虑的事项。

观点摘要：

1. 对于习近平主席选择哈萨克斯坦作为提出 "一带一路" 倡议的第一站的叙事，如今已成为中国国际关系中一个常见的故事。这是一个值得重述的故事，因为它标志着中国与中亚的关系进入新时代。苏联解体后，中国周边地区出现五个新独立国家，之后，中国与哈萨克斯坦、吉尔吉斯斯坦和塔吉克斯坦建立了外交关系。与此同时，中国还与乌兹别克斯坦和土库曼斯坦建立了外交关系，努力与该地区出现的所有新独立国家达成协议。努力与中亚国家实现关系正常化是当时中国外交政策取得的主要成就之一，这为中国当前的中亚政策铺平了道路。

2. 自 2013 年 "一带一路" 倡议提出以来，中亚地区已成为中国全球贸易关系的重要组成部分。事实上，"一带一路" 倡议的 6 条走廊中有 3 条穿越中亚地区。第一条走廊是新亚欧大陆桥经济走廊，该走廊将中国沿海地区与德国连接起来。第二条走廊是中国—中亚—西亚经济走廊，该走廊在中国的国内部分与新亚欧大陆桥经济走廊重叠，穿过中东，通往希腊比雷埃夫斯港。第三条走廊是中巴经济走廊，该走廊是 "一带一路" 倡议的旗舰项目之一，连接中国西北地区和阿拉伯海，提

---

* Giulia Sciorati，国际政治研究所亚洲中心研究助理。来源：国际政治研究所（意大利智库），2019 年 10 月 3 日。

供直达肯尼亚、斯里兰卡和欧洲港口的海上航线。

3. 自"一带一路"倡议提出以来，中国已向中亚地区提供约 255 亿美元资金，其中包括来自私营和国有企业的"一带一路"和非"一带一路"融资，这些资金共支持 42 个项目。这些资金中有 50%（约 128 亿美元）用于启动 15 个能源项目，有 22%（约 56 亿美元）用于支持交通领域的 8 个项目。这两个领域都反映了中国在中亚的战略利益，因为它们都属于中国的能源安全政策内容。事实上，在苏联解体后，除了俄罗斯以外，大多数全球大国（包括中国）不熟悉这些新独立国家的地理和矿产结构。中国的工业现代化水平激发了前所未有的能源需求，中亚地区被认为是中国满足能源需求的一个有前景的地区。中国需要借鉴相关经验，因为中国之前没有关于如何与该地区打交道的经验。与此同时，即使在苏联解体之后，俄罗斯在该地区的作用仍然至关重要。中国自主进入中亚可能会被视为对俄罗斯在该地区影响力的挑战。与其他苏联解体后宣布独立的国家相比，大多数中亚国家一直与俄罗斯保持密切的政治和贸易关系。

4. 通过与中亚国家建立由中国和俄罗斯共同倡导的多边合作框架，中国避免与俄罗斯进行任何潜在的竞争。这在"上海五国"会晤机制框架背景下被证明是成功的。中国、俄罗斯、哈萨克斯坦、吉尔吉斯斯坦和塔吉克斯坦于 1996 年建立了"上海五国"机制，并于 2001 年正式将其机制化为上海合作组织（SCO）。上海合作组织成员国中增加了乌兹别克斯坦，加强了成员国在反恐等共同战略利益领域的协调。

5. 然而，随着"一带一路"倡议的提出和中国作为全球大国的作用不断增加，中国对该地区的态度逐渐从传统的参与转向把中国视为与中亚国家发展关系时的主要支柱。一方面，中国在上海合作组织中更为自信的姿态体现了中国在中亚的新参与模式，尤其是该组织的议程现在逐步把经济、旅游和教育领域放在优先地位，而不是安全领域；另一方面，中国与中亚国家的双边/区域合作框架是中国在该地区实施自主计划的又一例证，例如，为中亚学生提供的交流项目使哈萨克斯坦成为来华交换生最多的国家之一，而汉语则成为该地区最热门的语言之一。俄语仍然是中亚地区的通用语之一，中亚地区仍然受到俄罗斯文化的影响。

6. 尽管"一带一路"倡议资金最充裕的领域表明，能源关系仍是中国在中亚地区最优先考虑的事项，但中国在该地区的外交政策已经从依赖俄罗斯的斡旋，转向采取更独立、更多样化的方式。与此同时，中国和俄罗斯的利益正在趋同，这有助于中国和俄罗斯克服那些可能加剧两国因争夺权力而产生敌意的矛盾。由于中国在中亚的目标仍然根植于保障能源供应，因此俄罗斯在国际体系中重新发挥作用的努力未受到影响，从而确保了两国在中亚的竞争不会升级为两个伙伴之间的危机。

塞尔维亚：中国也出口"安全"

Giulia Sciorati *

原文标题：Serbia：China Exports "Security" Too

文章框架：就中国和塞尔维亚的关系而言，安全领域的合作是一个全新的场景；中国政府一直在能源领域进行投资。

观点摘要：

1. 就中国和塞尔维亚的关系而言，安全领域的合作是一个全新的场景。到目前为止，中国已经在巴尔干地区投资了几个与"一带一路"倡议相关的基础设施项目，塞尔维亚是中国在该地区外国直接投资（106 亿美元）的主要接收国。事实上，在中国的开发项目中，塞尔维亚处于战略位置："泛欧 10 号走廊"穿过巴尔干半岛，连接中欧和希腊，而中国远洋运输（集团）总公司（COSCO）已经拥有希腊比雷埃夫斯港 2/3 的股份。此外，中国还计划在黑山海滨修建贝尔格莱德—巴尔高速公路和贝尔格莱德—布达佩斯铁路，这两个基础设施项目有助于中国企业进入欧洲市场。

2. 中国政府一直在能源领域进行投资。斯梅代雷沃是位于贝尔格莱德以东 50 公里处的一个小镇。2016 年，斯梅代雷沃的一家钢铁厂被中国宝武钢铁集团有限公司（Hesteel Group）以 4600 万欧元的价格收购。事实上，中国在世界各地的"一带一路"基础设施并没有免受暴力抗议的影响，甚至曾遭到恐怖袭击。因此，国家警察部队和私人安保公司开始采用联合行动框架。从某种意义上讲，联合警察巡逻机制可能代表一种围绕中资项目来扩大安全网络的努力。正式启动巡逻行动是为

＊ Giulia Sciorati，国际政治研究所亚洲中心助理研究员。来源：国际政治研究所（意大利智库），2019 年 10 月 9 日。

了支持国家执法机构保护中国公民的工作，这些公民由于旅游或工作原因在中国的伙伴国家停留。很明显，尽管这对塞尔维亚来说是一个新生事物，但联合警察巡逻已经成为中国人在海外活动的一种行之有效的方式。在巴尔干半岛，克罗地亚于 2019 年 7 月与中国举行第二轮联合巡逻。意大利与中国在这方面的合作可以追溯到 2016 年。这是欧洲首次进行此类试验，目前已进入第三轮，中国警察在米兰、罗马和威尼斯开展行动，与此同时，意大利警察在北京、上海和广州开展街头巡逻。中意联合警察巡逻的目的主要是确保意大利和中国游客的安全，同时增加两国的游客数量。

3. 塞尔维亚不仅采用华为公司面部识别监控技术，而且在 2017 年与中国签订免签证旅游协议一年后，双方就中塞联合警察巡逻进行谈判。据称，该协议的目的是促进中国公民赴塞旅游。中国驻塞尔维亚大使陈波强调，该项目源于中塞两国政府的共同愿景，"充分体现了两国政府执政为民的理念"。2018 年 6 月，进步党代表团赴北京进行考察访问。塞尔维亚总统武契奇（同时也是进步党领导人）对塞尔维亚代表团说，"我们有很多东西要向中国学习，要像他们一样工作；我将在进步党指导委员会上进行详细解释"。

总之，这种合作的增加，必将增强中国在这个巴尔干国家的影响力，使其能够出售技术，并在经济影响力方面更接近欧洲。

中国与尼泊尔签署多项协议并加强合作

Hari Bansh Jha[*]

原文标题：Chinese President Xi Jinping's Visit to Nepal：Is It a Diplomatic Victory for China？

文章框架：尼泊尔和中国是战略合作伙伴；中国和尼泊尔之间铁路和公路连通为中国提供了优势条件；尼泊尔积极参与"一带一路"倡议；在中尼两国签署的20项协议中，有4项协议涉及安全方面，旨在加强两国安全机构之间的接触；具有重要地位的项目包括在中国的支持下在尼泊尔建立一所发展多学科的大学——马丹·班达里科技大学。

观点摘要：

1. 中国国家主席习近平于2019年10月12～13日从印度前往尼泊尔进行国事访问。尼泊尔为习近平主席举行了隆重的欢迎仪式。尼泊尔与中国签署了多项协议。习近平主席表示，尼泊尔和中国是战略合作伙伴。在习近平主席访问尼泊尔期间两国签署的20项协议中，涉及尼泊尔参与的中国"一带一路"倡议项目、中国和尼泊尔之间的铁路和公路连通，以及尼泊尔重申恪守"一个中国"原则。对中国来说，无论从安全角度还是发展角度来看，这些都是至关重要的。

2. 中国和尼泊尔之间铁路和公路连通为中国提供了优势条件。中尼铁路和公路连通将帮助中国通过尼泊尔领土进入印度—尼泊尔边境。

---

* Hari Bansh Jha，观察家研究基金会客座研究员。来源：观察家研究基金会（印度智库），2019年10月23日。

3. 尼泊尔积极参与"一带一路"倡议。尼泊尔在 2017 年签署参与"一带一路"倡议的相关文件。根据"一带一路"倡议，尼泊尔同意投资 27.5 亿美元建设跨喜马拉雅连接网络，用于吉隆至加德满都沿线公路隧道建设，以及进行铁路建设的可行性研究。中国已经修建了一条从中国内陆经拉萨到日喀则的铁路，并计划将其延伸到位于中国吉隆和尼泊尔拉苏瓦加迪的边境点，以及加德满都和中国其他地区。

4. 习主席在访问尼泊尔期间，承诺未来 4~5 年内为加德满都和吉隆（中国）/拉苏瓦加迪（尼泊尔）边境点之间的公路重建提供援助。这将使来往两地之间的时间从目前的近 6 个小时缩短至 2 个小时。基于这一地区的地缘位置重要性，面对 20 世纪 60 年代修建的加德满都—塔图帕尼—拉萨公路，中国决定修建加德满都—吉隆（中国）/拉苏瓦加迪（尼泊尔）公路。

5. 在中尼两国签署的 20 项协议中，有 4 项协议涉及安全方面，旨在加强两国安全机构之间的接触，特别是警察部门、情报机构、边境管理组织和执法当局之间的接触。在这方面，中国计划在未来三年为尼泊尔执法当局组织 100 次培训。虽然中国寻求与尼泊尔签署引渡条约的努力没有取得成功，但中国与尼泊尔签署了被视为引渡条约前身的刑事司法协助条约。中国希望引渡条约也能很快缔结。其他一些将产生深远影响的项目包括戈西公路中的吉马塘卡至拉古瓦加特段，以及在尼泊尔开发三条南北走廊，即科希经济走廊、甘达基经济走廊和卡纳利经济走廊。

6. 具有重要地位的项目包括在中国的支持下在尼泊尔建立一所发展多学科的大学——马丹·班达里科技大学。同样重要的是，中方注意到尼方提出的综合发展计划涉及散居在喜马拉雅山附近的尼泊尔民众易地搬迁问题。中方愿向尼方分享相关经验并考虑就此同尼方开展合作。中尼双方还签署了两项友好城市协议：一项是尼泊尔加德满都和中国南京之间的协议；另一项是尼泊尔布特瓦尔和中国西安之间的协议。中尼双方还同意在加德满都的特里布万大学设立孔子学院。中方同意向尼方提供 100 个孔子学院奖学金名额。中方同意向尼方提供价值 5 亿美元的援助，用于尼方支持中国在尼投资的相关项目。

中国发展的历史、技术和政策对印度的影响

Maj Gen P K Mallick [*]

原文标题: Rise of China History, Technology & Policies Implications for India

文章框架: "一带一路"倡议旨在加强中国与世界的互联互通;中国将从"一带一路"倡议中获得收益;为支持"一带一路"倡议,中国国家开发银行、中国进出口银行等公共金融机构能以较低的借贷成本,向参与"一带一路"项目的中国企业提供低息贷款;"一带一路"倡议将为中国开辟新的海外市场,并在众多可能参与"一带一路"倡议的国家增强中国的"软实力";中国企业需要积极投入"数字丝绸之路"的建设中;"数字丝绸之路"具有重要意义;"一带一路"倡议不应被视为传统的援助计划;日本进行了重大改革,以增强其与"一带一路"项目竞争和互补的能力。

观点摘要:

1. 中国政府于 2013 年提出"一带一路"倡议,旨在促进与周边国家以及亚洲、非洲、欧洲等地区在基础设施、贸易和投资等方面实现一体化目标和互联互通。习近平主席在 2017 年 11 月的亚太经合组织(APEC)工商领导人峰会上表示:"共建'一带一路'倡议的核心内涵,就是促进基础设施建设和互联互通,加强经济政策协调和发展战略对接,促进协同联动发展,实现共同繁荣。这一倡议源自中国,更属于世界;根植于历史,更面向未来;重点面向亚欧非大陆,更向所有伙伴

---

* Maj Gen P K Mallick,维韦卡南达国际基金会顾问。来源:维韦卡南达国际基金会(印度智库),2019 年 10 月 4 日。

· 238 ·

开放。我相信，共建'一带一路'倡议的深入推进，将为亚太各方提供更加广阔、更有活力的合作平台！"

2. "一带一路"倡议旨在加强中国与世界的互联互通。"一带一路"倡议包含新旧项目，覆盖广泛的地理范围，致力于加强硬基础设施、软基础设施建设和文化纽带连接。目前，该倡议已扩展到60多个国家，涉及人口约为44亿人。"一带一路"倡议将大大改善中国的经济发展情况和软实力形象。中国希望获得更好的外汇储备回报，为中国企业创造新的海外商机。

3. 中国将从"一带一路"倡议中获得收益。其中一些收益是：扩大中国的出口市场，促进人民币成为国际货币，减少关税和运输成本等。与邻国开发和连接硬基础设施有助于减少运输时间和成本；与合作伙伴建立软基础设施、减少障碍可以促进进行更广泛的商品贸易。中国通过发行人民币债券为相关基础设施项目筹集资金，鼓励其他国家在国际市场中使用人民币；通过与中亚国家建立陆路经济联系，促进西部低收入省份实现经济增长。

4. 为支持"一带一路"倡议，中国国家开发银行、中国进出口银行等公共金融机构能以较低的借贷成本，向参与"一带一路"项目的中国企业提供低息贷款。这种容易获得的融资使国有企业能够对国外的项目进行极具竞争力的投标。一些"一带一路"项目已经在进行中，例如与中巴经济走廊相关的项目，中巴经济走廊是一条连接中国喀什与巴基斯坦瓜达尔港的公路、铁路、油气管道及实现光缆覆盖的"四位一体"通道，中巴经济走廊计划总投资的一半以上被用于建设发电厂等。中巴经济走廊旨在连接"丝绸之路经济带"和"21世纪海上丝绸之路"。中国海外港口控股有限公司已经迈出了第一步：扩建了瓜达尔港，并向巴基斯坦政府租借了该港口自贸区的土地，租期至2059年。从中国喀什到巴基斯坦瓜达尔港的一条公路已被修整。中巴经济走廊项目还包括建设瓜达尔港经济特区，预计2020年底完工。

5. "一带一路"倡议将为中国开辟新的海外市场，并在众多可能参与"一带一路"倡议的国家增强中国的"软实力"。自2013年以来，已有70多个国家和国际组织表达合作意愿，其中30多个国家同中国签署了共建"一带一路"合作文件。2013～2018年，中国在"一带一路"项目上共投入6140亿美元。在非洲，中国企业在"一带一路"倡议的框架下在尼日利亚、埃塞俄比亚和肯尼亚进行了大量投资，建设了机场、铁路、制造业中心并改善了已有的基础设施。在欧洲，"一带一路"建设已在中欧和东欧取得进展，中国政府还与葡萄牙和希腊进行对话，对相关港口项目较为重视。意大利是七国集团中唯一一个加入"一带一路"倡议的国家。意大利加入"一带一路"倡议的目的是为本国商品开拓更多市场，并利用在欧洲的地缘政治地位获得利益。

6. 中国强调，中国企业需要积极投入"数字丝绸之路"的建设中，推动光缆、移动网络、数据中心和智慧城市建设。中国政府可能通过贸易和投资政策，尤其是与"一带一路"倡议相关的政策，对全球互联网治理产生影响。"数字丝绸之路"的许多活动的参与者为科技公司和行业联盟，而非中国政府。阿里巴巴将其在东南亚的发展作为参加"一带一路"倡议的一部分。它已经收购了巴基斯坦电子商务公司Daraz，并在马来西亚和泰国政府的支持下建立了一个数字自由贸易区，这将简化海关的检查程序，为企业提供后勤支持，并促进马来西亚和泰国的中小型企业向中国出口产品。在共建"一带一路"过程中，中兴的业务已进入50多个国家，为诸多公司提供3G和4G服务。除了铺设光缆和建立移动网络外，该公司还向埃塞俄比亚、尼日利亚、老挝、斯里兰卡、苏丹和土耳其的城市提供监视、绘图、云存储和数据分析服务。

7. "数字丝绸之路"具有重要意义。现代数字经济的生命线是海底光缆。据估计，海底光缆承载着全球98%以上的互联网、数据和电话流量。大部分光缆比较集中，由美国主导，这让中国对数据安全感到担忧。中国推动跨境海底光缆项目，例如中巴跨境光缆项目，是出于绕开马六甲海峡等交通繁忙的咽喉要道并保护通信不受外国情报机构干扰的目的。

8. 接受中国资本之后可能会发现：中国企业将管理包括关键基础设施在内的相关项目。对瓜达尔港等战略要地的投资，有助于中国实现运输网络多样化，从而减少对马六甲海峡的依赖。"一带一路"倡议正在满足相关需求，填补国际金融机构在"远离"硬基础设施项目后留下的空白。中国一直积极回应受援国的要求。尽管许多国家普遍表达了相关担忧，但中国的相关回应使"一带一路"倡议具有弹性，对受援国政府具有吸引力。

9. "一带一路"倡议不应被视为传统的援助计划。这是能够实现共赢的投资，也是中国加强与世界其他国家互联互通的机遇。"一带一路"倡议融合了多种议程，在不同国家发挥不同的作用。中国解决债务问题的方式，以及接受现金、商品或以资产租赁作为付款方式就说明了这一点。"一带一路"倡议重视促进经济发展，也关注安全领域。

10. 长期以来，在为需要对资本密集型基础设施进行投资的受援国提供替代选择方面，日本扮演着安静但主要的角色。最近，日本进行了重大改革，以增强其与"一带一路"项目竞争和互补的能力。"一带一路"项目对民主治理、债务可持续性以及现有的国际环境和劳工标准产生影响。许多美国分析人士对"一带一路"倡议的看法不同于中国领导人，例如，美国国家亚洲研究局政治和安全事务高级研究员纳德热·罗兰（Nadège Rolland）指出："一带一路"倡议通常被认为是中国在欧亚大陆融资和建设基础设施项目的计划。事实上，基础设施建设只是"一带一路"倡议五项重点合作内容中的一项，五项重点合作内容为加强政策沟通、设施联通、贸易畅通、资产融通、民心相通。这是中国政府调动全国政治、外交、文化、经济和财政资源的顶层设计。这是一个伟大的计划。

11. "一带一路"倡议在拉美取得了进展。智利同意加入"一带一路"倡议。巴拿马在放弃把中国台湾作为外交盟友后，于2017年签署"一带一路"倡议合作文件，并接受了中国企业在巴拿马运河上建造一座桥梁的投标。"一带一路"倡议是一个长期规划，中国也在重新评估整个推进过程。"一带一路"倡议的许多项目仍处于规划阶段。虽然外界对中国投资的提议反应不一，但中国仍在积极完成相关项目。

"一带一路"倡议背景下中国对尼泊尔的投资

Hari Bansh Jha*

原文标题： Chinese Investments in Nepal in the Context of BRI Background

文章框架： 本届尼泊尔政府似乎采取了"北望"政策，希望能够从中国的发展中受益；"一带一路"倡议旨在加强中国与亚欧各国的互联互通，促进贸易、投资、金融等重要领域的区域合作；中国对尼泊尔的投资；"一带一路"倡议关乎环境问题；印度致力于"对抗"中国的基础设施建设项目。

观点摘要：

1. 所有国家，无论大小，都在积极吸引投资，因为投资在资本形成、提高生产水平、创造就业机会和促进出口方面发挥关键作用。当国内投资不能满足要求时，就需要引进外国投资。尼泊尔已经制定一些政策吸引外国投资。为了促进经济特区产业发展，2016 年，尼泊尔通过经济特区法案。尼泊尔对使用国内原料和从国外进口原料的工业企业进行各种奖励。在经济特区成立的企业需要将 75% 的产品出口到其他国家。尼泊尔迫切需要获得外国直接投资（FDI），希望在 2030 年从低收入国家迈向中低收入国家。本届尼泊尔政府似乎采取了"北望"政策，希望能够从中国的发展中受益。在第一届"一带一路"国际合作高峰论坛于北京开幕的前两天，尼泊尔政府在加德满都与中国签署"一带一路"合作备忘录，以吸引中国的投资。为在"一带一路"框架下支持尼泊尔，中国国家主席习近平表示，"中方愿同尼方加强'一带一路'框架下基础设施互联互通、灾后重建、经贸投资等领域合作"。人

---

* Hari Bansh Jha，观察家研究基金会客座研究员。来源：维韦卡南达国际基金会（印度智库），2019 年 10 月 11 日。

们希望尼泊尔能从上述领域的"一带一路"项目中受益。人们对两国即将签署的重要协议抱有很高期望，这些协议将推动中国在"一带一路"框架下进一步投资尼泊尔。

2. 2013 年，中国提出建设"丝绸之路经济带"和"21 世纪海上丝绸之路"的倡议（"一带一路"倡议是"丝绸之路经济带"和"21 世纪海上丝绸之路"的简称）。"一带一路"倡议已经覆盖 60 多个国家，这些国家的人口几乎占全球人口的一半，国内生产总值占全球国内生产总值的 1/4。项目总成本约为 1 万亿美元，项目需要几十年才能完成。据估计，中国公司已经在"一带一路"项目中进行了超过 2100 亿美元的投资，这些项目大多位于亚洲的贫穷国家。"一带一路"倡议可以改善中国与亚洲、非洲和欧洲不同国家的联通情况，"一带一路"倡议旨在加强中国与亚欧各国的互联互通，促进贸易、投资、金融等重要领域的区域合作。意大利、英国、德国、法国等欧洲国家都对"一带一路"建设持积极态度。意大利和匈牙利已经成为"一带一路"的主要枢纽。2017 年，第一列中欧班列从中国出发，抵达英国伦敦。在"一带一路"倡议框架下，亚洲和欧洲之间正在建设一条新的互联互通线路：从中国东部的黄海通往俄罗斯的圣彼得堡（作为陆路贸易的替代线路）。现在，卡车只需要 10 天就可以走完长 5248 英里（相当于 8445.837312 千米）的路程，早些时候，货物从黄海通过海运抵达圣彼得堡需要 45 天。

3. 中投互贸平台创始人舒雅访问尼泊尔期间，确定在基础设施建设、商业、农业、能源、旅游、国际贸易和投资等领域与尼泊尔开展投资合作。根据"一带一路"倡议，中国已向尼泊尔财政部提交优惠贷款提案，拟向尼泊尔提供最高 10 亿美元的优惠贷款，利率为 3%。然而，人们对"一带一路"项目的融资模式知之甚少。尼泊尔政府确定了将在"一带一路"框架下实施的 35 个项目清单，这些项目涉及多个领域，包括基础设施建设、能源设施建设、综合检查站建设、自由贸易区建设和灌溉系统建设。根据尼泊尔政府投资委员会与中国华新水泥股份有限公司达成的协议，该公司将向尼泊尔水泥厂投资 1.3 亿美元，该厂预计每天可生产 3000 吨水泥。此外，中国还将采用自建—运营—移交模式在卡利甘达基峡谷建立一座产能为 164 兆瓦的水电站。除此之外，中国在苏瑞纳迪将以另一种模式建设一座产能为 40 兆瓦的水电站。此外，中国可能会在马相迪投资产能为 600 兆瓦的梯级水电项目，在 Trishuli Galchhi 建设一座产能为 75 兆瓦的发电厂。两国为建设 Eastern Tarai 灌溉系统签署了一份谅解备忘录，计划花费 4600 万美元打造粮食保供高地，以向尼泊尔人民供应水果和蔬菜。尼泊尔已要求有关部门研究实施这些项目的财务和投资模式。据估计，这些项目需要尼泊尔花费 100 亿美元。中方在加德满都设立了商务参赞办公室，为中方在尼泊尔的投资项目提供便利。

4. 中国国家铁路局副局长率中方高级别技术团队，与尼泊尔政府铁路局合作，对尼泊尔境内拟建的长 287 公里的"吉隆口岸—首都加德满都—博卡拉（喜马拉雅山旅游胜地）—兰毗尼（世界有名的佛教圣地）"铁路项目进行了实地考察。2016 年 3 月，尼泊尔总理卡德加·普拉萨德·夏尔马·奥利（Khadga Prasad Sharma Oli）访华期间，中尼双方签署了铁路建设协议。一旦详细的项目报告完成，就可以知道施工活动的细节和项目成本。考虑到建设的复杂性，工程可能需要 9 年时间才能完成。从拉苏瓦加迪到加德满都的铁路线总长将近 72 公里。在详细的项目报告完成后，拉苏瓦加迪—加德满都—博卡拉—兰毗尼铁路的建设工作可能于 2020 年开始。由于尼泊尔是亚洲基础设施投资银行的成员，因此其从中国获得建设这条铁路的贷款可能并不那么困难。

5. 尽管中国的专家团队认为中国在尼泊尔的铁路项目是可行的，但该铁路项目即便是对以修建铁路工程闻名的中国来说，可能也非常具有挑战性。这主要是由于铁路线途经的地区的地形十分复杂。穿越项目中高度倾斜的 Syaphrubesi - Kerung 段是最困难的。而且，列车在这一段铁轨上运行会非常困难，尤其是在下雪的冬季。抗雪铁路造价是最昂贵的，对尼泊尔这样的贫穷国家来说，恐怕难以负担。人们还担心，尼泊尔方面无法清除霜冻土层，无法获得修建铁路所需的条件。除此之外，一旦工程受到严重损坏，工程的维修和保养工作可能就不那么容易。然而，这并不意味着没有办法克服对铁路建设的担忧。中国确实有在西藏地区应对此类挑战的经验，没有理由不将其应用于尼泊尔。但每一项技术的应用都需要一定的成本。中国在尼泊尔修建铁路的战略重要性不容忽视，这条铁路可以加强中国和印度边境地区的联通。尼泊尔通过铁路发展旅游业的前景也是值得期待的。

6. 由于人民币作为一种全球货币的时机还未成熟，使用人民币为"一带一路"倡议项目融资具有局限性。大多数"一带一路"倡议项目的融资以美元计价，而不是以人民币计价。由于中国在为"一带一路"倡议项目融资方面面临美元的限制，中国唯一的选择就是与世界银行、亚洲开发银行、亚洲基础设施投资银行、欧洲投资银行、欧洲复兴开发银行等多边机构共同为"一带一路"倡议项目融资。但与这些银行的谈判并不都对中国有利。这些银行可能会在实施"一带一路"倡议项目时设定自己的条款和条件，这可能会禁止中国在特定国家优先选择承包商。

7. "一带一路"倡议关乎环境问题。澳大利亚詹姆斯·库克大学的威廉·劳伦斯（William Laurance）教授认为，一些例子表明大多数在发展中国家投资的中国公司忽视环境问题。根据"一带一路"倡议，到21世纪中叶，中国计划在亚洲、非洲和欧洲的共建"一带一路"国家建设7000个基础设施项目，如海陆连接项目。因此，在项目实施过程中应重视环境问题。

8. 印度将对尼泊尔的财政援助份额提高了73%。2017～2018年为3.75亿卢比，2018～2019年为6.5亿卢比。2017～2018年，在印度财政援助总额中，尼泊尔所占份额为12%，2018～2019年上升至18%。印度增加了对尼泊尔的财政援助，以"对抗"中国的基础设施建设项目。印度议会委员会的报告明确指出："中国正在我们周边的基础设施项目上取得重大进展。印度政府明确提出制定战略措施，旨在应对中国在印度'后院'日益增加的存在，并承诺按照优先事项推进与（不丹和）尼泊尔的伙伴关系。"有趣的是，在尼泊尔与中国就修建铁路达成协议后，印度才主动提出通过修建铁路连接印度和尼泊尔。事实上，印度急于在尼泊尔修建铁路的目的是遏制中国在尼泊尔日益增强的影响力。印度政府已优先考虑建设印度—尼泊尔铁路，这条铁路估计长达113公里。

9. 中国最好的选择是在世界上不发达地区（尤其是亚洲和非洲）成为重要国家。部分发展中国家很容易陷入困境，因为它们无法获得更多进行建设的资金。数个共建"一带一路"国家从中国政府那里获得了巨额贷款，这些贷款很快就顺利发放。事实上，"一带一路"倡议对中国来说非常重要。中国希望尼泊尔成为一个枢纽国，把产品运往更多市场。只有时间才能证明，印度和西方世界能在多大程度上成为尼泊尔获得大量资金的来源。

10. 目前还不清楚"一带一路"项目是作为符合尼泊尔政府规章制度的投资项目启动，还是作为中国金融机构附加某些条件的项目启动。对于尼泊尔这样的国家来说，接受针对"一带一路"倡议项目的投资可能并不困难。不过，对于相关贷款，尼泊尔需要保持谨慎态度。因此，在就实施"一带一路"项目进行谈判之前，需要就"一带一路"项目的融资方式进行广泛的讨论。

中伊战略伙伴关系路线图

Mordechai Chaziza [*]

原文标题： Roadmap for a Chinese – Iranian Strategic Partnership

文章框架： 中国和伊朗建立了包括贸易、能源和生产能力合作在内的全面战略伙伴关系；中国和伊朗两国高层互访；中国在伊朗进行投资，伊朗的制造业基础设施项目将出现在"一带一路"倡议框架内。

观点摘要：

1. 中国和伊朗建立了包括贸易、能源和生产能力合作在内的全面战略伙伴关系。这种伙伴关系的历史可以追溯到古丝绸之路，体现了双方经济利益和政治利益的互补性。

2016 年 1 月，在《联合全面行动计划》实施后不久，中国国家主席习近平成功访问伊朗，两国元首同意建立全面战略伙伴关系。就落实"一带一路"倡议而言，两国是天然的战略合作伙伴。双方围绕"一带一路"倡议签署了涉及科技、通信、交通、能源等领域的 17 份合作文件。双方同意为战略伙伴关系制定一个为期 25 年的路线图，并在未来 10 年内将贸易额增至 6000 亿美元。

2. 2018 年 5 月，特朗普总统宣布美国退出《联合全面行动计划》，并对伊朗重新实施二级制裁，制裁于当年 11 月全面恢复。美国决定退出该计划并重新实施制裁给中伊贸易制造了障碍。中国表示，尽管特朗

---

* Mordechai Chaziza，获得巴伊兰大学博士学位，主要研究中国外交和战略关系。来源：萨达特战略研究中心（以色列智库），2019 年 10 月 2 日。

普做出上述决定，但中国仍将与伊朗保持正常的经贸往来。"无论国际和地区形势如何变化，中国与伊朗发展全面战略伙伴关系的决心保持不变。"

3. 2019 年 2 月，习近平欢迎包括伊朗外交部部长、石油部部长和伊斯兰议会议长在内的代表团来华访问，并向他们转达了加强中国与伊朗关系的愿望。他谈到两国之间的持久友谊，表示尽管全球和地区形势发生变化，但中国发展与伊朗全面战略伙伴关系的决心保持不变。习近平呼吁双方深化信任、沟通和协调，加强安全和反恐合作，加强文化交流。2019 年 8 月，伊朗外长扎里夫向中国外长介绍了如何更新战略伙伴关系的路线图。路线图为期 25 年，预计中国将在伊朗投资 4000 亿美元。这一路线图代表全球油气行业的实质性转变，许多关键细节并未公布。

4. 根据《石油经济学家》（*Petroleum Economist*）的说法，路线图的核心在于中国对伊朗石油、天然气领域和石化行业的 2800 亿美元投资。此外，中国还将向伊朗投资 1200 亿美元升级伊朗的交通和制造业基础设施，这些基础设施可以在第一个"五年期"交付，并在随后的每个"五年期"进行升级。更新后的路线图还包括为在伊朗运营的中国公司提供便利。中国公司将优先获得新的、停滞的或未完成的油气田开发项目的投标权，可以优先获得参与伊朗国内石化项目的机会，包括提供技术、系统、工艺和人员。值得注意的是，路线图还包括派遣最多 5000 名中国安保人员在伊朗保护中国资产。如果有必要，中国可以增加人员和物资，以保护最终运至中国的石油、天然气和石化产品的安全。中国还可以在购买伊朗的石油、天然气和石化产品时享受折扣。

5. 根据路线图，中国在与伊朗进行贸易活动时可以用软货币或人民币支付，这意味着从中国到伊朗的大宗商品交易款项不会涉及美元。伊朗的制造业基础设施项目将出现在"一带一路"倡议框架内。在与中国达成协议的同时，伊朗拒绝了欧洲提供的 150 亿美元贷款（以换取伊朗继续遵守《联合全面行动计划》），这表明，只要有选择中国的机会，伊朗就不会依赖西方。在美国试图将伊朗挤出石油市场之际，中国与伊朗的合作意义重大。

中国的"一带一路"倡议和全球化的未来

Dan Banik[*]

原文标题： China's BRI and the Future of Globalisation

文章框架： 中国已成为全球化强有力的支持者之一；"一带一路"倡议于 2013 年提出，预计耗资超过 5 万亿美元，旨在通过在世界大部分地区大规模投资建设道路、桥梁、天然气管道、港口和发电厂等，加强全球互联互通；"一带一路"倡议已走过 6 个年头，但我们对与"一带一路"倡议相关的重点内容的认识仍然存在很大差距；"一带一路"倡议拥有众多支持者；中国政府兑现针对"一带一路"倡议做出的承诺、落实相关项目的情况，将决定"一带一路"倡议的发展情况，也将决定中国在实现全球化过程中的地位。

观点摘要：

1. 应对气候变化、国际移民、流行病、暴力冲突和贫困等挑战，需要各国加强合作。然而，民族主义和保护主义的重新抬头，使许多人重新考虑"全球化"。美国退出《巴黎协定》，并表示将削减对外援助。中国已成为全球化强有力的支持者之一。

2. "一带一路"倡议于 2013 年提出，预计耗资超过 5 万亿美元，旨在通过在世界大部分地区大规模投资建设道路、桥梁、天然气管道、港口和发电厂等，加强全球互联互通。"一带一路"倡议体现了中国在

---

[*] Dan Banik，发展与环境研究中心研究主任。来源：发展与环境研究中心（挪威智库），2019 年 10 月 10 日。

处理国际事务中日益自信的态度。"一带一路"倡议推动中国从"规则接受者"向"规则制定者"转变。尽管 40 多年前进行改革开放以来中国经济取得了显著增长，但直到最近中国才与现有的有关贸易和治理的国际安排相适应。"一带一路"倡议加快了金砖国家新开发银行、亚洲基础设施投资银行、丝路基金等多边金融机构的发展。正如《经济学人》在 2015 年的一篇文章中指出的那样，"在不放弃现有机构的情况下，中国正在采取措施，建立新的机构，在这些机构中，中国拥有更大的影响力"。2017 年 5 月，来自多个国家的领导人和主要国际组织的代表出席了在北京举行的第一届"一带一路"国际合作高峰论坛，习近平主席在该论坛开幕式上的演讲中指出："'一带一路'建设根植于丝绸之路的历史土壤，重点面向亚欧非大陆，同时向所有朋友开放。不论来自亚洲、欧洲，还是非洲、美洲，都是'一带一路'建设国际合作的伙伴。'一带一路'建设将由大家共同商量，'一带一路'建设成果将由大家共同分享。"

3. "一带一路"倡议已走过 6 个年头，但我们对与"一带一路"倡议相关的重点内容的认识仍然存在很大差距。事实上，关于"一带一路"倡议的实际影响的文献并不十分完善。相关政策文件仅提供了一些模糊的表述，比如"一带一路"倡议是"寻求国际合作和全球治理新模式的积极尝试"。由于这种模糊性，不同国家、组织和学者对中国日益增加的全球足迹背后的动机有不同的解释。一些人认为，"一带一路"倡议是一个国家或全球愿景，旨在通过投资基础设施项目促进全球发展；一些人认为，这是中国寻求世界承认其硬实力和软实力的工具；一些人认为，"一带一路"倡议不仅扩大了中国商品和服务的市场，也增加了中国的军事和地缘战略重点。有关报道凸显了"一带一路"倡议面临的挑战。

4. "一带一路"倡议拥有众多支持者，他们认为，帮助小型和新兴市场融入全球经济体系使各国可以更好地开发自然资源。经济学家布兰科·米兰诺维奇（Branco Milanovic）认为，几十年来，世界上的富裕国家基本上已经从"硬"领域撤出，把发展的重点集中在所谓"软"领域，比如对政府的直接预算支持，或者为侧重于提升治理水平、透明度和激励进行自主研发的项目提供资金。由于"一带一路"倡议的重点是基础设施领域，因此其被誉为促进经济发展战略的典范。通过建立新的多边金融机构，并积极推动"一带一路"倡议和联合国 2030 年可持续发展目标紧密相连，中国政府在海外树立了良好的信誉。许多非洲国家领导人及其民众对"一带一路"倡议在促进全球发展方面持积极态度。近年来，中国支持发展中国家的相关建设项目，在应对气候变化的不利影响和促进全球可持续发展方面，中国逐渐成为倡导者。近年来，"一带一路"项目在欧洲取得了重大进展，尤其是在意大利。

5. 在 2019 年 4 月第二届"一带一路"国际合作高峰论坛上，中国领导人正视针对中国的批评，在否定中国为低收入国家制造"债务陷阱"的同时，强调"坚持一切合作都在阳光下运作，共同以零容忍态度打击腐败"。习近平主席在第二届"一带一路"国际合作高峰论坛开幕式上的演讲中指出，"让共建'一带一路'成果更好惠及全体人民，为当地经济社会发展作出实实在在的贡献，同时确保商业和财政上的可持续性"。中国政府兑现针对"一带一路"倡议做出的承诺、落实相关项目的情况，将决定"一带一路"倡议的发展情况，也将决定中国在实现全球化过程中的地位。

后 记

本系列专题报告能得以付梓，全有赖于许多老师、同事和朋友的襄助与关心。在此特鸣谢如下。

感谢景峰同志带领的工作团队，他们以顽强的事业心和责任心，完成了所有前期翻译和初步译校工作。

感谢本书系的顾问陆忠伟先生、编委会主任丁奎淞和各位编委，正因为这些前辈、领导和朋友的厚爱和期望，我们才能在困境中坚持走下去。

感谢社会科学文献出版社的祝得彬、张萍和王春梅诸位编辑，在他们的鼓励和支持下，该书才得以在短时间内面世，也正是他们严谨的工作作风，才保证了本书系的较高水平，在此谨向他们高质量的专业水准和孜孜敬业精神致敬。

王灵桂

2021 年 6 月 7 日

图书在版编目（CIP）数据

国外智库论"一带一路".2021年.第1辑/王灵桂
总主编；赵江林，景峰主编. -- 北京：社会科学文献
出版社，2021.9
（中国社会科学院"一带一路"研究系列）
ISBN 978 - 7 - 5201 - 8538 - 7

Ⅰ.①国… Ⅱ.①王… ②赵… ③景… Ⅲ.①"一带
一路"-国际合作-研究 Ⅳ.①F125

中国版本图书馆 CIP 数据核字（2021）第 188105 号

·中国社会科学院"一带一路"研究系列·
国外智库论"一带一路"（2021 年第 1 辑）

总 主 编／王灵桂
主　　编／赵江林　景　峰

出 版 人／王利民
组稿编辑／祝得彬
责任编辑／张　萍
责任印制／王京美

出　　版／社会科学文献出版社·当代世界出版分社（010）59367004
　　　　　地址：北京市北三环中路甲 29 号院华龙大厦　邮编：100029
　　　　　网址：www. ssap. com. cn
发　　行／市场营销中心（010）59367081　59367083
印　　装／三河市龙林印务有限公司

规　　格／开　本：787mm × 1092mm　1/16
　　　　　印　张：16.75　字　数：253 千字
版　　次／2021 年 9 月第 1 版　2021 年 9 月第 1 次印刷
书　　号／ISBN 978 - 7 - 5201 - 8538 - 7
定　　价／98.00 元

本书如有印装质量问题，请与读者服务中心（010 - 59367028）联系